档案管理学简明教程

（第三版）

主　编　陈武英　王立维

副主编　沈楚琴

ZHEJIANG UNIVERSITY PRESS
浙江大学出版社

图书在版编目（CIP）数据

档案管理学简明教程 / 陈武英等主编. —3 版（修订本）. —杭州：浙江大学出版社，2012.8（2016.5 重印）
　ISBN 978-7-308-10318-3

　Ⅰ.①档… Ⅱ.①陈… Ⅲ.①档案管理－高等学校－教材　Ⅳ.①G271

　中国版本图书馆 CIP 数据核字（2012）第 178355 号

档案管理学简明教程（第三版）
主　　编　陈武英　王立维
副主编　沈楚琴

策　　划　钟仲南　朱　玲
责任编辑　黄兆宁
出版发行　浙江大学出版社
　　　　　（杭州市天目山路 148 号　邮政编码 310007）
　　　　　（网址：http://www.zjupress.com）
排　　版　杭州中大图文设计有限公司
印　　刷　浙江云广印业有限公司
开　　本　787mm×960mm　1/16
印　　张　14.50
字　　数　268 千
版 印 次　2012 年 8 月第 3 版　2016 年 5 月第 16 次印刷
书　　号　ISBN 978-7-308-10318-3
定　　价　26.00 元

内 容 简 介

　　本书的引论,讲述了档案和档案工作的概况,使读者对档案的属性、价值、作用,以及档案工作的性质、基本原则等诸多问题有个基本上的了解与认识,为进一步学习档案业务管理知识奠定基础。

　　从第一章到第八章,依次讲解了档案的收集、整理、鉴定、保管、统计、检索、利用和编研等八个环节的业务管理知识。由于专门档案和特殊载体档案的管理有其特殊性,所以第九章讲解了人事档案和会计档案等专门档案的管理,第十章讲解了音像档案和电子档案等特殊载体档案的管理。

　　全书既注重于档案管理的基本理论和技术方法,也考虑到文秘专业的特点和需要,因而知识内容全面而简明。同时,各章附有阅读资料、思考题、操作题和问答题,力图反映出档案管理的新情况与新成果,以加强学生分析问题和解决问题能力的培养。

文秘专业系列教材编委会

主　　任：王毓玜

副主任：徐　可

委　　员：王立维　　竹潜民　　陈武英　　杨群欢

　　　　　周　艳　　黄昌年　　皇甫长华

前　　言

目前,出版界出版的有关档案管理学的教材有很多,其中不乏权威性的教材,但由于理论性较强,大多比较适合档案专业的学生使用,不适合非档案专业的学生使用。非档案专业的学生毕业后一般很少有人进入档案室或档案馆从事专门的档案工作,或者进而搞档案研究工作的,但毕业后在单位兼顾文件管理和档案管理的几率却很大。这就要求非档案专业的学生在了解和掌握档案管理的基本理论和技能外,要有较强的实际操作能力,以适应今后的工作岗位。

鉴于这样的考虑,我们在修订过程中尽力体现以下两个特色:一是对档案和档案管理的历史及其档案的基本理论的阐述系统简洁。历史理清即可,理论够用为度,不在理论深度上求胜。二是在编写体例上创新。每章末都有"拓展阅读"和"思考与练习","拓展阅读"精选了两篇与本章内容相关的文章,旨在拓展学生的视野,通过感性认识上升到理性认识;"思考与练习"则重在考察学生的操作能力和分析问题解决问题的能力。这部分内容所占篇幅尽管不多,却是编者很费心思之处。

因本书原第一主编王立维老师已故,此次修订由宁波城市职业技术学院的陈武英老师牵头负责。感谢天津师范大学的曾永仁、湖州档案馆的沈楚琴、金华职业技术学院的赵俞凌和陈清、衢州职业技术学院的章俐等同仁的鼎力支持。

本书在编写过程中,参阅了众多专家、学者在报刊杂志上发表的论文和著作,汲取了他们的最新研究成果,在此向他们表示诚挚的谢意!

由于编者水平有限,书中疏漏难免,恳请专家、学者、同仁和广大读者批评指正。

陈武英

2012 年 5 月

目　录

引论　档案与档案工作

我们学习档案管理学,首先应当对档案管理学的研究对象——档案和档案工作,有一个初步认识和了解,这是学习档案管理理论和技术方法的基础。

第一节　档　案

一、档案的起源与沿革

档案是一种历史文献,是人类在社会实践活动中直接形成的历史记录。因此,档案的起源是同人类社会的产生密切相关的。恩格斯指出:"有了人,我们就开始有了历史。"

人们在生产和生活中需要交流思想,沟通情况,记忆一些事情。在文字产生以前,人们只能用语言来表达自己的思想,了解情况,但是语言难以传送到较远的地方,并且容易忘记和遗漏。为了适应需要,我们的祖先创造了"结绳"和"刻契"的辅助记事方法。除了结绳、刻契等实物记事方法外,古代先人还使用图画记事,直至使用文字记事。

结绳就是在绳子上打结,用绳子的大小、多少、位置上下,以及绳子的不同颜色,表示不同的意义。刻契就是在竹片、木片、骨片和玉片上刻上各种形状的标记,用来记录某些情况和作为有关各方的信约。《周易·系辞下》记载:"上古结绳而治,后世圣人易之以书契",就记录了结绳、刻契应用的历史。结绳和刻契,不仅古籍里有所记载,而且也先后发现了一些结绳、刻契记事的实物。结绳等记事的方法,古代时外国也有应用,称为"坎普"。有的地方还专门设有结绳官,负责解释结绳表达的意思。

结绳与刻契虽然有备忘、守信等作用,但是还不是档案,这主要是因为它们记录的情况有不确定性,对抽象的事物难以表述。结绳、刻契可以说是档案的萌芽。

文字的发明及其应用于文献记录,标志着人类社会过渡到了文明时代。文字是语言的记录符号，是人类表达思想、交流信息最直接、最确切的工具，也是档案产生的前提条件。

被人们所公认的我国最早的文字，是1899年由国子监祭酒王懿荣发现的。这些刻写在龟甲、兽骨上的文字，称为甲骨文。最初发现的地点是殷墟遗址河南安阳小屯村。

商代时，人们比较迷信，举行祭祀、狩猎、战事等重大活动时，都要进行占卜，并把占卜的经过、应验的情况，刻写在龟甲、兽骨上。这些材料是商王朝政治和生产活动直接形成的原始记录，是研究商代历史的第一手材料。这些材料被称为甲骨档案，是我国迄今发现的最早的档案。

比甲骨档案稍晚些，商代、西周时还出现了以竹片、木板作为书写材料，记载了当时社会活动的真实情况的简牍档案。同时还出现了镂刻在青铜器、石头上面的文字记录材料，称为金石档案。

春秋战国时期，生产力得到了迅速发展，开始应用丝织品作为各种活动的记录材料，出现了缣帛档案。

随着社会的发展，西汉时出现了新型的记录材料——纸张。东汉的蔡伦改进了纸张的生产技术，世人因他的这一重大贡献，称其发明了造纸术。纸张的出现、改进和推广，为世界文明作出了不可磨灭的贡献。纸张的应用，出现了大量纸质档案。在我国，各级各类档案保管机构中，纸质档案是收藏档案中数量最大的种类。

在古代社会时，世界各国还出现了羊皮档案、纸草档案、泥版档案，等等。

到了近现代，科学技术的发展，使得载体材料、记录材料、记录方式方法越来越丰富多样，出现了音像档案、科技档案、电子档案等大量的新型档案。

档案产生的历史久远，但"档案"一词的使用却始于明末清初。历史上，不同的时期对档案有不同的称谓：商代称"册"，周代称"中"，秦汉时期称为"典籍"，魏晋唐宋以后，档案有了更多的称谓，如"文案"、"案卷"、"案牍"等。

据考证，"档案"一词作为书面语言，最早出现于1638年的《清太宗文皇帝实录》中，后来有了更多的记载，如1680年的《起居注》残稿上就有"部中无档案"的记事。但对"档案"的词源、词义作出详细说明和解释的是清代的杨宾。1707年（康熙四十六年）他在所著的《柳边纪略》一书中说："边外文字，往来传递者曰牌子，以削木若牌故也；存储年久者曰档案，曰档子，以积累多贯皮条挂壁若档故也。然今文字之书于纸者，亦呼为牌子、档子矣。"几百年来，"档案"一词，因其形象地反映了档案形成和保存的过程，一直沿用到现在。

二、档案的定义及其属性

人们在档案工作实践中,对经常接触的档案这一客观事物的认识不断加深,从而形成了档案的概念。国内外档案学的研究表明,不同的国家、不同的历史条件和社会条件,以及人们不同的观察角度和实际需要,档案的定义也不相同,而且也是在不断发展变化的。根据档案法律法规和标准,以及档案工作的实践经验,我们对档案定义表述如下:档案是国家机构、社会组织和个人从事政治、军事、经济、科学、技术、文化、宗教等活动直接形成的有价值的各种文字、图表、声像等不同形式的历史记录。

(一)档案的定义

这一定义的基本含义包括以下几个方面。

1. 档案来源和内容的广泛性

过去和现在的各级各类国家机构(包括权力机关、行政机关、军事机关等)、社会组织(包括政党、团体及企事业单位等)以及一定的个人(包括著名人物、家庭和家族等)都会形成大量的档案。

档案的内容涉及社会生活的各种领域和各个方面。

总之,档案的形成者众多,他(它)们在丰富的社会实践活动中,形成了数量浩瀚的档案。档案来源的广泛性和档案内容的广泛性是紧密相关的。

2. 档案是有价值的历史记录

这个含义指明,首先,档案是由文件有条件地转化而来的。文件转化为档案的前提条件是:已经处理完毕的文件材料,才可能成为档案。正在承办中的文件,有现行效用,不是档案材料。完成了传达和记录等现行使命,具有备留查考作用的文件,亦即有历史效用的文件,才可以说是档案。文件是档案的前身,档案是文件的归宿。另外,对处理完毕应有正确的认识,这主要是指完成了文书处理程序,而不是文件中所说的事情全部办理完毕。

其次,只有对日后实际工作和科学研究活动有查考利用价值的处理完毕的文件,才有必要转化为档案,作为档案保存。档案是经过人们鉴别挑选保留下来的文件,文件是形成档案的基础,档案是文件的精华,不能"有文必档"。

文件转化为档案的第三个条件是:按照一定方法组织起来的上述文件材料,才可能转化为档案。也就是说,通过立卷归档等工作,把文件材料组成有机的整体,才能形成具有科学意义的档案。

3. 档案的形式是多种多样的

随着社会的进步,档案的形式不断发展变化,日益丰富多彩。

其载体材料有龟甲兽骨、竹片木板、丝织品、纸张,以及磁带、磁盘和胶片等;

记载的方法有刀刻、手写、印刷、晒制、摄影、录音等；表达方式有文字、图像、声音等。

档案的形式多样，范围十分广泛。不能仅把处理完毕、具有保存价值的纸张制作的文件看作档案，社会活动中直接形成的、具有保存价值的不同形式的历史记录都是档案。

4. 档案的本质属性是原始记录性

档案是在社会实践中直接形成的，由一定形式的文件，即在一定时间和场合下直接使用的原始文件材料转化而来的，而不是事后编写和随意收集的材料，因而具有原始性的特点。同时，档案以文字、图像、声音等具体记录，反映了档案形成者特定的历史活动，因而不同于一般的历史遗物，这就是档案记录性的特点。将档案的原始性与记录性相融合，这就是档案原始记录性的本质属性，是区别于其他历史记录的根本所在。其他的历史记录，或者有较强的记录性但缺少原始性，或者有较强的原始性但缺少记录性。

认识档案是原始的历史记录，把握其原始记录性的本质属性，一方面有助于我们认识档案的特点，明确档案的范围，科学地管理档案；另一方面，可以增强人们维护档案原貌的主动性和自觉性，更好地发挥档案的作用。

档案是历史记录，它有不同于其他历史记录的本质属性，也有历史记录的一般属性。本质属性，反映了一个事物与另一事物的不同。一般属性反映了一个事物与另一事物的联系。只有既认识档案的本质属性，又认识档案的一般属性，才能在认识档案特点的基础上，把其融入信息总汇、知识总汇中，与其他学科相互协作、借鉴，使档案的管理理论和方法不断丰富，发挥档案的更大作用。

（二）档案的属性

在档案的一般属性当中，最主要的是信息属性和知识属性。

1. 信息属性

我国著名科学家钱学森在《论系统工程》一书中曾经深刻地指出，情报资料、图书、文献和档案都是一种信息。现代社会，人们把信息同物质、能源一起，视为国民经济和社会发展的必需的三大资源。档案记录了社会活动的各种情况、数据、知识，是一种重要的信息资源。档案信息具有一般信息的共同特点：可扩充性，随着社会发展，档案信息内容不断扩充、丰富；可压缩性，对档案信息可以加工、整理，使之精练、浓缩，便于利用；可替代性，利用档案可以减少资本、劳动力和物资消耗，产生明显的经济效益；可传输性，它可以通过多种传输渠道，传递给相关方面和广大用户；可分享性，它可以被多个部门、多个方面重复利用，本身并没有消耗；可扩散性，在传输、利用过程中，广泛扩散，为社会各方面所知，服务于社会。档案信息具有较大的原始性和可靠性，备受人们的青睐。

总之,档案是一种宝贵的信息资源。1984 年,邓小平给《经济参考》的题词写道:"开发信息资源,服务四化建设。"1985 年,中共中央和国务院在关于档案工作的批示中,又明确要求"大力开发档案信息资源","为建设社会主义物质文明和精神文明服务"。认识档案的信息属性,对于更新档案观念,开发档案信息资源,具有重要的现实意义。

2. 知识属性

档案的知识属性是与信息属性密切相关的。根据情报学的理论,知识是信息的一部分,是一种特定的人类信息,是一种系统化的信息的集合。

档案记录了人们在社会活动中大量有知识价值的事实、数据、成功的经验、失败的教训、技术成果和科学理论,这是人们认识世界和改造世界的智慧的结晶。档案是全面直接记录和积累知识的载体。档案不仅具有知识的功能,又有传播知识的功能。

人们对档案文献的广泛利用,可以获取丰富的知识,继承前人的研究成果,启迪思维,进行新的发明创造,开展各项工作。

三、档案的作用及价值

马克思指出:"'价值'这个普通的概念是从人们对待满足他们需要的外界事物的关系中产生的。"档案价值是指档案这一客观存在物对人们的实用性和有益性。它既有档案客体自身的属性作为客观基础,又有人的主观需要作为其存在的前提。按照马克思主义的观点,档案的价值只有在档案的客体属性与人们的主体需要的关系中才能体现出来。档案价值的实质,是档案对人们认识事物与改造世界的意义,是档案在社会实践等方面的作用。

(一)档案在社会实践中的作用

1. 档案是机关工作的查考证据

对于党、政、军机关及企事业单位而言,档案记述和反映了机关单位工作活动的历史面貌,领导和工作人员熟悉情况、总结经验、制订计划、进行决策、处理问题,即在管理活动中,往往需要了解以往的情况。事实证明,有案可查,工作中的问题就能及时准确地得到解决,提高机关工作效率。反之,档案散失无案可查,在处理政务、解决问题时,就会无以为凭,给工作造成不同程度的损失。

2. 档案是生产建设的参考依据

各种档案,尤其是科技档案、企业档案及各种专门档案,记述和反映了生产、建设、科研及经营活动的情况与成果、经验与教训、数据及理论等,因而可以为工农业生产、企业经营及科技创新等提供信息,能够缩短工时,提高工效,节约资金,取得显著的经济效益。例如,1962 年在大规模维修广州中山纪念堂时,利用了广州市档案馆收藏的我国著名建筑师吕彦直设计的中山纪念堂图纸 461 张,节约测绘工作日 3200 多个,使维修工程提前 3 个月完成。据统计,在生产新产品,设计新建筑项目时,旧图纸的套用率可达 60%。如果无档可查或有档不查,就会出现重复劳动、返工浪费、管理混乱、事故频发的严重后果。

3. 档案是政治斗争的必要工具

档案记载和反映了阶级和阶级斗争的具体情况、历史事实,因此档案就成为进行阶级统治、巩固政权,揭露敌对势力的政治斗争的工具。1980 年在审判林彪、江青反革命集团时,最高人民检察院特别审判庭向最高人民法院特别法庭递交的起诉书中,列举了他们篡党夺权、祸国殃民的 4 大罪状、48 条罪行,证据确凿,铁证如山,其中有大量的书证和物证材料,如档案、日记、笔记、录音等,共有 200 多件。又如 1961 年,上海市档案馆提供了中国代表陈贻范参加西姆拉会议而拒绝在会议决议上签字的档案材料,表明了中国不承认该会议所划定的中印边界的麦克马洪线,有力地维护了国家的主权。

4. 档案是科学研究的可靠资料

周恩来在 1956 年的《关于知识分子问题的报告》中指出:"为了实现向科学进军的计划,我们必须为发展科学研究准备一切必要的条件。在这里,具有首要意义的是使科学家得到必要的图书、档案资料、技术资料和其他工作条件。"无论是自然科学,还是社会科学、人文科学的研究,都必须大量地占有材料,才能据以潜心研究,探索事物的本质和规律。

马克思在写作《资本论》的 40 年间,阅读和引用的有关书籍和报刊达 1500 多种,包括大英博物馆保存的大量经济文献、各种统计资料、会议文件及工厂童工劳动和工人居住状况的官方报告等,其中大都是官方公布的各种档案资料。在我国,利用档案编史修志,更是一种优良的文化传统。梁启超说,"旧史纪志两门,取材什九出档案"。著名史学家郑天挺强调指出:"历史档案在史料中不容忽视,应该把它放在研究历史的最高地位,就是说,离开历史档案无法研究历史。"档案被历史学家视为史学研究不可或缺的"粮仓"。

自然科学研究中,利用档案中记录的事实、数据,进行研究、发明创造,取得丰硕成果也是屡见不鲜的。

5. 档案是宣传教育的生动素材

档案往往被用于撰写回忆录、著书立说、演讲报告、进行文艺创作及研究、举办各种展览等方面的活动,可以产生强烈的说服力和感染力。

美国前总统尼克松在《尼克松回忆录》的前言中说:"由于记忆难免有错和不可避免地有所取舍,所以每有可能,我总尽量用可以得到的档案资料来核对我的记忆,并以当时的原始资料加以补充。其中有些资料——备忘录、信件、公共文件——是一看就明白的。"19 世纪法国作家大仲马的长篇小说《基度山伯爵》的写作素材来自警察局档案中一份"金刚石的复仇"的 20 页文件材料。档案不仅为文学创作提供素材,而且也是文学艺术研究的珍贵材料。由著名作家巴金建议而创建的中国现代文学馆,保存了现代文学作品的不同版本、作家手稿及有关资料,成为了解作家生活、思想、家庭及社会背景、创作过程的原始资料,对研究中国文学史,特别是现当代文学有着十分重要的作用。

6. 档案是维护国家、集体、个人合法权益的法律信证

档案的形成规律,内容和外形的特征,使得它可以作为证实人们政治、经济和社会关系的凭证。各种事情的来龙去脉、各方面应承担的权利义务、有关人员的资历和待遇、房地产和债权纠纷等诸多棘手问题,通过查阅、利用档案往往可以迎刃而解。

(二)档案对主观认识的作用

长期以来,人们认识档案价值的注意力主要着眼于档案价值的客体方面,即档案在社会实践中有什么作用。但是对档案价值的主体方面研究不够,即档案用户在利用档案之后,对人的主观认识有什么影响和作用注意不够。

他山之石,可以攻玉。我们可以借鉴情报学的理论观点,研究这个问题。

英国当代情报学家布鲁克斯曾为情报与认识的关系,建立了一个基本公式:

$$[S]+\Delta I=[S+\Delta I]$$

式中[S]为原有的知识结构,ΔI 为吸收的情报量,[S+ΔI]为新的知识结构。这一公式表明,一个人在原有知识结构的基础上,由于吸收了情报而使原有的知识结构发生变化,从而形成新的知识结构。根据布鲁克斯这一理论观点,我们可以认为,档案利用者在查阅档案之后,吸收了档案中所含的信息和知识,使其存在的疑难问题得到解决:或由不知到知,或由少知到多知,或由模糊到清晰,或由错误到正确。总之,利用档案的人员在利用档案解决行政管理、生产建设、科学研究等许多方面的问题的同时,也使自己的知识结构或认知状况有了进一步的改善。

(三)档案的基本价值

档案的作用是多方面的,但从档案发挥作用的性质上看,档案的作用概括起来最基本的、最重要的是凭证作用和参考作用。这是根据档案价值实现领域和效果的不同来区分的。这两个方面,也就是档案的基本价值。

1. 档案的凭证作用

俗话说:"空口无凭,立字为据。"这里所说的"字",往往指的是文书、档案之类。档案的凭证作用是档案不同于一般历史记录的基本特点,也是档案弥足珍贵的重要原因。

　　档案之所以有凭证作用,是由档案的形成规律和自身特点所决定的。首先,档案是由当事人直接使用的文件转化而来的,并非事后编造而成。例如,科技档案中的图纸等材料,就是由设计工作中直接形成的科技文件转化而来的。它是生产、建设的依据,反映了科技人员的设计思路,是指导活动全过程的材料,令人信服。其次,从档案本身的载体形式来看,文件上往往保留着在其形成过程中产生的历史标记。例如,有些文件材料的正文即是当事人的亲笔手稿;不少文件上留有领导或责任者的亲笔签署或批示;文件上一般都盖有机关或个人的印信,照片、影片、录音、录像等档案则是档案形成者的形象及其活动状况的真实写照。总之,档案的凭证作用是由档案的本质属性即原始记录性所决定的。

　　2. 档案的参考作用

　　档案可以供人们工作和研究时参考使用。但是档案的参考作用与一般的文献资料相比又有其显著的特点。首先是原始性和较大的可靠性,其次是可供参考的内容非常广泛。最后,它是一定工作和生产活动不可或缺的参考资料,是必要的依据。

　　根据档案价值实现时间的不同,可以将档案的价值区分为现实价值和长远价值、现行价值和历史价值。此外,根据档案价值主体不同,还可以把档案价值划分为第一价值、第二价值,前者指档案对于形成者所具有的价值,后者指档案对社会所具有的价值。第一价值和第二价值理论,是由美国档案学家谢伦伯格首先提出的。

　　(四)辩证地认识档案的真实性

　　从整体上看,档案是比较原始可靠的历史记录,有凭证价值和参考价值。但对具体的档案材料还应辩证地分析,认真对待档案的真实性。

　　由于人们认识水平的局限性、片面性以及政治斗争的复杂性和其他各种原因,有些档案所记述的内容并不完全符合客观实际与历史事实。因此,不加分析,认为档案上有的就百分之百正确,是不对的。对于档案本身是真实的,而内容不完全真实的材料,应该批判地加以利用。

　　另外,在一些情况下,特别是阶级斗争尖锐复杂的时候,还会出现事后编造的虚假的档案,即档案赝品。其数量很少,但也是有用的。通过这些档案赝品,可以研究造假者的心态、手法、伎俩,社会环境和背景,所以应当把档案赝品当作"反面教材"予以保留,而不宜简单地销毁掉。

四、档案发挥作用的特点

　　研究档案发挥作用的特点,可以增强利用工作的自觉性、主动性,减少盲目性、随意性,更充分地发挥档案的作用。

（一）档案作用的扩展律

档案作用的扩展，一方面表现在作用范围的扩大，另一方面表现在作用时间的增长。

档案形成之后，首先作用、服务于形成档案的机关单位，是了解情况，开展工作与生产活动，处理问题的依据材料，档案对形成者的价值被人们称为第一价值（亦即原始价值）。随着时间的推移，档案的作用逐渐向社会各方面扩展，国家各机关、企事业单位和人民群众都需要利用档案，档案对社会各方面的价值被人们称为第二价值（亦即附属价值）。档案在由第一价值向第二价值逐渐转化的过程中，作用范围不断增大。同时，不仅今天要用，而且将来也要用，档案保存的时间越久远就越珍贵。

认识这个特点和规律，对于正确处理好局部与整体、当前与长远的关系，加强档案工作有着实际意义。

（二）档案机密程度的递减律

档案大都带有机密性，这是不争的事实。但是档案的机密性不是一成不变的，随着时间的推移和条件、地点的变化，档案的机密性也在变化。总的趋向是，档案形成的时间愈久远，机密性愈减弱，机密程度与保存时间成反比。

忽视档案的机密性，那是错误的。但是把档案的密级看作一成不变，那也是不妥的。应该不断地研究档案内容，合理地调整密级，逐步扩大利用档案的范围，直至最终开放，广泛地发挥档案的作用。

（三）档案科学文化作用的递增律

随着历史的进程，特别是社会主义建设事业的发展，档案在经济建设、科学研究和文化教育方面的作用日益突出。在现阶段，完全忽视档案在政治斗争方面的作用是不妥的，如果仅强调档案的政治性，而忽视档案在经济建设和科学研究方面的作用，则是错误的。因此必须使档案工作适应全党工作重点的转移，充分发挥档案在社会主义现代化建设中的作用。

（四）档案发挥作用的条件律

档案发挥作用取决于一定条件：受社会制度和社会发展的制约，社会制度与社会发展水平越高，档案的作用就越能得到充分发挥；受社会档案意识强弱的影响，档案意识反映着人们对档案、档案工作的认识水平，凡是人们对档案和档案工作有正确认识的地方或单位，档案的作用发挥得就较好；受档案管理水平的制约，档案管理方法科学与否，管理手段先进与否，管理条件设备的优劣，无不关系着档案作用的发挥。应该为档案作用的发挥创造各种有利的条件。

（五）档案价值的时效律

档案价值的时效率，是指档案价值的实现是有时限性的。有些档案在一定时期内对利用者是有某些作用的,超过这个时限后,就降低或丧失了价值,例如法规、合同之类,其价值的时效性就比较明显。但是也要注意到,一定时限后档案失去了某些方面的价值后,可能转化、衍生出其他价值。一些法规、合同在超过一定时间后,可能对科学研究、历史研究有作用。认识这个规律有重要意义,可以使得我们全面、准确地分析档案的价值,充分挖掘信息资源。

五、档案的种类

社会实践丰富多彩,并且不断发展变化,作为历史记录的档案在内容和形式上必然是多种多样的。正确认识和区分档案的种类,对于做好各种门类的档案管理有着重要的意义。

区分档案的种类,其理论实质是档案分类。所谓档案分类,是根据一定的标准(如档案来源、时间、内容和形式特征等),对档案进行分门别类并组成一定的分类体系。在我国,档案分类主要有三种类型:一是档案概念分类,即档案种类的划分;二是档案实体的分类,即档案馆藏的分类;三是档案信息分类,即档案检索分类。后两种档案分类的内容将在档案整理和档案检索有关章节详述。这里讲的档案的种类是指第一种类型,即档案概念的分类。

根据档案的不同属性和档案管理的实际需要,通常对档案种类的划分采用如下几种方法:

①按照档案的来源标准,即按档案的形成者的性质,可分为国家机关档案、党派团体档案、企业档案、事业单位档案、名人档案等等。

②按照档案的内容标准,即按档案内容所反映的机关(广义的)工作职能的性质,可分为普通档案和专门档案两大类。普通档案即是一般所说的文书档案,是各种机关、组织和某些个人,在其社会活动中普遍产生的档案,如通常所说的"党政工团档案"等。专门档案是指在各专门事业和各专业领域内产生的专门性档案,包括科技档案、人事档案、会计档案、公安档案、诉讼档案、艺术档案等等。

③按照档案载体形式标准,可分为甲骨档案、简牍档案、金石档案、缣帛档案、纸质档案、胶片档案、磁带档案等等。

④按照档案的形成时间,一般可分为古代档案、近代档案和现代档案。古代档案和近代档案常被统称为历史档案。在我国,通常把档案分为中华人民共和国时期档案和中华人民共和国成立之前的档案两大类。对后者又习惯按政权性质划分为旧政权档案和革命历史档案。

⑤按照档案所有权标准,可分为国家所有档案、集体所有档案和个人所有档案。在国外通常分为公共档案和私人档案。

第二节　档案工作

要做好档案工作,就要对档案工作的内容、性质、基本原则,档案工作的机构及其职责,档案工作人员的素质要求等方面有基本的认识。

一、档案工作的内容及性质

(一)档案工作的内容

档案工作,从广义上说,是指国家的档案事业,包括档案室工作、档案馆工作、档案事业管理工作、档案教育工作、档案科学研究和档案的宣传出版工作。从狭义上说,档案工作是指档案室和档案馆及其他档案保管机构对档案的管理工作。本书所讲档案工作主要是指狭义上的概念,当然也涉及部分广义方面的内容,如档案行政与档案工作人员素质等问题。

所谓档案工作,即用科学的原则和方法管理档案,为国家各项事业服务的一项专业工作。它的基本内容包括档案的收集、整理、鉴定、保管、检索、利用、编研、统计等八个方面,即档案界习惯上所说的八个工作环节。

档案业务工作的各个环节,都是根据社会利用档案的客观要求和科学管理档案的实践需要而形成的。各个环节有各自的工作内容和目的。

①档案的收集,对机关单位而言,就是将机关内部各职能部门形成的文件材料归档集中管理;对档案馆而言,就是将应移交本馆的档案予以接受或对散存的有价值的档案进行征集。档案收集是档案管理的起点,其目的在于丰富馆(室)藏。

②档案的整理,对机关单位而言,就是将归档文件以件为单位进行装订、分类、排列、编号、编目、装盒等,使之有序化的过程;对档案馆而言,就是对进馆的档案进一步有序化的过程。档案的整理是档案管理工作的核心部分,其重要意义在于为档案管理的全部工作提供严格有序的工作基础。

③档案的鉴定,即通过分析档案的内容和形式等各种特征,确定档案文件的不同保管期限,并将超过保管期限的档案剔出销毁。这项工作存在于文件的归档、档案的整理和保管等各环节之中,也是档案管理中最具决定意义(决定档案的存毁)而且难度最大的一项工作。

④档案的保管,即通过档案馆(室)库房建设,采取各种防治措施,以维护档案的完整和安全,保持档案的存放秩序。

⑤档案的检索,即通过编制各种检索工具,为用户查找档案材料提供工具。

它是联系档案利用者和档案管理者的桥梁和纽带。

⑥档案的编研,即以收藏档案为基础并结合社会需求,研究档案信息内容,编辑出版档案文献,参与编修史志等,因此是一项研究性较强的工作,对主动开发档案信息资源,为社会服务,具有特殊意义。

⑦档案的利用,准确地说,是档案的利用服务,即通过各种方式方法将档案直接或间接地提供给利用者,一方面满足社会对档案利用的需求,另一方面也直接实现档案的价值。档案的利用服务是档案管理的根本目的。

⑧档案的统计,即对档案和档案管理的各种状况进行登记与记录、分析与研究,以便做到"心中有数",为科学管理、决策提供准确的信息支持。

上述档案管理的各项内容、各个环节既互相区别又互相联系,既互相制约又互相促进,从而构成了相对稳定的有机整体。因此,不能孤立地、静止地看待和从事各项业务工作,而应该按档案的形成规律和档案管理各环节之间的基本程序办事,把档案工作做好。

(二)档案工作的性质

档案是历史的记录,档案工作是维护国家历史真实面貌的一项重要事业。档案工作的基本性质是:科学管理性、信息服务性和政治机要性。

1. 科学管理性

具体体现在以下几个方面:

其一,档案工作是负责管理档案的一项专门业务。从宏观上讲,要管理好全国的档案;从微观上讲,就是管理好每一个机关单位的档案。这种管理有特定的管理对象、管理原则和方法,以发挥档案的作用,服务于社会各项工作为宗旨。

其二,档案管理是国家与社会管理的一个组成部分。具体的档案管理工作,是机关管理、企业管理系统的构成要素,而国家的档案管理则是国家文献的子系统。

其三,档案管理需要科学的理论、原则、方法与技术。各项管理工作都需要科学知识,档案管理也不例外。档案管理的各项内容、各个环节,不仅需要传统的历史学、文献学知识,更需要现代科技知识,如管理科学、信息科学、计算机技术等。同时,随着档案事业的发展,档案管理内容不断丰富,档案学研究日益深化,档案管理本身已经构成一门独立的学科,集中体现了档案工作的科学性。

2. 信息服务性

在当今信息社会,开发信息资源,为社会主义现代化建设服务,是我国信息工作的重要任务。档案具有信息和知识的属性,档案部门是信息服务部门之一。机关档案工作,要为提高机关工作效率服务;企业档案工作,要为提高企业管理水平和创造经济效益服务;科技档案工作,要为科技创新服务;档案馆则要为社会提供档案信息,为全社会服务。

3. 政治机要性

作为历史记录的档案，无论对机关单位还是对整个国家来说，其内容往往记录和反映了种种兴衰荣辱、权益利害，乃至政治、经济、军事、科技等机密事宜。因此，档案的保管和提供利用，一定要保守国家的机密，维护机关单位以及国家的合法权益，为政治斗争、经济建设和科学文化事业服务。我们必须清醒地认识到，在改革开放的新时期，档案工作在为社会主义现代化建设服务的同时，其政治机要性的特点是不容忽视的。否则就会给档案工作，给党和国家的各项事业造成不可弥补的损失。

总之，档案工作是一项科学管理性、信息服务性和政治机要性的工作。正确认识档案工作的性质，对于做好这项工作具有重要的意义。档案管理是一门科学，只有学习并掌握档案管理的专业知识及相关的科技知识，才能做好档案工作；要加强档案信息意识和服务意识，努力开发档案信息资源，为国民经济和社会发展服务；在档案工作中，要树立正确的政治观念和保密观念，维护党和国家的历史真实面貌，防止在保管和利用档案的过程中发生失密、泄密现象。

二、档案工作的基本原则

1987 年 9 月 5 日公布的《中华人民共和国档案法》规定："档案工作实行统一领导、分级管理的原则，维护档案的完整与安全，便于社会各方面的利用。"这是以国家法律形式确定的我国档案工作的基本原则。它的基本内容包括以下三个方面：

（一）统一领导、分级管理档案工作

这是我国档案工作的组织原则和管理体制。具体表现在：

首先，全国档案工作在各级人民政府统一领导下，由各级档案行政管理部门实行统一、分级、分专业管理。所谓统一管理，即指全国档案工作从宏观上制定统一的法律法规和业务标准，提出统一的方针政策，实施统一的工作规划、安排及指导、监督、检查等。所谓分级管理，即由中央档案行政部门管理中央一级国家机关的档案工作，由地方各级档案行政部门管理各级地方机关的档案工作。各地方档案行政部门可结合本地区情况，制定本地区档案工作的制度、办法、规划，指导、监督和检查本地区档案工作。所谓分专业管理，即指中央和地方专业主管机关，可结合本专业系统情况，制定本专业的档案工作制度、办法、规划以及指导、监督和检查本专业系统所属单位的档案工作。

其次，国家全部档案分别由各级各类档案机构集中管理。机关、团体、企事业单位的档案，均由各单位设立的档案机构集中管理，不得分散保存；各单位的档案需长久保存的，以及建国前的旧政权档案和革命历史档案，由各级各类档案

档案信息；提供原始凭证，维护历史真实面貌；对公众进行宣传教育；为公民的休闲提供资料等服务。

我国档案馆的类型：国家综合档案馆，它按行政区划（或历史时期）从中央到地方，按中央、省（自治区、直辖市）、地（市）、县（旗）四级行政级别设置；国家专门档案馆，是专门保管某一专业领域或特殊载体形态档案的档案馆，如中国照片档案馆等等；部门档案馆，由某些专业主管机关、大中型企业、事业单位建立，如外交部档案馆、吉林大学档案馆等等。

（三）档案行政管理机构

我国从中央到地方设有档案行政管理机构，它在各级党的组织和人民政府的领导下，统一地分级和分专业掌管全国和地方、系统的档案事务。

档案事业管理机构，既是党的机构，又是政府机构，是管理档案事务的行政部门。在我国，掌管全国档案事务的最高机构是国家档案局。省、自治区、直辖市设有档案局，地（市）以及县（旗）设档案局（处、科）。上级档案事业管理机构对下级档案事业管理机构，只是业务上的指导关系，而不是行政上的领导与被领导的关系。发展档案事业的经费、人员等问题，应由同级党委和人民政府解决。上级档案事业管理机关只能提出意见，无权决定和解决。

四、档案工作者

做好档案工作，尤其是做好现代化的档案工作，当然需要日益先进的科学技术、装备和管理方法，但是关键的因素还是需要高素质的档案专业人才。因此，不断培养和提高档案工作者各方面的素质，在档案事业的发展中具有重要的战略意义。

档案工作者的素质，主要包括政治思想素质、专业智能素质和生理心理素质等三个方面。

（一）政治思想素质

档案工作是一项政治机要性的工作，因此对档案工作者在政治思想方面应该有较高的要求。

1. 坚持正确的政治方向

当前，最主要的是坚持四项基本原则，坚持改革开放。建设有中国特色的社会主义实践证明，四项基本原则是我们的立国之本，改革开放是我们的强国之路。档案工作者一定要把坚持四项基本原则的政治路线和改革开放的革新思路贯彻到档案工作的实践中去，才能立于不败之地。

2. 坚持辩证唯物主义的世界观和方法论

马克思列宁主义、毛泽东思想、邓小平理论和"三个代表"重要思想，是指导我国社会主义建设的理论基础。档案工作者应当努力学习这些理论，树立辩证唯物主义的世界观和方法论，以便在复杂的社会环境中正确地分析和解决实际问题。

3. 坚持良好的职业道德

档案工作者应当有良好的道德规范和行为准则。其主要包括：

①热心服务，认真负责。档案工作是一项信息服务性工作，又是一项细致琐碎的工作，因此档案工作者既要具有热心服务的意识和态度，又要有认真负责、一丝不苟的工作态度和实干精神。

②珍视档案，尊重历史。档案工作者担负着保护历史文化遗产，维护党和国家历史真实面貌的神圣使命，因此必须具有立档为公、实事求是、忠于职守的精神，保持档案的本来面貌，维护档案的真实性，确保档案的完整与安全，同一切损毁档案的不良行为作斗争。

③遵纪守法，严守机密。档案工作者应当具有较强的法制观念和纪律观念，严格遵守国家法律、规章制度和工作纪律，还要有较强的保密观念和良好的保密习惯，确保档案机密的安全。

（二）专业智能素质

档案工作者的智能素质包括知识素质和能力素质两个方面。

1. 知识素质

档案工作者应当具备一定的政治理论和国情知识，政策法规知识，以及相关的科学文化知识。

2. 能力素质

档案工作者不但应当具备较高的知识素质，还应当具备运用知识分析和解决问题的能力，这主要包括独立工作的能力、实际操作的能力、语言文字表达能力、科学研究的能力，以及社会活动的能力等。

（三）生理心理素质

健康的身体是从事任何一项工作的保证。在生活节奏快、信息负荷高、社会竞争激烈与工作压力大的现代社会，要求人们不仅要有强壮的体魄，而且要有健康的心理素质，以适应社会的发展及工作的需要。档案工作者任重道远，只有身心健康，才能胜此重任。

五、对档案工作的回顾与展望

档案工作的产生与档案的产生，基本上是同步的。

在社会活动中，产生了大量档案，并需要利用档案。但是档案产生的分散、杂乱等状况，与社会利用档案的要求存在矛盾，于是档案工作应运而生。随着社会的发展与进步,档案工作也逐渐由低级到高级,不断发展。

在相当长的时间里,档案工作依附于图书工作、文书工作,或者史学研究,没有发展成为独立工作系统。直到中华人民共和国成立后,我国档案工作才成为国家整个建设事业的组成部分,并纳入国民经济和社会发展计划。

古代和近代社会,形成的档案数量不多,种类单一,社会档案意识薄弱,档案工作水平较为低下,档案管理比较简单,缺乏科学理论指导,缺少统一的规划和规章制度,管理档案主要是手工操作。档案工作很少有交流协作,基本上是封闭系统。

现今的档案工作已由简单的经验管理发展到复杂的科学管理,由手工管理向计算机管理发展,档案工作已由封闭型系统向开放型系统转变。

今后我国的档案工作呈现出以下的发展趋势:

①档案工作与文书工作一体化。文书是档案的前身,文书工作是档案工作的基础。文书工作与档案工作有着自然的有机联系,加强两者的沟通、协作,相得益彰。

②档案工作与图书、情报工作一体化。随着人们对档案、图书、情报等文献需要的日益增长,出现了要求资源共享的新趋向,因此档案工作与图书、情报工作的相互渗透,必然会使信息资源的开发出现新的局面,档案工作也会得到长足的发展。

③新知识、新技术将得到更广泛的应用。现代各门科学知识相互渗透的趋势日益加强,在档案工作中,自然科学、技术科学、管理科学知识被广泛地运用。档案工作者只有努力学习,不断更新知识,才能更好地应对新的挑战。

④档案工作现代化是档案工作的发展方向。为了实现档案工作的自身的发展,同时为了使档案工作更好地适应社会需要,档案工作现代化已成为必然趋势。

档案工作现代化的主要内容有:档案工作技术现代化;档案工作组织与管理现代化;干部知识化。档案工作技术现代化以计算机的应用为核心和主要内容。

【拓展阅读】

阅读资料之一:

欧洲三国档案机构介绍

地处欧洲的英国、挪威、瑞典,其档案工作在世界上处于比较领先的地位。现将三国主要档案机构情况介绍如下:

英国档案协会

英国档案协会是一个档案工作者的专业机构,它采用会员制的组织方式。

在英国,要从事档案工作,必须是英国档案协会的会员。到目前为止,协会共有个人会员 2000 多人、单位会员 200 多个,会员须根据个人收入情况交纳适当的费用。协会采用低成本运行方式,协会的办公场所在距市中心很远的地方,工作人员的办公时间也很灵活,有很多志愿者免费为协会工作。协会的主要职能为:一是与政府部门交涉。反映档案工作者的要求与档案工作情况,同时也向政府报告协会所提供的服务。二是对档案学科进行监管。协会对英国 7 所大学的档案学科进行监管,由协会授权这 7 所大学颁发档案学硕士文凭。三是开展继续教育和培训工作。每年为会员提供大量培训课程,由各地的分支机构负责,只收取很低的费用。四是提供法律帮助。将英国以及欧盟中有关档案工作的法律规定和要求及时进行发布和解释。五是学术交流。每年召开大型的国际会议进行学术交流,每年还发行两本学术论文集。英国档案协会在整个欧盟都很有影响,有一定的权威。

挪威国家档案馆

挪威国家档案馆成立于 1817 年,馆藏的最早档案产生于 1189 年,目前总库藏量排架长度为 13 万公里。挪威有 8 个地区性国家档案馆,地区性国家档案馆主要收集本地政府、机构的档案文件,国家档案馆主要保存由政府部门产生的、非现行的档案文件。政府部门中超过 25 年历史、不再具有现行利用价值的档案文件都会被移交给国家档案馆。另外,原住民的档案、公民的健康档案也是馆藏的重要部分。国家档案馆和地区性档案馆也都收集了由不同的公司、组织、政治党派提供的私人档案。瑞典档案馆的工作职能和范围是根据 1999 年制定的档案法规定的,其主要职能为:保存档案;对档案进行编目等,以方便公众的利用;监管档案的产生;决定档案的存废;私人档案的保存等。档案馆面向公众开放,普通大众、档案的产生者、学术研究者等都可以在法律规定的范围内使用档案,档案馆提供了很好的场地和服务,尽可能方便公众的使用。

根据有关法律的规定,挪威的电子文件管理由国家档案馆主管,电子文件管理被纳入电子政府管理框架,制定了《挪威公共管理机构电子文件管理系统功能要求》,规范电子文件管理活动及其系统的设计与实施。

瑞典国家档案馆

瑞典国家档案馆成立于 1618 年,是政府机构中最悠久的机构,其历史可追溯到公元 4 世纪,早先是为皇室服务的机构。19 世纪下半期,开始管理政府各部门的文件。1899 年开始在每个省成立分馆,距离现在最近的分馆在 1959 年才成立。从 2010 年开始,国家档案馆直接管理各个分馆,负责管理中央机构的文件管理,馆藏的全部档案排架长度约为 700 公里,私人档案也是其中重要的组成部分。

瑞典国家档案馆有权检查中央政府机关的文书档案工作情况，地方档案馆负责检查地方机关的文书档案工作。另外，档案馆还负责档案的鉴定工作。中央机关向国家档案馆移交档案材料的期限由双方协商决定，地方机关必须把百年以前的档案移交给地方档案馆，每10年移交一次。

瑞典档案数字化工作是从20世纪90年代开始的，目前正在与瑞典国家图书馆合作，开发使用统一的资料检索利用工具。据统计，瑞典一年用于信息化建设，包括数字化、系统维护、电子文件管理的费用高达1200万克朗。在信息化建设方面以方便利用为重要原则，在馆内建立了方便、高效的检索体系。凡是被数字化的档案，不再提供原件。瑞典的电子文件管理由国家档案馆主管，档案部门与文件形成机构合作，形成了一系列通用的文件档案管理规范（包括电子文件），尤其是在文件形成、登记、管理、利用的过程中采用了 OAIS 模型，形成了指导电子文件形成与捕获的元数据规范。所有公共文件的形成、保管、利用机构均根据法规要求，有效地实施了电子文件的前端控制和全程控制。

（原载《中国档案报》2012 年 4 月 12 日总第 2291 期第 3 版　作者：王原）

阅读资料之二：

我国档案史上的三件大事

我国改革开放 30 年，档案事业稳健快速发展，建树了三座历史性丰碑，跻身于世界档案大国的行列。

一、国家档案事业体系的最后形成

国家档案事业体系的基本成分和框架由 8 个方面组成，即档案行政管理（局、处、科和法规等）、机关单位档案工作（档案室）、档案馆、档案教育、档案科研、档案宣传与出版、档案学术理论研究（档案学会）、档案外事。这 8 个方面，职责各不相同，但都是围绕"维护档案完整与安全，便于社会各方面的利用"这一档案工作总目的、总任务而工作着，并发挥着整体优势；这 8 个方面互为补充，互为支撑，自我造血，营造可持续发展的生机活力。

国家档案事业体系的形成，经历了档案—档案工作—档案事业—档案事业体系四个发展阶段；经历了奴隶社会、封建社会、半封建半殖民地社会以及社会主义社会这样一个漫长的历史过程，最终在新中国、在改革开放的年代建成。

1949 年，新中国成立，百废待兴。党中央、政务院把档案事业作为政权建设的一部分直接抓，首先接收历史档案，继而开办档案教育，成立国家档案局。1956 年 4 月 16 日，国务院发出《关于加强国家档案工作的决定》，掀起了全国档案工作高潮。各级档案工作机构逐步建立，人员队伍逐步扩大，档案收集、保管和提供利用的工作有效开展。不幸的是这些成果惨遭"文化大革命"的破坏。党的十一届三中全会后，开始贯彻"恢复、整顿、总结、提高"的档案工作方针。1980年2月14日，《中共中央、国务院批转国家档案局关于全国档案工作会议的报告》指出："档案是历史的记录，是党和国家的宝贵财富。档案工作是一项很重要的专门事业，是实现社会主义现代化建设，开展历史研究，进行各项工作的必要条件。做好档案工作，不仅是当前工作的需要，而且是维护党和国家历史真实面貌的重大事业。""希望各级党委和各级机关的党组织进一步加强对档案工作的领导，帮助档案部门解决工作中急需解决的各种实际问题。目前尤其要抓紧解决档案机构的恢复，人员编制、领导班子建设、干部配备和训练，档案馆经费和档案库房建设等问题……"

在档案机构和职能上的充实和完善包括：1979年《档案工作》杂志复刊；1980年4月26日，国家档案局科研所恢复；1980年底国家档案局教育处成立；1981年11月，中国档案学会成立；1982年1月中国档案出版社成立；1985年国家档案局科技处成立；1988年4月4日，国家档案局干部教育中心成立，全国30多所高等学校开设了档案专业；1988年11月，国家档案局宣传处成立；1994年国家档案局外事处升格为外事办公室；1995年1月9日，《中国档案报》正式创刊。

至此，以组织形式和职能任务为标志的国家档案事业体系的8个方面全部形成。

世界上尚未有哪一个国家有如此完善系统的国家档案事业体系。其中的档案专业报和档案出版社，是世界上唯一的。

二、颁布《档案法》，开放历史档案

1987年，《档案法》颁布，这是档案事业发展的重要标志。《档案法》的颁布，填补了我国没有档案法律的空白，为国家法律体系增加了新的成分。国家在加强档案工作，维护档案的完整与安全，处理和调节国家部门、社会成员间的档案工作关系方面有法可依了。

《档案法》规定："国家档案馆保管的档案，一般应当自形成之日起满30年向社会开放"，"中华人民共和国公民和组织持有合法证明，可以利用已经开放的档案"。普通公民有了利用官方档案的权利，是人权的扩大，是历史性的突破，具有划时代的意义。

档案向社会开放后，档案的社会性、文化性更为突出，社会的档案意识进一步增强。这是发展档案事业的一个重要社会基础和先决条件。事实已经证明，只有把档案同普通公民联系起来，当普通公民认识到档案同自己以及自己所从事的事业有着关系的时候，才会关心档案事业，承担起保护档案的义务。

《档案法》规定："各级人民政府应加强对档案工作的领导，把档案事业的建设列入国民经济和社会发展计划。"这就明确了政府领导档案工作的责任行为和档案工作在党和国家各项事业中的地位。

《档案法》规定了各级档案部门以及工作人员的职责权限;规定了"一切国家机关、武装力量、政党、社会团体、企事业单位和公民都有保护档案的义务";规定了有关部门,如博物馆、图书馆、纪念馆以及海关等,在处理有关档案事务方面的职责和权限,使各方面都有所遵循。档案事业可以在全社会的关怀、协调和监督下,更好地发展。

三、加入国际档案理事会,承办第十三届国际档案大会

1980年,我国加入国际档案理事会(简称ICA),融入在国际档案社会之中。1996年第十三届国际档案大会在我国召开,130个国家和地区的2662名代表参加。承办这次大会,是我国改革开放、经济发展、社会进步和国际地位提高的结果,是我国档案事业迅速发展和取得重要成就的结果,也是我国参与国际档案事务,进行国际间的合作与交流的新起点。

第一,这是一次大动员,是一次档案知识和社会档案意识的普及。对这次大会,党中央、国务院十分重视,组成了以国务委员、国务院秘书长为主席,中央办公厅、国务院办公厅和北京市政府的负责人为副主席,外交部、国家教委、新华社、国家档案局等有关19个部、委、局负责人为成员的大会组委会,领导和组织大会的筹办工作。好些省市也成立了以省、市政府负责人为首的相应机构,宣传、组织社会各方面,关心支持这次大会;做好工作,以实际行动迎接大会的召开。这是我国有史以来第一次有领导、有组织的全国性档案活动大动员。同时,中央和地方的新闻媒体对大会活动和档案事业进行了大量的宣传报道,大大提高了社会档案意识,增加了人们的档案知识。

第二,以多种形式,全面、系统地向国际档案界介绍中国档案事业,使之正确认识中国。我国除了在会上作报告、发言,还在会议期间,第一次用中、英、法三种文字编印出版了介绍中国国家档案事业的9本小册子,分别介绍我国档案事业体系的组成部分;举办中国档案事业成就展,介绍它的发展历史和各个省区市档案工作的特点;录制了迎接第十三届国际档案大会在中国召开的电视片。当外国代表们知道中国有如此完善、系统的国家档案事业体系时,先是惊讶,然后是羡慕,改变了他们过去对中国的看法。在上海召开的新一届国际档案理事会执委会上,好些ICA执委都为中国档案事业的快速发展竖起了大拇指。

第三,既是一次演练,也是一次实力的展现。如此规模的国际档案大会,我国史无前例。ICA也没有一本办会手册。我们树立这样一个信念:外国人能办到的,我们应该也能办到,而且立足于档案系统。我们经受住了考验。比如:大会"注册表"两大张、80多个数据,如何又快又好地将数据统计出来,提供给有关

部门工作和快速进行大会报到？在当时我们还没有使用过计算机的情况下，包给别人做，要花 18 万～20 万元钱。我们下决心自己干，买机器，编程序，自己操作，问题解决了。大会期间，除了大会开闭幕式和全体会议外，有 6 次自由论坛，ICA 的下属机构和专委会分别召开的会议有 80 多次，我们都进行了妥善的安排，而且每次会议都派出了我们的联络人员，使会议顺利召开。同时按照 ICA 的要求和我们的需要，配合大会，在大会期间举办了"ICA 建筑档案展"、"ICA 防灾抢救展"、"国际档案图书出版物展"、"中国档案事业成就展"、"中国印章与档案展"等 12 个展览，并组织观众前来参观。我们还自己设计会徽、制作纪念币、设计纪念邮票等。我们完成了大会的各项任务。与会代表普遍赞扬大会圆满成功。ICA 前主席瓦洛说："从各方面讲，这届大会都是最为成功和极其有效的。"ICA 秘书长凯斯凯姆蒂说："我在国际档案理事会工作 40 年。参加了 10 届国际档案大会，这一届是最成功的。"

第四，开启了更为广泛、深入的国际合作与交流，确立了我国在国际档案界的重要地位。会议期间，我国有关机构第一次同 ICA 有关组织联合举办活动：北京市档案馆协助 ICA 城建档案处举办"城建档案在中国"论坛；中国人民大学档案学院与 ICA 档案教育培训处联合召开档案教育研讨会；《中国档案》杂志社同 ICA 档案期刊工作处联合举办档案期刊研讨会。

按照国际惯例，我国国家档案局负责人第一次出任国际档案理事会主席，主持一届四年 ICA 的工作；ICA 下属机构和专委会，如项目管理、城建、教育、期刊等都有我国多个档案学者、专家任职和参与工作。

会议上，我国多个城市档案部门同其他一些国家城市的档案部门建立了友好城市，如上海市档案局同日本的横滨市档案局等。威海市档案局局长张建国同英国国家公共档案馆馆长萨拉·泰克女士商定了赴英国查阅、收集大连历史档案事宜。这次会议之后，北京、上海、天津、广东、福建、山东、辽宁、湖北等省市开始了独自组织出国考察，同外国档案部门建立了友好关系，打破了原来单一的依靠国家档案局组团出访的局面，多方位、多渠道地扩大了国际间档案部门的合作与交流。

（原载《上海档案》2008 年第 11 期　作者：刘国能）

【思考与分析】

一、阅读下列材料，并回答问题。

对于档案本身是真实的，而内容不完全真实的材料应如何对待呢？有人说，应该付之一炬销毁掉；有人主张对这些材料应该用现实的正确观点加以修改；有人认为把它们"束之高阁"为妥，以免贻害社会；还有人认为这些档案还是有用的,应该批判地加以利用,说明情况,审慎地利用。

读了以上材料,你认为应当如何对待内容不完全真实的档案材料?

二、阅读材料,思考分析下面的问题。

1997年1月8日,一个名叫克里斯托弗·梅利的人,在他所供职的单位——全球最有名的、第二次世界大战的中立国家的瑞士银行值夜班巡视时,无意间在银行大楼一个不太引人注目的地方发现了一堆鼓鼓囊囊的麻袋,里面装的都是要销毁的陈旧的银行表格、账本、文件等。他顺手从麻袋中抽出几本会计簿翻阅,发现里面写有1939年、1942年两次以公开拍卖方式强制出售属于犹太人不动产等内容。梅利认为这些账本不应当被销毁。于是,他把这些账本秘密地带出了银行大楼,交给了苏黎世以色列文化协会。不久,瑞士银行曾经在第一次世界大战期间保存纳粹黄金的丑闻被披露并迅速见诸报端,引起轩然大波。瑞士这一永久中立国和其最安全、最可靠、最可信赖的金融银行的美誉受到了巨大打击。披露出来的历史材料无可辩驳地说明了第二次世界大战期间瑞士银行与纳粹密切合作,为德国纳粹洗黑钱。他们这种姑息养奸的行径也为德国纳粹的侵略战争起到了推波助澜的作用。

(原载《山西档案》1999年第2期 作者:唐小林)

1.请你谈谈这些差点被销毁的档案为什么能够揭露出瑞士银行二战期间鲜为人知的丑闻?这说明了档案在社会进程中起到了什么样的关键作用?

2.如果发现珍贵档案被遗弃,我们应该如何处置?

第一章　档案的收集

第一节　档案收集工作概述

一、档案收集工作的内容

档案收集工作，就是按照法律及党和国家的有关规定，通过接收和征集的办法，将分散在各单位、单位内部各机构和个人手中的档案，以及散失在社会上的重要档案，分别集中到有关的档案室和各级各类档案馆。

档案收集工作的内容有两个方面：一是档案室接收本单位内设机构所产生的档案；二是国家综合档案馆接收各现行机关和撤销机关的档案，并向社会征集有长远保存价值的档案。

二、档案收集工作的意义

（一）档案收集工作是档案工作的起点

档案工作的对象是档案。有了档案，档案室和档案馆才有进行整理、编目、鉴定、保管、统计和提供利用等各项工作的物质条件。档案馆（室）所管理的档案，主要不是由档案馆（室）自己产生的，而是依靠长期收集，逐步积累和补充起来的。收集是档案馆（室）取得和积累档案的一种手段。没有档案的收集工作，就不可能有完整的档案。从整个档案业务工作程序来看，收集工作是第一个环节，因此，收集工作是具有特殊地位的。

（二）收集工作是贯彻档案工作集中统一管理原则的基本途径

档案的来源和形成渠道比较分散，要最大限度地利用档案，则要求对档案实行集中统一管理。根据《中华人民共和国档案法》的规定，一个单位形成的档案，必须由本单位集中管理；其中对国家具有永久和长期保存价值的档案全部集中到各单位的档案室和各级各类综合档案馆，形成统一的档案保管和利用基地，为社会主义现代化建设事业服务。

（三）档案收集工作直接决定和影响到档案馆（室）各项工作的质量

收集是否及时、完整，馆（室）藏档案是否丰富，是衡量档案馆（室）工作水平的一个重要标志。收集工作没做好，则直接影响档案馆（室）各项业务工作的开展，进而给档案利用服务工作带来无法克服的困难。只有收集了丰富的档案材料，才能提高档案工作的质量，有效地开发档案信息资源，更好地为社会主义现代化建设各项工作服务。

三、档案收集工作的要求

（一）确保归档材料的完整、齐全

所谓档案的完整、齐全，是指档案室应接收的多种门类、载体的归档材料，能够全面、真实地反映本单位的历史沿革和工作面貌。《中华人民共和国档案法》明确规定："对国家规定的应当立卷归档的材料，必须按照规定，定期向本单位档案机构或者档案工作人员移交，集中管理，任何个人不得据为己有。"机关、团体、企事业单位和其他组织必须按照国家规定，向档案馆移交档案。档案工作人员应根据档案法的上述规定，完整、齐全地将属于收集范围的档案收集到档案馆（室）之中。要强化全员档案意识，建立明确的归档制度，把归档工作纳入考核范围。只有使归档工作制度化，才能确保归档文件材料的完整、齐全。

（二）大力丰富和优化档案馆（室）藏

档案馆（室）工作成就如何，很大程度上取决于馆室藏档案的数量和成分。馆藏越丰富，档案馆开发信息资源的潜能就越大，越能为社会作出贡献，越能得到社会的重视。馆藏丰富的标准是：数量充分，质量优化，门类齐全，结构合理，具有特色。

在注意丰富馆室藏的同时，必须同时注意优化馆室藏，做到有的放矢地收集档案材料。档案馆（室）既要收集反映党政机关活动的普通档案，也要收集包括科技档案在内的各种专门档案；既要收集有关领导机关的档案，也要收集本地区重大活动所形成的档案；既要收集公务活动的档案，也要收集著名人物的档案。档案馆（室）要全面收集政治、经济、科学、文化等各方面的档案。除要注意收集纸质文件材料的档案外，还应收集磁性材料、感光材料、机械记录材料和激光光盘等新型载体材料的档案，力求优化馆（室）藏，满足利用者需要。

（三）坚持全宗不可分散性原则

一个立档单位形成的全部档案是一个全宗。一个立档单位的各项活动之间有着必然的联系，各项活动中形成的文件材料，在来源、内容、形式、时间等方面也存在着固有的联系。因此，全宗是一个单位档案不可分割的整体。在收集过程中，必须把一个单位的档案全部集中到一个档案馆（室），不允许人为地分散。

只有在收集时坚持全宗的不可分散性原则,在以后的整理、鉴定、保管和统计等各项业务工作中,才能坚持按全宗进行系统管理,以保持其固有的联系。

（四）推行进馆（室）档案的标准化

档案工作的标准化,是档案管理现代化的基础。档案工作的标准化,就是对档案工作中的一些管理原则和技术方法,按照规范化的要求统一起来。档案工作的标准化,应该从收集开始,从以下几个方面去注意：接收案卷的质量要求规范化,案卷的规格尺码要求规范化,文件的规格和制成材料,如文件结构、纸张规格、书写材料、书写规则等要求规范化。为此,档案部门和档案工作者要加强宣传,与文书处理部门搞好协作,从上到下采用统一的规范化标准,只有这样,才能切实做到进馆（室）档案的标准化。

（五）要加强馆（室）外档案状况的调查研究

收集工作是解决档案的集中问题,就是因为它的对象本来是分散的,这就要求收集工作必须做好馆（室）外调查研究,掌握应收入档案在分散、流动、管理和使用等方面的信息,使收集渠道畅通。对档案室来说,要了解本单位工作活动将产生哪些档案,这些档案是否形成和归档；对于档案馆来说,要了解被接收单位的历史、档案状况、保管条件等,以便统筹安排档案的进馆时间。同时对散失在社会上的历史档案,要广泛调查,一旦发现线索,应根据不同对象采取相应的收集方式和方法,以求收集到更多更好的档案。

第二节　档案室的收集工作

档案室的收集工作主要是指机关单位内文件材料的归档,即按照党和国家的有关规定,通过建立和健全归档制度,将文书处理部门和业务部门立卷归档的文件材料集中到档案室,实现统一管理。

一、归档制度

各机关将在工作活动中不断产生的文件材料处理完毕以后,经文书部门或业务部门整理立卷,定期移交给档案室集中保存,称为"归档"。在我国,"归档"已成为党和国家明文规定的一项制度,这就是通常所说的"归档制度"。

（一）建立归档制度的必要性

建立健全归档制度是非常重要的。1956年国务院颁发的《关于加强国家档案工作的决定》早已明确规定："机关推行文书处理部门立卷,以建立统一的归档制度。"1983年颁布的《机关档案工作条例》第十一条也规定："机关应建立健全文件材料的归档制度。凡机关工作活动中形成的具有保存价值的文件材料(包括党、政、工、团以及人事、保卫、财会等工作中形成的文件材料),均由文书部门或业务部门进行整理、立卷,并定期向档案部门归档。"

从档案的形成来看,档案产生于文件,文件需经立卷归档才能转化成为档案。文书立卷属于文书部门的任务,它是文书工作最后一个环节,同时也是档案室工作的第一个环节,可以说归档是文书工作和档案工作的"结合部"。档案室的收集工作是建立在归档工作基础上的,没有归档工作,或归档制度不健全就没有完整的档案和健全的档案工作。所以,机关档案室要做好档案的收集工作,应该以主要力量组织好机关内文件的归档,它不仅为档案室提供了丰富的档案来源,为国家积累档案财富奠定了基础,同时也为档案工作的开展创造了良好的条件。

(二)归档制度的内容

1. 归档范围

归档范围就是指在一个单位产生的所有文件材料中需要归档的材料有哪些。国家档案局颁发的《机关文件材料归档和不归档的范围》规定:凡是反映本机关工作活动,具有查考利用价值的文件材料均属归档范围。包括工作活动中形成的公文、电报、簿册、图表、公函、日记、录音、录像盘片等各种形式和各种载体的文件,这些文件,只要具有一定的保存价值,哪怕只需保存3年、5年、10年,也应当列入归档范围。

一个机关的文件材料,究竟哪些属于归档范围呢? 具体有以下几个方面:①上级机关的文件。主要是指上级机关发来的需要贯彻执行的各种文件。②本机关形成的文件。这是归档范围的重点,包括本机关各类会议文件材料;本机关制定发布的各种正式文件的签发稿、印制稿;本机关党、政、工、团和内部组织机构在工作活动中形成的重要文件材料;反映本机关各项业务活动的专业文件材料;反映机关历史沿革、组织机构、人员编制等基本历史面貌的文件材料。③同级机关和非隶属机关的文件。主要指非本机关业务,但是需要执行的法规性文件;有关业务机关检查本机关工作所形成的文件,以及与这些机关相互联系、协调工作形成的重要来往文书。④下级机关的文书。指下级机关报送的工作计划、总结、统计材料等;直属单位报送的重要的计划、总结、统计材料等;下级机关报送的法规性备案文件材料等。

在归档时,下级机关报送的法规性备案文件材料应予以特别注意。应归档的文件除了文件正件外,还包括它的附件,如条例、会议纪要、图表、计划、总结、登记表、名单等;除了经过登记的文件外,还应包括未经收发登记的文件材料,俗称"账外文件",如会议文件、调查报告、访问记录、合同契约、工作人员从外单位带回的会议材料等；本机关的会议记录、规章制度、各种统计报表、重要文件的历次修正稿，以及本机关领导人进行重要活动的照片等。对于重复、临时性、事务性的文件，以及其他机关送来仅供参阅、参考、征求意见、不需办理的文件等不需归档。

总之，归档范围应以本单位工作活动为主，突出反映本单位基本职能活动和中心工作。外单位文件，不论是上级、同级、还是下级，应以是否与本单位工作有直接关系，本单位是否需要办理为归档的出发点。既不可搞"有文必档"，也不能把有价值、属于归档范围内的文件遗漏掉。

2. 归档时间

这是指文书处理部门需要归档的文件材料向档案室移交的时间。一般应在第二年6月底以前由文书部门立好卷向档案室归档。对于某些专业方面的文件、特殊载体的文件，以及驻地分散的个别业务部门文件，为了便于日常工作的查考，可以另行规定切合实际的归档时间。如《会计档案管理办法》规定："当年会计档案，在会计年度终了后，可暂由本单位财务会计部门保管1年。期满之后，原则上应由财务会计部门编造清册移交给本单位的档案部门保管。"

3. 归档要求

这主要是指归档案卷的质量要求。根据《机关档案工作条例》、《机关档案业务建设规范》等有关文件的规定，归档案卷的质量要求是：遵循文件材料的形成规律和特点，保持文件之间的有机联系，区别不同价值，便于保管和利用。

首先，归档文件材料要完整、齐全。完整是指每份文件页数要完整，不遗漏、不残缺，一项活动由始至终形成的材料要完整；齐全是指档案门类齐全。

其次，归档文件材料要系统有序。组卷时，应将每份文件的正件与附件、印件与定稿、请示与批复、转发文件与原件分别放在一起，不得分开。文件和电报一般应按内容联系统一立卷，即文电合一立卷。密不可分的文件材料应依序排列在一起，即批复在前，请示在后；正件在前，附件在后；印件在前，定稿在后等。其他文件材料依其形成规律或特点，按有关规定排列。

最后，归档案卷在技术加工上应符合有关要求。装订的案卷，应统一在有文字的每页材料正面的右上角，背面的左上角填写页号；不装订的案卷，应在卷内每份文件材料的首页上方正中位置加盖档号章，并逐件编件号；图表和声像材料等也应在装具上或声像材料的背面逐件编号。案卷必须按规定格式逐件填写卷内目录，有关卷内文件材料的情况说明，都应逐项填写在备考表内。案卷封面的各个项目均应填写清楚，案卷标题要确切反映案卷内文件内容。卷内文件应去除金属物，对破损的文件要裱糊，字迹模糊的应复制并与原件一并立卷。案卷装订后，要按一定的次序系统排列，编写顺序号，编制案卷目录一式三份，由移交部门和档案室签字后，作为案卷向档案室归档的凭证。

二、归档组织工作

为了坚持归档制度，搞好文书立卷归档工作，档案室应协助文书部门和业务部门做好归档的组织工作。

（一）坚持实行文书部门或业务部门立卷归档制度

文件材料是在日常工作过程中产生的，由文书部门或业务部门立卷归档，可以发挥其熟悉本职业务和文书处理过程的优势，有利于提高案卷的质量和工作效率；便于文件的随时收集和积累，有效防止散失，确保文件的完整齐全。档案室应该对归档工作加以指导，协助立卷部门做好这项工作。

（二）正确选择立卷环节，督促、指导各部门做好立卷归档工作

归档制度明确规定，立卷归档工作应由文书部门或业务部门承担。但在实际工作中，由谁立卷可视情况而定。一般情况下，单位形成的档案数量多，采用业务部门分别立卷形式为好；形成的档案数量少，宜在文书部门集中立卷。科技档案、专门档案和会计档案应由形成部门立卷。由于立卷工作直接影响到案卷质量，所以档案室必须对这项工作加以指导和督促。要拟定立卷方案，督促做好平时归卷工作，以保证文件收集的完整、齐全。

（三）实行超前控制，确保归档材料的完整、齐全

归档工作做得好坏，是以归档案卷的质量作为主要检验标准的，档案室应对归档工作实行超前控制。要监督和促进文件质量标准化、文件处理制度化，协助和督促有关部门做好立卷归档前的准备工作，加强对立卷工作的指导和检查。

（四）加强归档工作的宣传和档案的科学管理

为了推动归档制度顺利实施，应向各部门做好文件归档的宣传教育工作，提高单位全员的档案意识。消除有关人员在归档问题上的各种思想顾虑，讲明文件材料必须依法归档的必要性、档案实行集中统一管理的优越性。同时，档案室要认真做好归档后档案的整理、保管和利用服务工作，为各部门利用档案提供方便，这样才能促进收集工作的顺利开展。

第三节　档案馆的收集工作

档案馆是最终收藏具有长久保存价值的档案的基地，收集进馆的档案质量的好坏直接关系到档案馆能否完好地保存档案，以及档案馆能否成为提供党和国家档案的信息中心。因此，必须维护历史真实面貌，在有利于社会主义现代化

建设的前提下,将应该由档案馆收集的一切具有历史凭证作用和科学研究价值的各种门类、各种载体形态的档案,完整、齐全地收集进馆。

一、接收档案的时间与标准

(一)接收档案时间

根据国家有关法规规定:属于中央级和省级、设区的市级国家档案馆接收范围的档案,立档单位应在档案形成之日起满 20 年将永久保管的档案向有关的国家档案馆移交;属于县级国家档案馆接收范围的档案,立档单位应当自档案形成之日起满 10 年将永久和长期保管的档案向有关的县级国家档案馆移交。由于实际情况相当复杂,在具体执行中还允许有一定的弹性,可以根据现行机关所处的环境和档案保管的条件,现行机关的性质及其档案的特点,档案馆建设的状况等因素确定。

(二)接收档案标准

档案馆为充分保证进馆档案的质量,实现档案管理标准化、规范化和现代化的需要,必须对接收进馆的档案制定标准并提出相应的要求。在接收时要求:

①完整性。注意保持档案之间的有机联系。同一活动过程中形成的档案应作为一个整体,归入一个档案馆,不能随意分散。

②系统性。接收进馆的档案,应该齐全并已按档案整理有关规定整理完毕。

③配套性。与档案有关的资料,档案形成机关的组织沿革、全宗指南及其他有关检索工具,随同档案一并接收。案卷目录须按规定格式一式三份,交接双方据此清点核对,并在交接文据上签名盖章,其中一份案卷目录还须经档案馆签收后退还给移交机关保存。

④安全性。接收进馆的档案须符合档案保护技术的要求。

为使这些要求规范化,有章可循,档案馆必须制定接收档案的标准。标准主要对档案价值鉴定、整理的质量和规格,以及应该随同移交的检索工具和参考资料的种类、质量等作出具体规定。

二、接收档案范围

我国目前档案馆的类型主要有综合档案馆、专门或专业性档案馆和企业事业单位档案馆三大类型。它们在档案的接收、收集方面各有自己的特点。

(一)综合档案馆的接收范围

本级中国共产党的机关、国家权力机关、行政机关、审判机关、法律监督机关和全区域性民主党派委员会、人民团体等及上述各种机关的工作部门和直属的临时单位,如本级党委,政府的部、委、办、局、室等机构,这些机关俗称一级单位。

由于这些单位本身地位的重要性,综合档案馆应把这些机关全部列入接收名册,它们产生的应长久保存的档案须全部接收进馆。县级档案馆还应同时接收乡、镇党委和政府及其工作部门形成的档案。

上述机关管辖的或指导的独立分管某一方面工作或从事某项事业的公益、公务机关,以及影响面较大或具有全局意义的相对独立的或完全独立的企业、事业单位,如文化局下属的文化馆、剧团,卫生局下属的医院等,这些单位俗称二级单位。综合档案馆应有选择地接收这些单位的档案,即其档案内容不为其上级主管部门文件所包括,并且有全区域意义或者典型意义的,具有长久保存价值的档案。

上述一、二级单位下属或派出的商店、仓库、工厂、学校或村民委员会、经济实体等,这些机关俗称三级单位。它们形成的文件对反映社会最底层的活动有一定意义,但由于数量庞大,加之有些活动也在其上级机关文件中得到反映,它们自身形成的档案大多不必列入综合档案馆的接收范围。

受双重领导的一些中央、省级机关的派出机构,其形成的档案一般应由当地的综合档案馆接收进馆。

(二)专业、企事业单位档案馆的接收范围

我国的专业档案馆大致有两种类型:一类是国家专业档案馆,如中国照片档案馆、城市建设档案馆。是为国家专门管理某一方面或某一特殊专业活动形成的领域内专门档案而设置的公共性较强的档案馆。其收藏范围往往突破或不受某一专业部门职能范围和领导体制的限制。另一类是部门档案馆,如铁道部档案馆。是国家某些特殊职能部门领导的内部文化事业单位。它们一般是收集本机关及其直属机关所形成的各种类型的档案,实际上是按专业系统建立的中间档案馆。

企业和事业单位档案馆只接收本单位及其下属单位需要长久保存的档案。

三、现行单位档案的接收

接收现行机关档案室移交的档案,是各级档案馆的经常任务。

(一)档案馆接收现行机关档案的期限

根据档案发挥作用的规律性,现行机关档案应该首先保存在本机关,然后再由档案馆接收保管。

档案馆接收现行机关档案有逐年接收和定期接收两种方法。逐年接收就是现行机关每年将保管期满的档案向档案馆移交一次;定期接收,就是现行机关定期将保管期满的档案向档案馆移交。两种方法,可根据档案的利用状况灵活采用。

（二）接收现行机关档案的要求

具体要求包括：

①进馆档案应保持全宗的完整性。一个全宗的档案应归入一个档案馆，不能分散。

②规定移交的档案，有关机关应收集齐全规范整理。

③与档案有关的全宗介绍、组织沿革、大事记以及检索工具，应随同档案一并移交。交接时应根据移交目录经双方清点核实，并履行签字手续。

四、撤销单位档案的接收

撤销单位的档案是档案馆馆藏档案的一个来源。按照规定，机关撤销前，必须将本机关全部档案清理并整理好以后移交档案馆。但机关的撤销、合并、分开等情况比较复杂，往往时间也比较紧迫，因此对档案的整理移交工作也应根据不同情况分别处理。

①机关撤销，而又无其他单位代替它的职能时，其档案可由该机关的上级主管部门代管，然后由上级主管部门代行移交给档案馆。

②一个机关并入另一个机关时，档案可以随同带入，但必须单独保管，不能相互混淆，今后应作为两个全宗的档案一起移交进馆。

③若干个单位撤销，合并成一个新的机关时，该新机关可同时接收被合并单位的档案，但也应分别管理，今后仍作为各自独立单位的档案整体向档案馆移交。

④机关撤销，分离成若干个小单位，档案不能由这些单位分别保存，应集中在一起，但可由其中某一单位代管，今后仍作为一个全宗向档案馆移交。

⑤一个机关的若干个内部组织机构划归另一机关，或者脱离原机关成为一个新的独立机关，则它在原机关活动中形成的档案，属于原机关所有。必须留在原处，不得带走。若确需使用档案，可借阅或复制。

⑥机关撤销或合并时，尚未处理完毕的文件则移交给受理这些文件的机关继续处理，并作为该机关档案保存。

总之，无论机构如何变化，档案都不能分散，必须全部集中移交档案馆。

五、历史档案的征集

历史档案是指中华人民共和国成立前，历史上各个时期的各机关、团体、企事业单位和著名人物所形成的各种档案。包括革命历史档案和旧政权档案两部分。

历史档案是珍贵的历史文化遗产，是进行科学研究的重要史料，同时也是进行革命传统教育的重要素材。

由于历史和社会等原因,造成相当数量的历史档案分散在各处,随时都有损毁的可能。将这些历史档案征集进馆,具有抢救历史文化财富的意义,这也是党和国家当前与长远利用的需要。

征集历史档案是一项复杂的工作,并且政策性较强,应该拓宽征集的途径,针对不同的对象采用适宜的方法。

另外,还要搞好名人档案的征集,以及与档案相关资料的收集(如图书、期刊报纸、内部资料、实物等),以丰富馆(室)藏,完善馆(室)藏的结构。

【拓展阅读】

阅读资料之一:

让档案捐赠成为时尚

时下,档案捐赠的事例屡见不鲜,如媒体报道的:前不久薄一波之女薄小莹将家中珍藏的《赵城金藏》珍贵档案捐赠给国家图书馆永久收藏;钱学森之子钱永刚向总装备部档案馆捐赠了一批珍贵的钱学森档案;摄影家谭寿焕将自己整理的一套《谢晋导演相关生活照片及底片》移交上虞市档案馆。

再联想近年不胜枚举的捐赠事例,大有档案捐赠成时尚之势。只是与社会上其他诸如义务献血、器官捐献、慈善捐赠产生的轰动效应相比,档案捐赠多是有了由头没了后续,其原因就在于对捐赠的档案开发利用不够。换句话说就是档案捐赠成为时尚但有短板。

依据《中华人民共和国档案法实施办法》,"向档案馆移交、捐赠的档案,归国家所有;寄存在档案馆的档案,归寄存者所有"。另据《中华人民共和国档案法》,"公民都有保护档案的义务",更有档案馆"为档案的利用创造条件,简化手续,提供方便"。

然而,档案捐赠若仅是为了更好地保存而忽视后续利用,自然或多或少地淹没了捐赠档案的价值。如同公民义务献血、器官捐献、慈善捐赠,缺少了受益的人群,也就谈不上什么利用价值。由于捐赠的档案多属于珍贵的档案,对其二次开发和编研后回馈社会,不仅有利于档案文化在社会上的传播,亦对吸纳更多的捐赠者起到引领作用。

档案是真实的历史记录,是科学管理教育的基础,作为检验档案工作成果的重要标准,就是要把重心转到为各项事业发展提供优质服务上来。愿更多的档案馆能把珍贵档案妥善保存好、严格管理好、合理利用好,使其长久而充分地发挥存史鉴往、资政育人的重要作用。只有这样做,才能让档案捐赠真正成为时尚。

(原载《中国档案报》2011 年 8 月 12 日总第 2192 期第 1 版　作者:周宏)

阅读资料之二：

脚踏实地，做档案文献遗产的忠诚卫士

——访贵州省荔波县档案局馆长姚炳烈

身着一件水族藏蓝色龙纹刺绣上衣，来自贵州省荔波县档案局馆的姚炳烈面带笑容，热情地招呼记者坐下。近日，记者有幸采访到了刚刚荣获全国档案系统先进工作者称号的荔波县档案局馆长姚炳烈。

"我的家乡就在荔波县水尧水族乡，我是个地道的水族人。"看到记者对他身上这件衣服略带好奇地不断打量，姚炳烈打开了话匣子。"这是我们水族的特色服装，重大节日和重要场合我都会穿上。"

2000年，姚炳烈从乡里调入档案局工作。起初，姚炳烈并不熟悉档案工作，觉得档案部门就是个"清水衙门"，干不出什么事业来。"当时有一位老档案人告诉我，做事情要把心态放平，档案部门大有可为。"正是这些话感染了姚炳烈，在调整好心态后，他立即全身心地投入工作之中。

在一次整理馆藏档案的过程中，姚炳烈从一些准备当废品卖掉的资料中发现了几件"神秘"档案。"第一次发现的《水书》共有5册，都是20世纪60年代的，我当时立刻意识到这些档案都非常珍贵，必须保护起来。"姚炳烈回忆起当时的情景仍然记忆犹新。据姚炳烈介绍，水族不仅有自己的语言，还有自己的文字，由水文字写成的书被称作《水书》，其记载的内容主要是水族的宗教、历法、生产生活等，有人称它为水族的《易经》。"从档案工作角度来说，《水书》就是水族文字档案，对研究水族历史文化具有重要意义。"

2002年3月，国家档案局、中央档案馆将《水书》列入首批《中国档案文献遗产名录》。姚炳烈介绍说，许多《水书》档案的内容还没有完全破译，要揭开它的神秘面纱，需要搜集散存于民间的《水书》档案文献原件，将它们保管好，并请专家学者来对其进行研究。同年，姚炳烈带领县档案局馆的同志们开始了对《水书》的征集。

据姚炳烈介绍，《水书》作为水族文化秘籍，多为水书先生所收藏。受封建思想的影响，许多人把《水书》看成是封建迷信的东西，是文化糟粕，《水书》收藏者因为害怕被扣上招神弄鬼的帽子，手上有《水书》也不愿示人，更不愿捐献出来。"这些客观原因给我们调查、征集工作带来了极大的困难。"姚炳烈说，水族的村落比较分散，10年来，为征集《水书》，他几乎走遍了全县所有的水族村寨，到过每一位水书先生家里。姚炳烈回忆道，有一次他和几位同志步行30多华里走进山区，来到一位水书先生家中开展征集工作。"那些水书先生对我们征集《水书》不理解，有戒心，要说服他们捐赠，哪怕让我们看一眼都是十分困难的。"为了能与"顽固"的水书先生打成一片，姚炳烈一边耐心向他们解释《水书》对研究民族

历史文化的重要性，一边在水书先生家中帮忙干农活。一天说不通就说两天，屋里不让进就等在门外。"那次征集太难忘了，我们在那里待了两天两夜，晚上要饿着肚子并且只能凑合睡在水书先生家院落里的竹床上，一夜下来身上被蚊子叮咬的全是包。"

在10多年的征集过程中，许多次费尽周折开展的征集工作最后往往扑空，但姚炳烈用诚意感动了一位又一位水书先生。茂兰镇水庆村的水书先生蒙建周，一次捐出13代人保存下来的《水书》原件42册；佳荣镇拉易村的潘老平一次捐出11代人保存下来的《水书》原件7册。在这些人的宣传、带动下，一些视《水书》为家藏珍宝的人也纷纷把"宝贝"捐了出来。据姚炳烈介绍，目前荔波县档案馆已有《水书》档案文献原件9238册。2008年，县档案馆被国务院命名为"全国古籍重点保护单位"，成为全国唯一获此殊荣的县级国家综合档案馆。

因为长期在乡村里奔忙，姚炳烈对家庭的关爱少了，老婆有些埋怨，上初二的儿子也经常见不到父亲。"作为丈夫和父亲，我都没有尽到责任，但我是个档案人，我要证明档案部门是能干出成绩的地方。"2007年，为了申报"国家重点古籍保护单位"和《国家珍贵古籍名录》工作，姚炳烈和局馆的同志们连续工作79天，每天都加班到深夜。在离报送申报材料期限还有2天的时候，正赶上贵州遭受破坏性最大的一次凝冻灾害，荔波至贵阳的交通多处被冰冻中断。姚炳烈亲自驾车，带着3位局馆同志，冒着凝冻赶去贵阳。"那天一路上到处都结了厚厚的冰，稍不留心，就会车毁人亡。"姚炳烈给记者讲述的时候还显得有些后怕。姚炳烈一行到都匀休整时已是晚上10点多，当时全城停电，姚炳烈和几位同志在没有水、没有取暖设施的旅馆住了一夜，第二天又战战兢兢地继续赶路。"当我把申报材料和3位同志的生命绑在我身上，一步一步往前赶路，那种情景今天回想起来，手脚都还会发抖。不过生死关都过来了，家庭和个人的牺牲对我来说都已不算什么了。"

在采访即将结束时，姚炳烈谈到了他今后的打算。他表示："作为水族的子孙，同时又是一名档案工作者，保护自己祖先遗留下来的文化财富责无旁贷，如果眼看着这些档案文献慢慢消失，那就是一种罪过。今后，我将和县档案局馆的同志们一起，在原有基础上继续加强对《水书》原件的翻译和扫描工作，摄录更多的水书先生诵读影像，为进一步研究水族历史提供重要依据。"姚炳烈语重心长地说，作为兰台人，我会脚踏实地，做一名保护档案文献遗产的忠诚卫士。

（原载《中国档案报》2012年2月27日总第2272期第2版 作者：孙昊）

【思考与分析】

根据下列内容,回答问题。

1.小姜是某某大学办公室秘书,因为工作需要,经常频繁利用近几年文件。为方便利用,小姜和学校档案室负责人老李达成口头协议,允许小姜所在的办公室形成的文件可以推移归档时间,在小姜认为利用频繁期过了以后再移交给学校档案室。你认为他们的做法对吗? 为什么?

2.1996年某某布厂被某某纺织集团合并。合并后,某某布厂原先形成的档案是移交给上级主管部门呢? 还是移交给某某纺织集团保管? 或者直接移交给档案馆? 为什么?

3.档案馆接收现行机关档案有逐年接收和定期接收两种方法,各地可根据具体情况灵活采用。你认为这两种方法在实际操作中各有什么利弊?

第二章 档案的整理

把数量浩大的档案,及时地收集起来,进行科学、系统的整理,提供给各项工作利用,这是档案管理中的一项重要任务。

第一节 档案整理工作概述

一、档案整理工作的内容和意义

(一)档案整理工作的内容

所谓档案整理工作,就是对档案按其内容和形式特征进行系统性、条理性的组合和加工。整理档案的目的,是为了揭示和保持档案材料之间的有机联系,便于档案的管理和利用。

从档案整理工作的全过程看,可以分为区分全宗,全宗内档案的分类、组卷、卷内文件整理编目,案卷加工整理,案卷排列与编号,编制案卷目录等工序。但这些工作不一定都在同一时期全部进行,而是根据档案的形成特点分阶段进行。归纳起来,档案整理情况主要有以下三种:

1. 档案室对正常接收归档案卷的进一步整理

通常情况下,档案室所接收的是文书部门和业务部门按照归档要求已经组成案卷的档案。此时,档案室对移交来的案卷,只需对部分整理不善的案卷重新加以调整,进而按照全宗内档案分类方案,对案卷进行分类排列、编制案卷目录等。

2. 档案馆对正常接收进馆档案的进一步整理

各单位档案室中具有长远保存价值的档案,若干年后要移交给档案馆保存。对接收进馆的档案,档案馆根据事先拟定的整理方案,对它们进行排列组合,使之正式转化为档案全宗,并进一步组成不同的全宗群。同时,对某些不便于保管利用的案卷和目录,进行必要的加工调整,以提高质量。

3. 档案馆、档案室对零散文件进行全过程的整理

档案馆(室)有时会接收和征集一些零散文件,尤其在未推行文书业务部门

立卷的单位档案室,经常会接收到未经任何整理的零散文件。另外,由于历史的原因,档案馆(室)也会有一些原来遗留下来的零散档案,对这些零散档案,要进行全过程的档案整理工作。整理积存档案和零散文件的工作程序大致如下:

①区分全宗;

②全宗内档案的分类;

③立卷;

④检查案卷质量、调整案卷;

⑤初步划分案卷保管期限;

⑥案卷的加工整理;

⑦案卷的排列与编号;

⑧编制案卷目录。

以上是全面系统整理的一般程序。在实际工作中,应该考虑到原来档案的状况和整理工作的具体要求和方法,采用不同的程序。如果整理的档案是过去整理过的,其整理程序就可以从简,只需在原有基础上适当作些局部的补充和调整。

(二)档案整理工作的意义

1. 整理工作是整个档案工作的基础

在档案管理的诸环节中,收集工作是起点,提供利用是目的,而整理工作则是承上启下的关键所在。只有进行科学的整理,才便于档案的鉴定、保管、统计等基础环节的建设。档案经过系统的整理,为全面鉴定档案的价值提供了有利条件,因为分析档案的价值要从档案的内容出发,把档案联系起来进行分析比较,这就需要依靠整理工作。因此,档案整理和鉴定两项工作往往是结合进行的。边整理、边鉴定,通过整理和鉴定,既剔除了无保留价值的档案,同时对具有保存价值的档案划分了保管期限,按不同保管期限,分别整理立卷。二者相辅相成,相得益彰。档案经过系统整理后,排列有序,编目合理,为档案的保管和统计工作提供了科学基础。

2. 整理工作是发挥档案效用的前提条件

保存档案的主要目的是为了提供档案利用。档案数量庞大,成分复杂,如果不加整理,查找使用档案就会像"大海捞针"一样困难。只有进行科学的整理,才能充分体现档案历史记录的特点,保持文件之间的有机联系,系统地反映工作活动面貌,使档案有目可查,便于利用。

3. 档案整理工作是检查档案收集工作质量的重要依据

在档案整理工作中,可以看出档案收集工作的情况。比如,有关内容的文件材料数量是多了还是少了;有关的文件材料质量是提高了还是降低了;有关的事件材料是否齐全等等。通过整理,能够反映出收集工作的薄弱环节,使收集工作得到及时补充和纠正，在以后的收集过程中更具有针对性。所以，档案整理工作可以促进档案收集工作进一步提高质量。

二、档案整理工作的原则和要求

档案整理工作，必须按照档案形成的特点和规律，最大限度地保持文件之间的有机联系，充分利用原有基础，使整理后的档案，便于保管和利用。这就是档案整理工作的原则和要求。

（一）整理档案必须保持文件之间的历史联系

每个机关、单位在行使职能活动中，必然要同其他机关发生各种关系，在这个过程中所积累的大量文件也必然是相互联系的。这种联系，在档案工作中称为"文件之间的历史联系"。整理档案必须按照文件之间的历史联系进行基本的分门别类，不能按照偶然的需要和人为的联系随意分合。只有掌握了文件的特点及其形成的规律性，按照文件在机关实践活动中固有的联系进行整理，才能把文件组成科学的有机体系，如实地反映出文件的历史背景及其系统的内容。

文件之间的历史联系，主要表现在文件的来源、时间、内容和形式等几个方面。

第一，文件在来源方面的联系，要求按照文件的形成机关及其内部组织机构上的联系整理档案。

首先，应将同属一个独立单位的档案集中起来，不得分散，而不同单位形成的档案，则要区分清楚，不得彼此混淆，这就是所谓的"区分全宗"。其次，从全宗内档案分类这一层面看，在保持文件之间有机联系的具体操作上，文书档案与科技档案有所不同。文书档案，其来源上的联系主要表现为文件在机关各内部组织机构上的联系，这就要求将同一部门形成的文件集中在一起，不同部门形成的文件分开整理；而科技档案类的文件，其来源上的联系主要表现为文件在同一活动过程中的联系，这就要求将同一项目形成的文件作为一个整体集中，而将不同项目形成的文件分开整理。

文件在来源上的联系，是档案整理中必须给予充分关注的一种首要联系，只有在保持这一联系的前提下，保持文件在内容、时间和形成等方面的联系才有实际意义。因而整理档案时，必须首先顾及这种联系。

第二，保持文件时间上的联系，要求按照文件自然形成的先后顺序整理档案。

所有工作活动都有一定的过程和阶段性。不同时间的活动，所形成的文件先后有序，同一阶段的活动，所形成的文件具有必然的时间联系。例如，同一年度形成的文件，记叙和反映了这一年度的工作活动面貌，是一个整体，把这个年度的文件按时间先后顺序自然地排列起来，既简单，又合理。又如，一次较大的科技活动,总是分阶段进行的,在整理时把不同阶段形成的文件区分开来,把同一阶段形成的文件组合起来,就能较好地保持文件之间的内在联系。

第三,保持文件内容上的联系,要求按照文件所反映的问题(事由)整理档案。

文件是机关在解决一定问题的过程中产生的。比如做一项工作、办理一起案件、开展一个活动,召开一次会议等所形成的文件,在内容上必然有密切的联系。文件内容方面的联系往往是最紧密的联系,整理档案时必须保持这种密不可分的联系。应当指出的是,只有在保持文件来源联系的前提下,文件内容方面的联系才更深刻、更有意义。

第四,保持文件在形式上的联系,要求按照文件在制成材料、记录方式和种类名称上的异同整理档案。

文件的形式,有内部形式(文种与名称等)与外部形式(载体和记录方式等)之分。文件形式是文件内容的外观体现,它在一定程度上反映了文件的性质,与文件的来源、时间、内容等是紧密联系的。因而,在整理档案过程中,必要时可按文件的形式进行区分,如对科技档案的底图、蓝图和原始记录,会计档案的报表、账册、凭证,特种载体档案等,均可考虑按其形式进行分类。

总之,文件之间的各种联系既是客观存在的,也是错综复杂的。按照文件之间的有机联系整理档案,既是一种科学的方法,也是一项复杂的工作。整理档案,要针对文件的不同情况,找出特定整理对象内部最重要的联系,并在保持这种联系的前提下,善于将其他各种联系结合起来考虑,使档案整理达到最佳状态。

(二)充分利用原有基础

原有基础,是指前人整理的档案的成果。整理档案时要尊重历史和前人的劳动,充分利用原有的整理基础。这是档案整理工作的一条原则。实践证明,重视和利用原来的整理基础,有利于保持文件之间的历史联系,提高档案整理工作的质量,加快整理步伐,适应急需利用档案的客观情况。

在充分利用原有的整理基础时,主要有两个方面的要求。

第一,只要是经过整理而有规可循、有目可查的档案,就应力求保持其原有的整理体系,一般不再重新整理,必要时可作适当的加工整理。实践证明,动辄改变原来的整理体系,反复折腾,结果总是得不偿失。经验教训告诉我们,已经整理好的档案,不能随便"打乱重整"。

第二,必须进行一定整理的档案,要注意研究原有的整理基础,弄清哪些是合理的,哪些是不合理的。对其中合理的部分应当吸取;对整理不当和错误的部分,也要经过仔细分析,摸清情况之后再改动和调整。这样做可以避免人为地破坏文件之间的历史联系,对保证整理质量和提高效率,都是有益的。

（三）必须便于档案的保管和利用

保持文件之间的历史联系，并不是整理档案的主要目的，所以不能"为联系而联系"。档案整理工作的基本出发点和最终要求是便于档案的保管和查找利用。

一般来说，恰当地保持文件之间的历史联系，就便于档案的保管利用，两者基本上是一致的。但在有的情况下，它们之间也会出现矛盾。比如，一次会议的有关报告、讲话的书面文稿和录音磁带，会议的经费开支计划和会议账簿、记账凭证，本来互有密切联系，但是完全混同整理，则不便于保管和利用。整理档案是一项复杂细致的工作，对如何保持文件之间的内在联系，在操作上是有弹性的。当为保持联系而采用的整理方法与便于保管和利用的需要发生矛盾时，应服从保管和利用的需要。但要求档案整理完全达到便于保管和利用的要求，企图"毕其功于一役"，解决档案保管和利用中的一切问题，也是不现实的。在实际工作中，不能为了便于保管和利用而使档案的整理工作长期处于无序的状态，这样既会影响档案整理工作质量，也劳民伤财。因而，对档案实体的整理达到一定程度即可停止，保持整理方案的相对稳定性，而档案保管和利用过程中的其他问题，还需通过其他业务环节工作的开展进一步解决。

第二节　区分全宗

一、全宗的概念及其意义

（一）全宗的概念

所谓全宗，就是一个独立单位或者一个著名家庭、个人在社会活动中形成的档案整体。一个独立的单位，在行使职能活动中形成的全部档案，是一个不可分割的整体，构成了这个单位的全宗；一个家庭或者个人，在社会活动中形成的全部档案，彼此有着紧密的联系，也构成了这个家庭或者个人的全宗。

我国档案全宗的类型，主要包括以下几种：按形成全宗内容的性质区分，有机关组织全宗、人物全宗；按全宗的构成方式区分，有独立全宗、联合全宗、汇集全宗和档案汇集。

全宗的基本含义包括如下三个方面：

首先，全宗是有机联系的档案整体，具有不可分割性。同一全宗的档案不能分散，不同全宗的档案不能混淆。国家档案局发布的《机关档案工作条例》和《档案馆工作通则》分别规定："一个机关的全部档案是不可分割的整体，应该向一个档案馆移交"，"进馆档案应保持全宗的完整性"。

其次，全宗是在一定的历史活动中形成的，其形成具有客观性。全宗是在社会活动中自然形成的，它体现了档案作为历史真实记录的特点，成为档案馆对档案进行整理分类的典型形式。

最后，全宗是以一定的社会单位为基础构成的，具有相对稳定性。全宗是以产生它的机关、组织和个人为单位而构成的，这就为档案全宗确定了一个可以区分的标志。国家档案局发布的《机关档案工作业务建设规范》规定："一个机关在其工作活动中形成的各种门类和载体的档案为一个全宗。"

如此看来，按全宗整理档案，不仅仅是一种方法，而且是档案管理的一条原则或一个理论。关于全宗的理论，也是档案工作和档案学的一个基本理论。

（二）档案必须按全宗整理

档案馆保存着各有关单位移交进馆的档案。来自各个单位的档案，分别构成独立的全宗。档案馆整理档案，必须按全宗进行。

首先，按全宗整理档案，能够揭示档案内容的实质，从而正确评判档案的价值，为档案利用提供科学依据。档案总有一定的形成者，档案信息的价值与档案的形成者密切相关。如果档案不知形成者，不明所属哪个全宗，或者相互混淆起来，就不利于档案信息的利用。

其次，按全宗整理档案，对档案管理有着重要的组织作用。在档案管理过程中，以全宗为基本单位对档案进行管理，可以顺理成章地展开其他各环节的工作，避免造成档案管理的某种混乱。档案馆如果没有区分全宗这一首要步骤，就无法进行以后的几个步骤的整理工作。

二、立档单位及其构成条件

如果说区分全宗是档案整理的第一步，那么，明确全宗的构成方式，则是区分全宗的前提。因而，档案工作者必须研究全宗的构成者——立档单位。

（一）立档单位概念

立档单位是形成全宗的母体，是指能够构成一个全宗的机关单位或个体，又称为全宗构成者。全宗是指一组档案，立档单位则是形成该全宗的单位或个体。例如，××省农业厅是一个立档单位，其形成的全部档案就是一个全宗。因此，没有立档单位，就没有全宗。

（二）立档单位的构成条件

不是所有单位都能成为立档单位。一般来说，立档单位应符合以下三方面条件：

第一，有独立行使和处理事务的职权，即能够独立地行使职权，并能主要以自己的名义单独对外行文。这是构成立档单位的首要条件。

第二,有独立的财务。立档单位是一个会计单位或经济核算单位,能够单独编造预算或财务计划,有单独的财务管理机构和财务人员。

第三,应设有管理人事的机构和人员,有一定的人事任免权。

以上三个条件是统一的,是从不同侧面反映一个组织单位的独立性。这三个方面通常是有此即有彼,而且彼此互相制约。但是,其中最基本的是第一个条件,即以独立行使职权并主要以自己名义对外行文为主要条件。

确定一个组织单位是否具备立档单位的条件,一般应从规定该组织单位职权的法规性、领导性文件和实际活动两个方面去分析。此外,还可以考察该组织单位的文书处理工作、印信和组织单位的名称等情况。通常,一个独立行使职权并主要以自己名义对外行文的组织单位,往往有自己的一套文书处理工作制度和法定的印信。而机关的内部组织机构,一般没有单独的文书处理工作和法定的印信,机关的内部组织机构名称之前又往往冠以机关的名称。这些情况,都可作为分析一个组织单位是否构成立档单位时的参考。

应当明确,机关的大小和档案数量的多少,不影响一个机关能否成为立档单位。研究立档单位的构成条件,要避免机械地生搬硬套,应该具体情况具体分析。有的机关可能不完全具备以上三个条件,但它却可能是一个立档单位。

(三)立档单位的变化与全宗划分

立档单位是经常变化的。由于社会实践活动的发展和变化,原来设立的一些机关,有的扩大或缩小,有的撤销或合并,有的增设,有的改名等等,这些变化,会影响到档案全宗的划分。当立档单位发生根本性变化时,全宗也要随着变化,需重新划分;当立档单位发生非根本性变化时,全宗不变。一般情况下,凡是机关、团体、企业、事业单位在政治性质、生产关系性质或基本职能等方面发生了变化,就属于根本性的变化,应当构成新的立档单位和全宗。

1. 政治性质的变化

是指推翻旧政权机关以后建立的新政权机关。新旧政权机关的档案各自构成全宗。

2. 生产关系性质的变化

是指厂矿、公司、银行等企业单位,从官僚资本企业变为社会主义的国营企业。变化前后的档案,各自成立全宗。

3. 基本职能的变化

(1)立档单位的基本职能发生变化

所谓立档单位的基本职能变化,一般有以下几种情况:

①因工作需要新成立了一个独立机关,其职能从无到有,而且独立,那就应

该从成立该机关之日起,形成一个新的全宗。

②原是几个独立单位,撤销以后合并成一个新的独立单位,各撤销单位应分别构成各自的全宗,在撤销之日,全宗结束。合并起来的新单位,从成立之日起,开始形成一个新的全宗。

③一个独立单位撤销后,被分离成若干个小独立单位,被撤销的单位,全宗停止,所分离形成的若干个小独立单位,分别开始形成各自的全宗。如果被撤销单位若干年后又恢复,一般不宜建立全宗,而是将停止下来的全宗连接起来,继续作为一个全宗,但须在全宗内说明情况。

④原是一个内部组织机构,从立档单位内部脱离出来,成为一个新的独立单位,其全宗从独立之日算起。它在独立之前所形成的档案,属于原立档单位的全宗。

(2)立档单位的非基本职能发生变化

立档单位虽有变化,但若非基本职能的变化,不应该也无需重新划分全宗。主要有以下几种情况:

①立档单位的名称变更和地址变迁,不影响全案的划分。

②立档单位的领导关系的改变和工作范围的扩大与缩小等,不影响全案的划分。

③立档单位内部机构的增减,短期停止活动,以后又恢复等,也不影响全宗的划分,全宗还是一个。

④临时性的机构,一般不构成新的全宗,它所形成的档案,应分别归入各职能机关或部门。但有些临时性机构的工作经常反复进行,存在时间长,形成的档案也比较多,对此可根据实际情况,另立一个全宗。

在实际工作中,立档单位的变化情况是极其复杂的,我们除了掌握以上划分档案全宗的一般原则和方法外,还要根据具体情况,进行深入研究,以全宗理论为依据,从实际出发,实事求是地分析和判断立档单位的变化情况,正确地划分全宗。

三、判定档案所属全宗

档案馆在档案整理过程中,必须首先准确地判定档案所属全宗,特别是在一些不同全宗的档案互相混杂或档案分散的情况下,尤其要准确地将档案文件归入所属的全宗内,这样才能确保全宗的完整性和单一性,避免管理混乱。

判定档案所属全宗,关键在于确定档案的形成者。档案的形成者不同于文件的作者,有时,它们是一致的,有时是不同的,这是两个不同的概念,不能混为一谈。一个立档单位的全部文件,不外乎有三种类型:发文、收文、内部文件。对档案的形成者,可以从这三类文件中进行考证。

（一）立档单位的发文（印件和底稿）

一个单位发出的每份文件，都有机关署名，即文件作者。发文的文件作者，就是档案的形成者，只要查明文件的作者，就能确定档案所属全宗。文件的作者，可以从文件的文头或文尾中反映出来。

（二）立档单位的收文

文件的实际收受者，也就是档案的形成者，只要查明文件的收受者，就能明确其所属全宗。文件的收受者，可以从文件的抬头、结语和内容中反映出来。经过收文登记的还可以从登记标志中反映出来。

（三）立档单位的内部文件

判断方法与立档单位的发文相同，只要查看文件的作者，便能知道文件的所属全宗。

对于案卷，在判断其所属全宗时，可以查看卷皮上的立档单位名称与卷内文件是否一致。对于那些没有标明作者或收受者的"无头无尾"文件，则要从该文件的外部特征和内部特征进行考证。考证的内容包括文件的纸张、书写格式、墨水、各种标记、符号、印章、日期以及文件的内容和内容涉及的人物、事件和地点等等。对于考证后把握不大或考证不出的文件，可以暂时存疑，留待今后再考证，也可以作为档案汇集进行管理。

四、人物全宗

人物全宗就是社会活动家、科学家、文学家、艺术家、教育家以及其他著名人物在其一生活动中所形成的档案整体。某些著名的家族和家庭在活动中形成的档案，也可称为人物全宗。形成人物全宗的个人、家庭和家族，也是立档单位。

人物全宗包括个人的著作、手稿、日记、信件、照片、录音、录像、遗嘱以及记录个人、家庭和家族社会活动的全部材料；还包括他人撰写或收集的与人物全宗构成者个人、家庭和家族有关的材料，以及直系亲属的能够说明立档单位情况的材料。

人物全宗中不得收入全宗构成者在公务活动中处理的官方文件的原件（重复件和复制件除外）。实践证明，如不明确掌握人物全宗的这种界限，必然导致许多全宗管理的混乱以及不良后果。

个人、家庭和家族的文件材料，无论形成于何时何地，以及立档单位的政治思想和社会地位有何重大变化，都只能构成一个全宗。

人物全宗是国家档案的组成部分，其中往往拥有相当珍贵的材料，对于经济、政治、历史、艺术、科学、军事等方面的研究，具有重要的价值。人物的知名度是相对的，不同的档案馆应考虑不同的社会领域和不同层次，根据人物的特点，确定如何组建人物全宗。

五、全宗的补充形式

整理档案时,有时有些档案很难按全宗划分,或者不便于按全宗保管。在这种情况下,可以根据划分全宗的原则,采取一些变通的办法,作为全宗的补充形式。主要有以下三种形式:

(一)联合全宗

两个以上有联系的机关形成的档案,由于混在一起难以区分立档单位而联合组成的全宗。它通常产生于两种情况:一是前后有继承关系的机关,由于工作关系密切,档案已经混杂,很难区分;二是在职能上有密切联系的两个机关合署办公,对内是一套机构和编制,对外是两块牌子,而档案又混杂在一起无法区分。联合全宗应冠以所有组成这个全宗的立档单位名称,档案则按一个全宗对待,编一个全宗号。

(二)全宗汇集

由档案数量极少的若干全宗,按照一定的特点组成的一个全宗集合单位。有些小全宗,档案数量很少,如果都按一个全宗去管理,单独编全宗号和编制案卷目录等,有许多不便。为了提高档案管理效益,可将若干小全宗按照一定的特点和联系(如立档单位存在的时期、职能性质等)合编为"全宗汇集"。在"全宗汇集"内部,仍按不同的立档单位整理排列,但是,只给"全宗汇集"以综合的名称,给一个全宗号,作为一个全宗进行管理。

(三)档案汇集

指所属全宗不明的、零散的、残缺不全的档案,按一定的特点组合起来的档案混合体。在整理零散档案,尤其是历史档案时,往往会有一些零散的、残缺不全的档案文件,虽经各种努力仍判定不出其所属全宗。在这种情况下,可以用人为的方法,把这些文件按照一定特点(如文件形成的历史阶段、基本内容等)集中起来合编成"档案汇集"。"档案汇集"虽是混合体,但也作为一个全宗进行管理。

六、全宗群

由联系密切的若干全宗组成的群体,叫全宗群。它是在全宗理论的基础上,进一步解决全宗之间相互联系的一种方法。它的目的是为了维护一定类型、互有联系的若干全宗的不可分散性,在更大范围内保持档案的历史联系,以便于利用。例如,可以按照档案形成的不同时期分为几大部分,如新中国成立前档案(革命历史档案、旧政权档案)和建国后现行机关的档案,每一部分再按立档单位的类型和特点,对全宗进行细分。又比如,按照立档单位的性质,把档案分成工交系统、农业系统、财粮商贸系统等，或者按地区分类，分别组成全宗群。全宗的分类，一般应和档案的分类保管相一致，一个或几个性质相似的全宗群一般应集中保存在相同的档案库房内。

第三节　全宗内档案的分类

一、分类的意义和要求

全宗内档案的分类，就是对立档单位所形成的档案，按其来源、时间、内容和形式上的异同，分成若干层次和类别，使其构成有机的体系。

（一）分类的意义

档案分类是档案系统化的关键性环节，对整个档案整理工作具有重要意义。

首先，档案经过区分全宗以后，全宗内的文件仍是一堆杂乱无章的材料，不便于查阅和利用。只有对全宗内档案进行科学的分类，才能揭示出它们之间的内在联系，使全宗成为一个有机的整体，便于系统地提供利用。

其次，就整理工作的程序而言，全宗内的文件，如果不作分类，立卷、排列和编目等许多工作就难以进行。只有经过一定的分类，其后的一系列环节的工作才易于着手进行，它为档案整理工作创造了有利条件。

最后，分类质量的高低，直接影响档案的质量，关系到整理工作能否顺利进行。因此，档案的分类工作是一项极其重要的工作。

（二）分类的要求

档案不仅要分类，而且必须正确地分类，错误的或不恰当的分类，会破坏文件之间所固有的联系，造成整个档案整理和利用上的不便。所以，档案的分类有一定要求：

1. 客观性

档案的分类必须从实际出发，符合本单位档案形成的特点和规律。档案是社会组织在履行职能活动中形成的历史记录，各单位性质和职能活动的差异，决定了其形成档案必然各有其特点。因此，档案分类，必须从每个单位的档案的实际情况出发，运用档案整理工作基本原则，选择适宜的分类方法，使档案分类达到最佳效果，能够比较客观地反映出本单位职能活动的面貌。

2. 逻辑性

分类体系必须有严密的逻辑性，要求档案分类标准统一，界限分明，概念明确，层次得当。标准统一是指同一级分类，只能依据同一标准进行，而不能同时有两个或两个以上标准;界限分明,是指类与类之间的界限划分要明确,不能交叉,彼此包容;概念明确,是指设立的每一类、属类、项、目等,都必须有明确的概念和范围,不能含糊不清;层次得当,要求分类的层次不宜过多,级别要分明。

3．一贯性

要注意保持分类方法的前后一致,形成比较固定的分类倾向。在分类过程中,往往遇到某些档案材料与两个以上类有关,此时应根据具体情况,将其归入其中的一个类目,并作出统一规定,今后凡遇类似情况,均按此处理。另外,还应保持全宗内档案分类体系的相对稳定性。分类工作事关档案管理大局,如有变化,会牵一发而动全身,引起相关工作的一系列变化,甚至需要从头做起。因此,不宜经常更改分类方法和分类体系。

4．实用性

选择分类方法、确定分类方案,要注重实用。档案的分类必须便于保管、检索和利用。

二、全宗内档案分类的一般方法

所谓档案分类方法,是指划分档案类别层次的分类角度或分类标准。档案分类的质量,在很大程度上取决于采用何种分类方法。由于档案种类很多,它的特点与内容各异,故可以为之分类的方法也很多。归纳起来主要有以下 4 种:

(一)年度分类法

年度分类法就是根据形成和处理文件的所属年度将全宗内档案分成各个类别。一个立档单位的一个年度内的文件,存在着最紧密的联系。一个立档单位每年都有不同的任务,一般工作又是以年度为单位制订计划和进行总结的。按年度分类,可以看出一个立档单位逐年发展变化的情况,看出不同时期一个机关的不同特点,有助于从多个不同的阶段总结经验教训,揭示事物发展规律。另外,这种分类方法,同现行机关的文件处理制度也相吻合,以年度为单位立卷和移交,一年一归档,亦即一个类,实际上自然就形成了这种分类。而且在实际工作中,年度分类法又可以同其他分类法结合使用。所以年度分类法是适用范围最广泛的一种方法。

根据文件的准确日期归入相应的年度类别,是按年度分类的要求。对于下面几种情况的文件,应该准确地判定其所属年度。

1．文件上有两个以上日期又不是一个年度

文件有写成日期、签署日期、批准日期、通过日期、公布日期、发文和收文日期等。如果文件上有两个以上日期又不属于同一个年度,就要根据文件的特点,确定最能说明该文件特点的日期作为分类的根据。法律、法令和条例等法规性文件以批准日期为根据(公布之日生效的文件,以公布日期为根据)。指示、命令等领导性文件以签署日期为根据。计划、总结、预算、决算、统计报表以内容针对时间为根据。来往文件中的收文以收到日期为根据。例如,2000 年的工作总结是 2001 年 2 月形成的,这份文件内容是针对 2000 年的,应该放到 2000 年为好。再如,2001 年的经费预算是 2000 年形成的,同样道理应归到 2001 年为好。

2. 文件上没有日期

应该运用多种方法,判定和考证文件的准确日期或接近日期。通过分析文件的内容,研究文件的制成材料、格式、字体和各种标记等来判定,都是行之有效的方法,同时还可以利用已有准确日期的文件与没有日期的文件比较对照的方法来判定。

3. 跨年度文件

属于跨年度文件有两种情况:一是单份文件,内容跨了两个以上年度。比如一份文件既有前一年的工作总结,又有后一年的工作计划,内容针对两个年度。这份文件如果是以工作总结为主要内容的,应归入前一个年度;如果是以工作计划为主要内容的,就应归入后一年度;如果内容不分主次,而是平分秋色的,应两个年度各放一份或归入文件的形成年度。还有的计划和总结,其内容不是针对一个年度,而是涉及到几个年度。如五年计划、三年总结、十年规划等,属于计划性的,应该归入计划开始的一年;属于总结性的,应该归入总结针对的最后一年。二是一组有密切联系的文件,形成于两年以上,如一次会议,前一年底开会,后一年初结束,这次会议形成的文件,应归入会议结束的年度。

4. 专门年度的文件

在实际工作中,除了一般的通用年度外,有的专业部门还使用专门年度来进行工作,如学校的"学年"、兵役部门的"兵役年度"、粮食部门的"粮食年度"等。它是根据工作的特殊需要,另外规定一种起止日期的年度。如学校是以每年的 9 月 1 日至次年的 8 月 31 日为一个"学年"。

如果一个立档单位主要的业务工作按专门的年度进行,其他工作仍按一般年度进行,在按年度分类时,应该将以专门年度进行工作形成的文件按照专门年度分类,其他文件按照一般年度分类,然后再将两种年度的文件,按照相应的年度合并为一类。以学校为例:

2010 年度与 2010－2011 学年合并。

2011 年度与 2011－2012 学年合并。

这种分类方法,真实地反映了立档单位工作活动的面貌,便于查找利用。

(二)组织机构分类法

组织机构分类法就是按照立档单位的内部组织机构对档案分门别类。档案是各个内部组织机构在其业务活动中形成的，按组织机构分类，保持了文件在来源上的联系，较好地反映了立档单位各内部组织机构的工作活动面貌。由于一个部门的工作总是围绕着一定的职能范围和基本任务进行的，按机构分类的结果，使每个部门形成的文件的内容，在一定年度上得到集中，从而能相对保持文件在内容上的联系。按组织机构设类、归类，标准比较客观，操作起来简便易行，因而，此法与年度分类法同属最基本的档案分类方法。

按组织机构分类，一般是按立档单位的第一层内部组织机构设置类别，必要时也可分到第二层的内部组织机构，但这比较少见。通常有一个机构就设一个类目，机构的名称就是该类档案的类名。在排列机构时，一般应将领导机构或综合机构（如党委、党组、办公室等）列在前面，也可按党、政、工、团的顺序排列。对于涉及几个机构的文件，要正确归类，如：党委讨论决定，又以行政名义发出的文件，一般应归入行政机构；业务机构起草的文件，以单位名义发出的，一般应归入业务机构；以办公室等综合机构名义发出的文件，可按内容归入有关的业务机构；几个机构联合办理的文件，一般应归入主办机构或最后承办机构。总之，对涉及几个机构的文件，在一个立档单位内，应当有统一的规定，以便将文件合理地、有规律地分到相应的类别，查找起来有规可循。

（三）问题分类法

问题分类法就是按照档案的记录的主题内容把档案分门别类。这种分类方法，能使内容性质相同的文件得以相对集中，可以适当地避免或减少同类主题文件分散的现象，从而较好地保持文件之间在内容方面的联系，便于按专题利用档案。

但与组织机构分类法的直观性相比，按内容主题分类，往往为分类人员认识问题的角度和水平的差异所制约，因而分类往往掺有人为的主观因素而难以做到精确，从而降低了分类的一致性。在档案检索过程中，查找的预想和实际的分类也常发生出入。所以，在机关文书档案中，不提倡轻易打乱组织机构而先按问题分类，一般是在不可能或不适于按组织机构分类（如内部组织机构较少或不稳定，分工不太明确，彼此在职能上交叉多）的情况下，才考虑优先采用问题分类法。通常情况下，在按组织机构分类之后，每个组织机构内的档案文件需再分属类时，才采用问题分类法。

采用问题分类法，应注意以下几点：

第一，应该按照文件内容中最基本的问题来设置类别，如实地反映出立档单位的重要面貌。因此，必须切实地研究立档单位的工作性质。通常要参照机关的职权范围和基本工作任务，根据文件的实际状况设类。不能根据一时的某种需要，随意划分问题的类别，也不要设虚类。

第二,类目体系力求简明,必须合乎逻辑,类目的设置应根据全宗的大小、立档单位工作任务繁简和文件的多少来决定。一般来说层次不宜过多,类项力戒琐碎。类别概念的外延不能与全宗名称的外延等同,如在粮食局全宗内,则不宜设置粮食类。同一级各类之间则应相互排斥,不能彼此交叉,如设人事类的同时,不能再设干部任免类。为了解决全面性、综合性文件的归类,通常应设综合类。

第三,按文件的主要内容准确地归类。按问题分类时,往往会遇到一些既可归入甲类又可归入乙类或者归属不明确的文件,这是运用问题分类法时比较突出的一个难点,合理地解决它,也是提高这种分类法应用水平的重要环节。在某些文件涉及几个类目的情况下,应研究认定文件内容的主要问题,归入相应的类别,而且要制定统一的规定,做到归类有依据,查找有规律。

(四)项目分类法

项目分类法就是以文件内容所涉及的相对独立的科技项目为单元进行分类,项目较多时还要按项目性质加以归类的一种分类方法。这种方法适用于对科技档案的分类。所谓相对独立的科技项目,是指一项工程、一种产品、一台设备仪器、一个科研课题等。

科技活动总是逐项开展的。每一项相对独立的科技项目,都规定有一定的工作程序,每履行一道程序,都规定形成相应的文件材料,这个项目的材料应是归档文件的总和,构成了该项目的成套档案,反映了此项科技项目的工作全貌。按项目分类,能使单个项目的全部档案集中在一起,便于按项目保管和利用档案。

上述年度分类法、组织机构分类法、问题分类法和项目分类法是四种较基本、较常见的分类方法。在分类时应针对不同单位的档案具体情况,灵活采用适合本单位具体情况的分类方法。

三、分类方法的结合运用和选择

在实际工作中,单纯地采用一种分类方法是很少见的,多是两种方法结合使用,通常的结合法有以下四种:

(一)年度—组织机构分类法

即首先把全宗内全部档案按年度分开,形成一级类目,然后在每个年度内,按组织机构划分二级类目。分类方法如下:

2010 年

    办公室

    计划处

　　　　生产处
　　　　······
2011 年
　　　　办公室
　　　　计划处
　　　　生产处
　　　　······
　　　　以此类推

年度—组织机构分类法,适用于内部机构时有变化,但不复杂的机关、团体立档单位,其最大优点是易于操作,不受历年机构变动的影响,每年归档的案卷依次上架,无需倒架,便于档案的接收和保管,因而现行机关档案分类中使用较多。

(二)组织机构—年度分类法

即首先把全宗内档案按组织机构分开,然后在组织机构下面再分年度。分类方法如下:

办公室　　2010 年
　　　　　2011 年
　　　　　2012 年
　　　　　······
计划处　　2010 年
　　　　　2011 年
　　　　　2012 年
　　　　　······
生产处　　2010 年
　　　　　2011 年
　　　　　2012 年
　　　　　······
××× 　　以此类推

此法适用于内设机构年年固定不变的立档单位,在实践中多用于对撤销机关档案的分类。由于采用这种方法时,需在档案排架时预留空位,而在实际工作中,又往往无法预测留多少空位,因而不可避免地要经常倒架,一般情况下,现行机关档案分类一般不采用此法。

(三)年度—问题分类法

即先把全宗内档案按年度分开,在年度下面再分问题。分类方法如下:

2009 年	综合类
	计划类
	生产类
	……
2010 年	综合类
	计划类
	生产类
	……
2011 年	综合类
	计划类
	生产类
	……
2012 年	以此类推

此法适用于组织机构变化复杂,机关内设机构的职能经常变动或多有交叉,以及内部机构非常简单而无必要按组织机构分类等情况。总之,在不适于按年度——组织机构分类时,可采用此法。

（四）问题—年度分类法

就是先把全宗内档案按问题分开,再在每个问题下分年度。分类方法如下:

综合类	2010 年
	2011 年
	2012 年
	……
生产类	2010 年
	2011 年
	2012 年
	……
计划类	2010 年
	2011 年
	2012 年
	……
××类	以此类推

此法适用于对撤销机关和历史档案的分类。现行机关分类一般不采用此法。

以上四种结合运用的分类方法,是最常用的分类方法,多适用于以文书档案占主导地位的党政机关和团体。但在实际工作中,情况却很复杂,如工交、邮电、农林、水利、工商、税务以及公检法等单位。其工作中形成的大量的业务档案和科技档案等,这些单位的分类就比较复杂,一般可采用门类分类法。就是首先将全宗内档案区分为文书档案、科技档案、业务档案、会计档案等门类,然后在各门类内,再依据档案形成特点和内容、形式等特征,选择合适的标准划分下位类目。

依据国家档案局颁发的《工业企业档案分类试行规划》的规定,工业企业档案分类采用职能分类法。就是依据企业管理职能,结合档案内容及其形成特点,将一个企业全部档案划分为 10 个一级类目,即党群工作类、行政管理类、经营管理类、生产技术管理类、产品类、科学技术研究类、基本建设类、设备仪器类、会计类、干部职工类。一些大型企业或生产程序特殊的企业,可根据实际需要增设类目,小型企业可合并或减少类目。

事业单位也有多种类型,不同类型的事业单位,其档案的种类和形成特点都有差异。但一般来说,事业单位形成的档案,以科技档案或专业档案为主体,故对事业单位档案进行分类,一般不采用党政机关常用的档案分类模式,而与企业档案分类方法接近,即基本上采用门类分类法或职能分类法。

四、人物全宗内档案的分类

对人物全宗进行分类时,首先必须明确,全宗内档案无论何时何地形成,也不论人物全宗构成者的政治思想发生什么变化,其全部档案只能构成一个全宗。即一个人物构成一个全宗,一个家庭或一个家族,构成一个全宗,然后,在一个全宗内,再按材料之间的相互关系进行全宗内档案的分类。

一个人物全宗的全部档案,大致可以分成以下几类:

①生平传记材料。包括个人自传履历表、学历证明、身份证明、遗嘱等。

②创作材料。包括各种手稿、日记、回忆录、记事簿和从别人作品中所做的摘录、译稿、抄校文稿等。

③公务活动材料。是指反映全宗构成者公务活动或社会活动的文件材料。本人在参与机关工作活动中形成的公务文件,应归入各有关机关的全宗。人物全宗中反映公务活动的材料,一般包括被邀请出席各种重要会议的通知,本人在各种会议上所作报告的底稿或提纲,会议有关文件的抄本,著名人物参与签名的声明、通电,担任某些职务的聘书等。

④个人书信。包括全宗构成者收到别人寄来的信件和本人发给别人的信件。

⑤经济材料。包括反映本人和家庭财产状况和经济活动的材料,如动产或不动产的契约、票据、账簿等。

⑥亲属材料。包括全宗构成者的直系亲属(父母、配偶、子女等)和其他主要亲属能够反映和说明全宗构成者生平活动、经济等方面的材料。

⑦评价材料。包括别人所写的和收集的关于纪念、评述和回忆全宗构成者的文章、创作材料、祭文和悼词等。

⑧音像材料。包括反映和记述全宗构成者及其亲属、朋友、同学、同事各方面活动的照片、画册、录音、录像等材料。

⑨其他材料。主要是指不能归入上述各项的其他材料,如根据本人的需要收集来的一些出版物以及某些零散的文件资料。

对人物全宗档案进行分类,有它的特殊性。因为人物全宗内遇到的常常不是一个个案卷,而是一些零散文件材料,甚至残缺不全,一些材料上不但没有印章,甚至没有注明日期,这就增加了分类的困难。因此,对人物全宗内档案进行分类,更需要对该全宗构成者有一定的研究和了解,学习和掌握较为丰富的知识。

五、分类方案的编制

在选定了某种分类方法之后,就应该编制"分类方案"。所谓分类方案,也叫分类大纲,就是把各个类目的名称,分别按次序排列出来,表示全宗内档案分类体系的分类计划。分类方案的编制,应该注意以下几点要求:

(一)统一性

在编制分类方案时,首先要确定采用何种分类方法。第一级采用哪种方法,第二级采用哪种方法,都应明确规定标示清楚;而在同一级分类中,不能同时并列采用两种以上分类标准。比如,第一级分类是采用年度分类,就不能同时并列组织机构或问题分类。如果是采取两种分类法的结合,那么,不仅分类的第一级是统一的,而且第二级也应该是统一的。比如采用年度——组织机构分类法,第一级分类是年度,第二级分类是组织机构。

(二)排斥性

分类方案中同级的各类,地位相等,内容互相排斥。不能你中有我,我中有你。类的范围必须明确。比如,按问题分类,第一类中设"教育类",同位类就不能再设"高等教育"、"中等教育"类,因为教育类包括高等教育、中等教育,只能把它们设为属类。同样道理,同级中设有"财务类",也就不能再设"经费类"。

(三)伸缩性

档案是社会实践活动的产物,而社会实践活动是丰富多彩的。工作内容时而增加,时而减少;组织机构时而撤销,时而合并。因此,分类方案中的各类,均应留有伸缩的余地,可以增加或减少类别,以适应客观变化的需要。

第四节　立　卷

　　立卷是文件转化为档案的一个重要过程,是档案整理工作的重要内容之一。明确立卷的意义、掌握立卷的方法、提高案卷质量,对实现档案科学管理具有重要意义。

一、立卷工作的内容和意义

　　(一)立卷工作的内容

　　一个全宗的文件经过分类以后,各个类别中都有相当数量的文件材料,还需要进一步系统化。将若干文件组成案卷,称为立卷(或组卷)。立卷工作的内容包括:组成案卷、拟写案卷标题、卷内文件的排列编号、填写卷内文件目录与备考表、案卷封面的编目及案卷的装订。

　　(二)立卷工作的意义

　　案卷是有密切联系的若干文件的组合体,是文书档案的基本保管单位。文书立卷是文件处理工作的最后环节,也是档案工作的基础。文书立卷具有重要意义:

　　1. 文件组成案卷,便于查找利用

　　文件是机关工作中一份一份形成的,单份文件不仅零散杂乱,不便利用,而且也容易磨损和遗失,不便于管理。将有关某一问题或某项工作活动密切联系的文件组合成案卷,能够具体体现文件之间的联系和反映出工作活动的来龙去脉,便于查找利用。

　　2. 文件组成案卷,便于保护和保管

　　将单份文件适量地组合在一起,采用比较结实的卷皮妥善保管好,可以避免文件的破损和遗失,便于管理和长久保存。

　　3. 文件组成案卷,为档案工作奠定基础

　　案卷是档案部门工作的主要对象,文书立卷的质量如何,直接影响和决定档案工作的质量,所以文书立卷工作是档案工作的基础。

　　根据我国文书工作和档案工作制度,立卷工作在现行机关属于文书部门或业务部门的任务。但档案部门应该协助文书部门搞好立卷工作,特别是在接收归档的案卷时,必须进行立卷质量检查验收。

二、立卷与分类的关系

分类和立卷这两个环节既有一定区别，又有密切联系。分类是把全宗内的文件，按照一定的特点分成若干部分；立卷则是把各个局部的零散的文件，按着一定的特点组成多个保管单位。这是立卷与分类的基本区别。从分类和立卷的结果看，两者又有相似之处：分类的结果，是将具有共同特点的文件集合为一个类；立卷的结果是在这个类的范围内，把零散的文件集合成为一个案卷。分类和立卷，是全宗内文件系统化过程的两项主要工作。

一个全宗内文件的系统整理，一般是先分类再立卷。分类通常是立卷的前提和先行步骤，如何分类与分类是否正确，对立卷有重要的影响。因为立卷是在一个类的范围内把文件组成许多小的单位，不是一个类的文件不能组成一个案卷。

三、立卷的方法

立卷的具体方法，主要是了解文件的内容及其形成过程，找出文件之间的共同点，把具有共同点的一组文件立成案卷。通常情况下，文件的共同点有六个方面，即问题、作者、名称、时间、地区、通讯者，即通常所说的六个特征。

（一）按问题立卷

问题是指文件内容记述和反映的某方面的工作问题或涉及的人物、事件、事物等。同一问题的文件，可以组成一个案卷。

由于各机关单位的工作总是贯彻有关的方针政策，处理和解决一定的问题，它所形成的文件，总是围绕某一方面的问题而产生的。把相同问题的文件组合在一起，可以保持文件内容方面的联系，反映出一个活动的全貌，利用者可以按文件内容所叙述的问题查找文件，便于检索利用。因此，按问题立卷是一种最常用的方法。

（二）按作者立卷

作者是指撰写和制发文件的机关、机关内的组织机构或个人。将属于同一作者的文件组合成案卷，便于反映本机关的工作以及别的机关与本机关的联系。由于作者的职能和地位不同，按作者立卷，就自然地区分文件的重要程度和保存价值。

（三）按名称立卷

将名称相同的文件组成案卷，就是按文件名称立卷。不同的文件名称，反映了文件的不同效能和作用。按名称立卷，也能较好地反映机关的工作活动，还可以适当地区分文件的重要程度和保存价值，是一种不可缺少的立卷方法。

（四）按时间立卷

就是按文件形成的时间或文件的内容针对的时间，将属于同一年度、季度或月份的文件分别组成案卷。一些时间针对性比较明显的文件，如年度预算、季度计划、月份统计报表等，通常是按文件内容针对的时间立卷。

（五）按地区立卷

就是把内容涉及同一地区（如省、市、县、乡）的文件组成案卷，或者把同属某一地区的作者的文件组成案卷。

（六）按通讯者立卷

将本机关与某一机关就某个问题或几个问题的来往文书组成案卷。

文件之间的联系是错综复杂的，因此，往往不能只从文件某一方面的特点去组卷，应该灵活地采用各种立卷方法，特别要善于结合运用几种立卷特征立卷。在实际工作中，只采用单一特征立成案卷是很少的，一般说来，运用两三个或三四个特征结合立成的案卷比较多。现在人们在工作中，又总结出常用的分类方法：

第一，"一事一卷"。即"立小卷"，就是凡是一个问题、一次会议、一项工作、一起案件、一种活动形成的文件材料，不管页数多少，只要保管价值相同，都可以单独组成一卷。

第二，"四分四注意"。即分年度，注意文件内容针对的时间；分级别，注意上下级文件之间的联系；分问题，注意问题的联系准确，结合运用文件的作者、名称、时间、地区和通讯者特征；分保管价值，注意保持材料的完整性。

立卷时还应当考虑文件的重要程度、保存价值和文件的数量。对于反映本机关主要职能活动及有重要查考研究价值的文件，应当单独组卷，以便于日后的保管、移交和鉴定工作。案卷不宜太厚或太薄，以 $1 \sim 1.5$ 厘米为宜。

四、卷内文件整理

文件组成案卷后，还需要进一步对卷内文件进行整理。具体工作内容主要包括：卷内文件排列和编号、填写卷内文件目录和备考表。

（一）卷内文件的排列和编号

对卷内文件，要求排列次序有条理，保持文件之间的联系，给每份文件以固定的位置。卷内文件排列可采用按时间排列、按作者排列、按卷内文件的重要程度排列、按问题排列、按地区排列、按文件名称排列等方法。无论采取哪种方法排列，必须注意保持请示与批复、正件与附件、同一文件的各种不同稿本（正本、原稿、草案等）之间不可分离的联系。卷内文件排好之后，应按统一方法给文件编上页号，固定次序，以便查找利用和保护文件。

（二）填写卷内文件目录和备考表

卷内文件目录放在卷首。它的作用是向利用者介绍卷内文件的情况，便于查找卷内文件，也能起到保护卷内文件的作用。其项目包括顺序号、文件作者、发文号、文件标题、文件日期、所在页号、备注。格式如表 2-1 所示：

表 2-1　卷内文件目录

顺序号	文件作者	发文号	文件标题	日期	所在页号	备注

卷内文件目录的填写一般是逐件登记。顺序号也就是卷内文件的件号。有些文件的标题如不能确切地反映文件的内容，或无标题，填写时应根据文件内容拟写确切的标题。

备考表放在案卷最后，用以注明卷内文件的基本情况，便于管理人员和利用者了解案卷情况。备考表的项目主要有本卷情况说明、立卷人和检查人员签名、立卷时间。格式如表 2-2 所示：

表 2-2　卷内备考表

本卷情况说明：

立卷人：
检查人：
立卷时间：

本卷情况说明：填写卷内文件缺损、修改、补充、移出、销毁等情况。案卷立好以后发生或发现的问题由有关的档案管理人员填写、签名并标注时间。

立卷人：由责任立卷者签名。

检查人：由案卷质量审核者签名。

立卷时间：填写完成的立卷日期。

五、案卷封面的编目和案卷装封

（一）案卷封面的编目

卷内文件整理完毕后，要以案卷为单位在封面上编目。主要项目包括：全宗名称、类目名称、案卷题名、时间、保管期限、件数、页数、归档号、档号。

全宗名称相同于立档单位的名称。

类目名称指全宗分类方案的第一级类目名称。

案卷题名即案卷标题，是封面中最主要的项目，用来概括和揭示卷内文件的内容和成分。它为查找利用提供线索，也是编制各种检索工具的基础。拟写标题是档案编目的主要内容之一，是文书立卷人员和档案管理人员的一项基本功。

拟写案卷标题的基本要求是：

①熟悉卷内文件情况。拟写案卷标题不要仓促下笔，应该从头到尾看一遍，以熟悉卷内文件的基本情况，理出头绪。

②概括文件内容要求文字简练、表达准确。当文件内容比较单一时，直书标题，简便易行。当文件内容和成分比较复杂时，标题就应该概括一些。要求做到：利用者一看标题就知道卷内是一些什么文件，起到"引路"作用。

③标题结构力求完整。案卷标题的一般结构是：

作者——问题（事由）——文种（名称）

必要时还须标出地区、收发文机关和时间。

例1：

××市××局关于<u>企业技改工作</u>的报告、批复

  作者   问题   文种

例2：

××大学 2000—2001学年第一学期 教学计划 安排表

 作者   时间   问题 文种

（二）案卷装封

一般案卷的装订都采用三孔一线的方法，一些珍贵文件、科技档案的图纸等适合卷盒装封。案卷装封前，应去除文件上的金属物，并进行必要的修补等技术处理工作。

第五节　案卷排列和案卷目录编制

一、案卷排列

全宗内档案,经分类、立卷之后,还必须进行案卷的排列。案卷排列,就是根据一定的方法,确定各类内案卷的前后次序和存放位置,保持案卷之间的联系。

分类立卷后的案卷应进行系统排列,系统排列应根据分类方案进行:如果是按年度分类,就应该把每一年的案卷按时间顺序排列;如果是按组织机构分类,可以按照习惯顺序(或按组织机构编制表)排列;如果是按问题分类,就应该按照问题的重要程度排列。

二、案卷目录编制

案卷在经过系统排列后,每个案卷的前后次序排放位置已经固定,为了管理和提供利用上的方便,要给这些已经固定位置的案卷编上顺序号,这就是案卷号。按案卷号顺序逐卷登记到案卷目录上,就是编制案卷目录。

(一)案卷目录的编制方法

编制案卷目录必须按照全宗来进行,可以一个全宗编一本,也可以一类编一本。因此,案卷目录的类型基本上有两种:第一种是以全宗为单位编制的综合目录,第二种是以全宗内各种门类为单位编制的分册目录。

案卷目录类型的选择,应该根据全宗的大小、全宗内案卷数量的多少、分类方案的结构、立档单位的组织状况等情况而定。一个全宗内的案卷目录本数不宜过多,否则,管理不便,查找利用也有困难。案卷目录不宜过厚过薄,一般以将案卷数控制在千位以内为好。也就是说,在卷号不足 1000 的情况下,如无特殊需要,一般可编一本目录;如果案卷数量较多,卷号超过 1000,则应分编目录。

(二)案卷目录的结构

1. 封面

案卷封面主要包括:全宗号、案卷目录号、目录名称、编制单位(相当于立档单位)和形成案卷目录的时间。

2. 目次

目次即案卷所属类目的索引,它是介绍案卷目录内容和结构的纲要,应写明各类的名称及其起止页数,也可包括案卷的起止号。

3. 案卷目录表

这是案卷目录的主体部分,应认真逐项填写。其项目、格式如表 2-3 所示:

表 2-3　案 卷 目 录

案卷号		题　名	年　度	页　数	期　限	备　注
档案室编	档案馆编					

①案卷号(顺序号)。也称"卷号",依案卷排列顺序,逐次填写。分档案室编号和档案馆编号。

②题名。即填写案卷封面上的案卷标题。必须逐字照录,不能随意修改或缩减。

③年度。即案卷内文件所属的年份。有时需要填写具体起止年、月,应填写案卷内最早的文件日期和最迟的文件日期。

④页数。即填写卷内文件实有的页数。

⑤期限。即案卷的保管期限。

⑥备注。即对于某些案卷的变化情况的说明。比如,销毁、移出,或者遗失、损坏等情况。

4. 备考表

附在全部案卷目录之后,注明本目录的案卷数量、目录页数、编制日期及其他必要的说明、编制者签名或盖章。以后案卷如有移出、销毁、损坏等,也在备考表上注明,并由记载者签名或盖章。

案卷目录应编制一式三份以上,一份供日常使用,一份保存起来备用,一份随档案移交。

三、档号的编制

(一)档号的构成

档号,即档案的数字代号。档号一般由四部分组成:全宗号、案卷目录号(类别号或项目号)、案卷号和卷内文件张(页)号(或件号)。

1. 全宗号

全宗号是档案馆对馆藏所有全宗编制的代号,一个全宗一个号。全宗号的编制方法很多,但归纳起来有两种基本类型,即流水法和分类法,以流水法为主。档案室保存的就是本单位一个全宗,有时也代管其他一些单位的全宗,但因全宗数量少,而且档案最终要移交档案馆,所以一般不编制全宗号。若档案馆已指定该档案室档案全宗号,则可同时编制。

2. 案卷目录号

一个全宗内档案数量很多,用一本目录登记已不够用,这样就会形成若干本案卷目录,需要把案卷目录按序编号,每一个案卷目录必须编一个号,这就是案卷目录号。

3. 案卷号

案卷在系统排列之后,要确定每个案卷的前后次序和排列位置。案卷排列的顺序号,就是案卷号。在一本案卷目录内,案卷号必须从 1 号开始流水编号,有多少案卷就编多少号,当中不能重号,也不能空号。

4. 张(页)号

张(页)号指对案卷内每份文件的每一张(页)所编的号,按卷内文件排列顺序依次编号。有的文件不需要装订,以单份文件为保管单位,每件只编一个号,即为件号。

(二)档号的结构可分为三种:

第一种结构:全宗号——案卷目录号——案卷号——件、张(页)号:

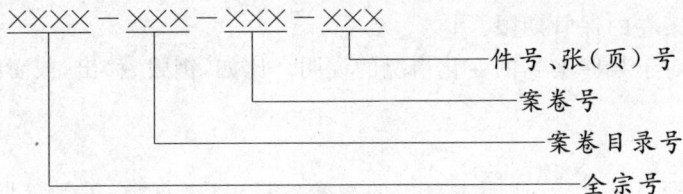

$$\times\times\times\times - \times\times\times - \times\times\times - \times\times\times$$

- 件、张(页)号
- 案卷号
- 案卷目录号
- 全宗号

第二种结构:全宗号——类别号——案卷号——件、张(页)号:

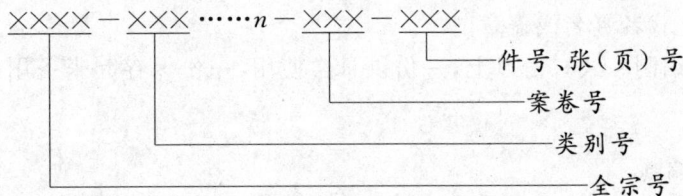

$$\times\times\times\times - \times\times\times\cdots\cdots n - \times\times\times - \times\times\times$$

- 件、张(页)号
- 案卷号
- 类别号
- 全宗号

第三种结构:类别号——项目号——案卷号——件、张(页)号:

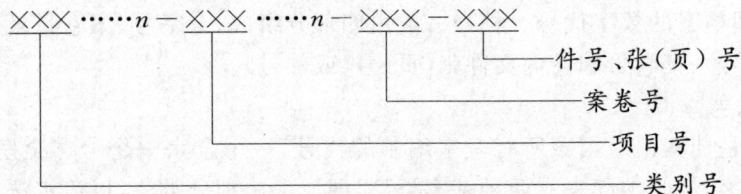

$$\times\times\times\cdots\cdots n - \times\times\times\cdots\cdots n - \times\times\times - \times\times\times$$

- 件、张(页)号
- 案卷号
- 项目号
- 类别号

这三种结构的档号左边为上位代码,右边为下位代码,连写时上、下位代码之间用"—"（短横）相隔。件号、张（页）号可根据档案保管和使用的需要，选择一项编号。

（三）档号的使用规则

档号的使用规则要求：档号要完整成套。一般说上述几部分档号均应编排；一个档案馆内的全宗号不能重复；一个全宗内的案卷目录号不能重复；一本案卷目录中的案卷号不能重复；一个案卷内的文件页号、件号不能重复。

【拓展阅读】

阅读资料之一：

以"件"为单位的档案整理方法

一、修整装订

修整以不改变文件内容为前提。内容包括修裱，复制，去除金属物，对过大的文件进行折叠等。

归档文件材料修整完毕后，使用符合档案保护要求的装订材料对其进行重新装订，固定文件页次，从实体上最终确定"件"的形态。

装订前首先对文件进行排序，一般顺序如下：正本在前，定稿在后；正文在前，附件在后；原件在前，复制件在后；转发文在前，被转发文在后；复文在前，来文在后；汉文本在前，少数民族文字文本在后。不同文字的文本，无特殊规定的，中文在前，外文本在后。有文件处理单的，可放在最前面，作为首页加盖归档章。

各种报表、名册、图册、书刊等一册（本）为一件。简报一期一件。会议文件每份文件为一件。会议记录原则上一次会议记录为一件，也可一本（册）为一件。重要文件（如法律、法规等）须保留历次修改稿的，其正本为一件，历次稿（包括定稿）为一件。

装订方式的种类很多，有线装、穿孔式、袋装式、变形材料夹别式、粘接式、铆接式。

二、分类

归档文件分类的方法通常有三种：年度分类法、组织机构（问题）分类法、保管期限分类法。在实际工作中，单纯采用一种分类方法的情况极少，通常是将几种分类方法结合使用，称之为复式分类法。三种分类方法可组合成多种复式分类法，如："年度—机构（问题）—保管期限"；"保管期限—年度—机构（问题）"；"机构（问题）—年度—保管期限"。档案数量比较少、内设机构简单的机关可按"机构（问题）—年度—保管期限"；"年度—保管期限"；"保管期限—年度"等。

三、排列

归档文件分类后，在分类方案的最低一级类目内，将归档文件结合事由按时间顺序或重要程度进行排列。排列的实际操作体现为两大步：先按事由原则，将属于同一事由的文件按时间或重要程度排列在一起，再采用一定的方法对不同事由的文件进行排列。

不同事由间的归档文件排列方法有：

1. 按事由办结时间的先后顺序排列。

2. 按事由的重要程度排列。

3. 按事由具有的共同属性分别集中排列。

一般会议文件、统计报表、案件材料等成套性文件可集中排列。

四、编号

归档文件依分类方案和排列顺序逐件编号，并以归档章的形式在归档文件上注明。归档章的位置不限于首页右上角，首页上端空白处都可以。

归档章设置的必备项目：全宗号、年度、保管期限、室编件号、馆编件号，编号时必须填写。设置的选择项目：机构（问题），采用"年度—保管期限"两级分类的单位，不需填写此项。

五、编目

编目是指编制归档文件目录。归档文件目录以件为单位，按室编件号顺序逐条编目，一件只体现一个条目。包括件号、责任者、文号、题名、日期、页数、备注等项目。

归档文件目录应装订成册，一般一年一本。归档文件目录封面可设置全宗名称、年度、保管期限、机构（问题）等项目。

六、装盒

装盒是将归档文件按室编件号顺序装于档案盒，并填写档案盒封面、盒脊及备考表项目的过程。档案盒由档案行政管理部门监制。

档案盒封面项目仅有：全宗名称。

档案盒盒脊项目包括全宗号、年度、保管期限、机构（问题）、起止件号、盒号。档案盒脊项目可根据档案盒摆放方式的不同（横放或竖放）设置在底边或侧边。

盒内备考表及填写。

阅读资料之二：

如何整理立档单位变动中的归档文件材料

在今年归档文件整理工件中，我们遇到了一个亟待解决的问题：如何科学整理同一全宗、异地办公单位的归档文件材料？

背景交代如下：

1. 南阳市七中（地址在市区卧龙路）、市八中（地址在潦河镇，距市区 40

里），同属卧龙区教委管辖。2006 年，由于体制改革，市七中撤销后合并到南阳市八中，内设高一年级九个班，教师 30 余名，高二、高三年级在潦河八中。今年4 月份，原市七中档案员收集了 2006 年市七中形成的归档文件材料，其中大部分是有保存价值的组织关系调动介绍信、毕业生报到通知单以及人事统计报表。

2. 以下是南阳市卧龙区档案局王静写给上级部门的信：

作为业务指导单位，我们认为同一全宗的文件材料应当统一归档、统一编号和编目。兼于以上具体情况，办公地点的分散性，为了方便利用，双方一致同意各自保管自己的档案。那么，在同一全宗内，如何科学地整理异地办公单位的档案材料？

望翟賈远老师赐教，甚盼！

南阳市卧龙区档案局　王静

南阳市卧龙区档案局王静结合当地学校合并的实际，提出了如何科学整理同一全宗、异地办公单位的归档文件材料的问题。这实质上是如何整理立档单位变动中归档文件材料的问题。

一般来说，由几个立档单位合并组成新的立档单位，合并前各立档单位的档案分别构成独立全宗，合并后组建的立档单位形成的档案构成一个新的全宗。但若以其中的一个立档单位为中心，那么中心立档单位合并前的档案与合并后组建的立档单位的档案则应属同一全宗，被合并的其他立档单位合并前的档案分别构成独立全宗。从王静的来信看，笔者认为南阳市七中并入市八中的合并形式是以一个单位为主、其他单位并入该校的那种合并形式。按照有关规定，应明确合并前原南阳市七中形成的档案单列全宗，并由原七中负责对其档案进行收集、整理、保管和清理，任何人不得私自带走、留存、转移和销毁档案；新组建的八中形成的档案继续使用南阳市八中全宗。这样就理顺了并校前后的档案全宗归属关系，也明确了相应的管理责任，使并校后的档案工作分工清楚，协调有序，避免在并校过程中出现档案无人管理而损坏和丢失，以保证档案的齐全完整。

按照教育部"对因学校分立或合并，其档案应本着集中保管、方便利用的原则，经协议有一校或合并后的学校档案部门统一保存"的规定，我们应坚持对原两校的档案集中统一管理。这是并校后管理档案的最佳选择，也是今后努力的方向。但从目前的实际情况看，两校区距离较远，如果简单地把档案集中起来，会给平时的利用带来诸多不便；而且由于并校之初，受各种条件的制约，集中保管档案确实会存在一定困难。鉴于此，笔者建议应结合实际贯彻集中统一管理的原则，即在统一档案管理制度的基础上，在保存档案的地点上做一些灵活处理：原七中校区设立档案分室，把它作为校档案室的分支机构，将原七中的档案和并校后原七中校区的档案暂存在原七中校区档案分室,分室每年向校档案室报送档案目录,在条件具备时向校档案室移交档案。

由于合并前的两校有一些差异,档案管理的方法和标准会有所不同,合并后若不尽快地从档案管理制度上进行统一,势必会造成管理上的混乱。因此,制定制度、统一标准是并校后学校档案管理的重要任务。王静提出的"作为业务指导单位,我们认为同一全宗的文件材料应当统一归档、统一编号和编目"的工作思路是值得肯定的。同时,建议南阳市卧龙区档案局依据《档案法》、《河南省档案管理条例》、《机关档案工作业务建设规范》等法律法规和业务技术标准,督促学校修订和完善档案工作规章制度,实行统一的档案管理制度,规范档案的收集、整理、保管、鉴定、统计、利用等各个业务环节,使整个学校档案工作有章可循,确保档案管理走上标准化、规范化的轨道。

笔者还提醒有关方面,凡因立档单位变动而引发的档案归属、管理争议等问题,应当由当地档案行政管理部门协调裁决,不能因各个单位之间有意见分歧而影响档案工作的正常开展。

(来源于河南档案信息网 作者:河南省档案局业务指导处瞿贾远)

【思考与练习】

一、选择题。

(1)两个以上有联系的机关形成的档案,难以区分全宗,可以采用的全宗补充形式是(　　)

A. 联合全宗　　B. 全宗汇集　　C. 档案汇集　　D. 全宗群

(2)1960—1965 年工作总结,按年度分类应归入(　　)

A. 1960 年　　B. 1961 年　　C. 1964 年　　D. 1965 年

(3)案卷题名是:××市人民政府关于加强市政管理的规定。分析一下,该案卷组卷运用了哪些特征(　　)

A. 作者　　B. 问题　　C. 地区　　D. 名称

二、操作题。

编立案卷,把下列 7 份文件立为两卷,拟写案卷标题并说明每卷是按什么特征立卷的。

(1)××职业技术学院关于文秘专业学生实习问题给××市政府办公厅的函

(2)××学校关于当前学生思想状况的调查报告

(3)××学校加强学生思想工作的经验

(4)××省教育厅关于加强学生思想工作的通知

(5)××市教育局转发××省教育厅关于加强学生思想工作的通知的通知

(6)××学校关于加强学生思想工作的决定

(7)××市政府办公厅就学生实习问题给××职业技术学院的复函

三、判断对错,说明理由。

1.档案汇集就是把零散的档案集中起来装订成册或放在一个个档案盒里,便于档案的保管,也避免档案的散失。

2.老陈是某某大学的校长,但同时兼任某某市人大常委会主任,其在市人大工作过程中形成的文件应归档在老陈所在的单位某某大学。

3.某某大学前身是某某专科学校,2001年成功升为本科,学校名称也更改了。因此,档案整理应以2001年为界把档案分为两个全宗,2001年前专科学校形成的档案文件为一个全宗,2001年升本后形成的档案文件为另一个新的全宗。

4.一般情况下,要查阅利用当年的文件就去相关单位的办公室,要查阅利用历年的档案就去档案室或档案馆。

第三章　档案价值的鉴定工作

　　档案作为各项社会活动真实的历史记录,是重要的信息资源。随着经济建设和科技活动的发展,档案的数量与日俱增,档案价值的鉴定就成为保证档案质量,促使档案更好地发挥作用的一项重要措施。

第一节　档案价值鉴定工作概述

一、档案鉴定工作的含义和内容

(一)档案鉴定的含义

　　"鉴定"一词原为鉴别、辨别之意,具体是指运用专门知识和技能对某事物进行鉴别和判断的一种活动。

　　档案鉴定工作包括鉴定档案的真伪和鉴定档案的价值两个方面。但档案界通常所说的档案鉴定工作指的是档案价值的鉴定工作,是指档案部门或档案人员按照一定的原则、方法、标准,判定档案的价值,确定档案的保管期限,剔除失去保存价值的档案并予以销毁的一项档案业务工作。

(二)档案鉴定工作的内容

　　档案价值鉴定工作的内容,可以概括为两个方面:一方面确定哪些档案应该保存,保存多长时间;另一方面确定哪些档案不予保存,进行销毁。因此,档案鉴定工作是一项决定档案存毁的工作。具体地说,档案鉴定工作的主要内容包括三个方面:

　　①制定档案价值的统一标准及各种类型的档案保管期限表。

　　②具体分析档案的价值,划分和确定不同保存价值的档案的保管期限。

　　③拣出无保存价值或已失去保存价值的档案予以销毁,以及围绕上述工作而进行的一系列审慎而严密的鉴定组织工作。

　　档案鉴定工作一般是通过以下两个阶段实现的:

　　1. 保管期限的确定

　　确定保管期限,是鉴定工作的第一个阶段。主要解决三个问题:一是鉴别、核查归档材料的完整性和准确性；二是鉴定文件的保存价值，从而决定其取舍；三是确定归档文件保存的期限。这一阶段的鉴定，一方面补齐了归档材料的短缺，纠正了内容的误差；另一方面对文件进行了筛选，确定了保管期限，从而奠定档案的质量基础。

2. 保管期限的复查

保管期限的复查，是在文件转化为档案后进行的第二个阶段的鉴定。一般说来，文件阶段的鉴定是一次性的，而档案阶段的鉴定则是多次的，必须定期进行。其任务包括：对保管期限届满的档案重新进行价值审查；对原保管期限划定不当的档案，重新进行价值鉴定，调整保管期限；审查档案的机密等级，根据实际情况解密或进行密级调整。

二、档案鉴定工作的意义

（一）有利于解决档案日益庞杂和保管只需精练之间的矛盾，便于档案资料的查找利用

就整体而言，档案是党和国家的宝贵财富，但具体来说，档案与档案之间，又存在着价值上的差异，有的作用大些，有的作用小些；有的永久有用，有的只在一定时期内有用，而人们只需要利用有价值的档案。更为重要的是，随着时间的推移和工作的开展，档案馆（室）会不断增加新的档案，数量的日益增长致使所存档案日益庞杂。从一般意义上讲，档案的查找准确率和速度又是同库房内档案数量成反比的。如果不进行鉴定工作，有价值的档案就会淹没在大量已失去保存价值的档案之中，或者价值高的和价值低的混淆在一起，严重影响查找利用。开展档案鉴定工作，就可以有效地解决档案庞杂与保存只需精练之间的矛盾，促使档案在整体上处于较佳的管理状态，为档案的利用工作创造有利的条件。档案鉴定是"去粗取精"、决定档案存毁的工作。保存精选的档案，在查找利用时免得"沙里淘金"，有利于更好地发挥档案的作用。

（二）有利于节约档案保管成本，提高工作效率

鉴定工作关系到节约和效率。随着时间的推移，档案的数量不断增长，致使库存档案显得庞杂起来。我国历来就有鉴定档案的传统，如唐宋律令中就规定：文案不需常留者，留十年，每三年一检简；有其本应长留者，移于别库，并别注于籍。周恩来总理曾经说过，我们为后代留档案，档案要精练。档案的鉴定，就是解决庞杂与精练的矛盾，是对档案材料"去粗取精"的工作。通过鉴定工作，将大量失去保存价值的档案清理出库房，不仅有利于提高档案整理和保管工作的效率，而且能节约大量的人力、物力和财力；反之，如果不经鉴定，有价值的、没价值的都"玉石不分"地全部保存，或价值高的、价值低的不作区别地加以保存，不但影响对有价值档案的管理和利用,而且会增加档案保管成本,浪费大量的人力、物力和财力。

(三)有利于及时有效地保护和抢救重要档案

鉴定工作与档案管理工作中其他业务工作的不同之处在于,其工作结果往往不是档案的移位和保管体系的变化,而是关乎档案的存毁。档案鉴定工作,本质上是人们在认识档案客观属性的基础上,对档案满足社会利用需要的预见、预测和评价,是一种主观性很强的工作。它不但关系档案单体的存毁,也关系整个馆(室)藏质量。如果错误地销毁了有价值的档案,会造成无可挽回的损失。反之,保存大量无价值的档案也有碍于科学管理和利用。

档案鉴定工作做得好,档案价值大小明确,主次分明,一旦遇有突发事件,如战争、水灾、火灾、地震等险情,便于迅速及时地抢救和转移重要档案,不致"玉石俱毁",从而把损失减少到最低限度。

三、档案价值鉴定理论和历史发展概况

档案价值鉴定理论是档案工作者在长期的档案工作实践,特别是在鉴定工作实践中,对档案价值规律和档案鉴定的经验、原则、标准的科学总结,对鉴定工作有理论指导意义。为此,在这里有必要对欧美国家档案鉴定理论的历史发展作一简要介绍。

(一)20世纪初的"年龄鉴定论"

1901年,德国档案学者迈斯奈尔总结出了一套档案价值鉴定的理论体系。这一理论体系由六条一般原则和七条具体标准组成。六条原则包括:①事关档案存毁的决定必须当机立断;②必须避免极端行为,既不要过于谨慎保存,也不要随便抛弃;③不要以抽象概念作为价值标准;④高龄档案应该受到尊重,16世纪以前的档案不得销毁;⑤为暂时目的使用的案卷在目的达到后应当销毁;⑥一个永久性机构成立经过的案卷应该保存。他提出的具体鉴定标准可以概括为两个方面:一是档案内容;二是档案来源。

迈斯奈尔的鉴定理论具有开创意义:①他第一次提出了"高龄案卷应当受到尊重"的著名论断,使历史档案得以妥善存留。②他第一次提出了较为系统的鉴定原则与标准,既有理论原则上的意义,又为档案鉴定实际操作提供了基本依据。③他第一次提出了档案来源是最重要的鉴定标准之一。他的这种观点是对档案学理论的重要原则——来源原则在鉴定领域适用性的首次肯定。

(二)20世纪20年代的"行政官员决定论"

1922年,英国档案学者詹金逊在其代表作《档案管理手册》中系统地阐述了这一鉴定思想,核心观点是档案人员不宜参与文件的鉴定和销毁,而应由行政官

员自行决定。这种鉴定思想的合理方面在于强调了档案文件的鉴定应由产生它的行政官员负责;而这种观点的局限性也就在于过分强调行政官员的作用,却忽视了或者说轻视了档案工作的责任和作用。

(三)20世纪二三十年代的"职能鉴定论"

波兰档案学者卡林斯基认为,应该按照文件形成机关在政府机构体系中的地位和职能的重要性,来确定档案文件的价值及保管期限,即档案文件的价值大小和保管期限与其形成机关的地位高低和职能重要性总体上成正比。其片面性在于过分强调文件形成机关的职能。因为高级机关的文件未必都有保存价值,低级机关的文件也未必没有保存价值。

(四)20世纪50年代的"文件双重价值论"

1956年,美国档案学家谢伦伯格在其代表作《现代档案——原则与技术》一书中系统地阐述了这一理论。他认为,公共文件具有两种不同的价值,一是对原形成机关的第一价值,包括行政管理价值、法律价值、财务价值和科技价值;二是对其他机关和个人利用者的第二价值,包括证据价值和情报价值。

谢伦伯格的文件双重价值论的进步与深刻之处在于:主张档案部门及其人员积极参与鉴定工作;主张从文件自身属性与利用者需求的关系角度来判断档案文件的价值。

(五)20世纪六七十年代的"利用决定论"

这是一些美国档案学者提出的档案鉴定论。其核心观点是将学者特别是历史学家的实际利用和预期利用视为鉴定档案的最重要标准。这种观点重视利用者的需求,对增强社会公众的档案意识,具有一定的积极意义。但它片面强调利用者需求,使鉴定标准脱离了文件及其形成者本身,削弱了文件来源的重要地位。

(六)20世纪末的档案鉴定论

主要包括:

1. 德国档案学者布姆斯的"社会分析与职能鉴定论"

其理论核心就是以文件形成者的职能来体现社会价值。这实际上是对职能鉴定论的继承与发展。

2."文献战略"

这是美国档案学者塞穆尔斯提出的鉴定理论。此观点认为,鉴定的起点不再是检验具体文件,而是分析文件产生的背景,特别是现代社会中面对频繁变动的现实。只有将鉴定的着眼点从形成机关的组织结构转向机关的职能,才能准确地判断档案文件的价值。因为开始提出时主张以文件的主题作为主要鉴定标准。

3. "宏观鉴定战略"

这是加拿大档案学者特里·库克提出的鉴定理论。主张全面考虑社会结构、文件形成过程、文件形成者及其职能等多种因素,使鉴定的重点由根据研究目的判定文件价值转变为根据文件形成者的职能和结构来鉴定文件形成背景或来源的重要性。其核心观点是注重文件形成者的职能及其他相关的宏观方面来分析和鉴定文件的价值。

四、档案鉴定工作的原则

从党和国家的根本利益出发去衡量档案的价值,这是鉴定工作总的指导思想,也是档案价值评价的基本标准。档案是整个国家和人民宝贵的历史文化财富,而它的形成、存在以及如何发挥作用,又关系到各方面的利益。档案的鉴定工作决不能以个人的好恶和小团体的利益为准则,必须从党和国家的整体利益出发,去研究档案的内容实质及其他各种因素,充分估计档案对整个社会发展所起的作用。用全面的、历史的、发展的观点判定档案的价值,这是档案鉴定工作的基本原则和指导思想的主要内容。

(一)全面的观点

档案鉴定工作原则中的全面观点,包括以下三层含义:

第一,文件自身的属性是决定档案保存价值的基础。必须全面研究每份文件的特点,只有全面研究文件本身的各种因素,才能具体判别其保存价值;必须全面地分析相关文件之间的联系和其他各种因素,从文件间的联系中去决定档案的取舍。档案的产生和形成不是孤立的,各个全宗之间,特别是全宗内的文件之间往往联系密切,不能孤立地只从一个个单份文件、某部分档案去断定它的保存价值,必须在一定的范围内把有关的档案材料联系起来,将它放到一类或所在全宗乃至全宗群的档案中,从整体系统全面地分析每份文件、某部分档案的价值。机关间的文件互相传送,造成大量重复。为了避免归档文件不必要的重复,也要有全面的观点。总之,在判定档案的价值时,不能孤立地分析某一份文件,而必须将有密切联系的一组文件作为一个整体来看待。

第二,社会利用需要是决定档案价值的重要因素。我们应当从党、国家和社会的全局出发,从政治、经济、科学等各方面去判定、衡量,全面地预测社会对档案利用的需要。档案的作用是多方面的,某一机关不需要的档案,其他机关可能需要;对某一方面工作无价值的档案,而对其他方面工作来说可能是重要资料。社会对档案的需要是多层次、多角度、多方面的,它与档案客体所结成的价值关系也必须具有多种表现形态。所以在鉴定档案价值时,既要考虑本机关的需要,也要考虑社会其他方面的需要;既要考虑当前的需要,也要考虑长远的需要;既要考虑人们的行政、业务、生产、科研方面的需要，也要考虑学术研究、编史修志等各方面的需要。总之，要在对不同需要及其程度的综合把握中判别档案的价值，切忌仅从本机关的工作需要，或者仅从本机关和社会的某一点需要与否，就轻易地确定档案的价值和保管期限。

第三，应该把档案自身的特点和社会利用需要结合起来，全面地评价档案的价值。那种认为档案的价值只是由社会利用需要决定的，社会对档案的需求越大，文件的价值也就越大的认识是失之偏颇的。同样，那种认为档案的价值只是由文件自身的属性决定的，它与社会需求无关，乃至于认为应该从档案的形成和管理中花费的劳动量去考虑档案的价值大小的观点也是错误的。应该明确，档案价值表示的是档案本身与社会需要的特定关系，鉴定档案价值不能片面地只考虑其中的某一个方面，而必须将二者结合起来，全面地加以研究和判断。

（二）历史的观点

任何一份档案都是在特定历史条件下产生的，它是当时社会情状的记录和反映，是档案形成者思想、行动的直接体现。鉴定档案的价值特别需要把握它是历史记录这一本质，它的形成总是同一定的历史条件相联系的，当时是怎样进行活动的，档案就是怎样记录的。对于一份档案是否有价值及价值大小，都不能以今天的社会条件、今人的思想水平来衡量，而只能根据档案产生的历史条件、背景以及在历史上的作用去分析考虑。因此，分析档案的价值必须把档案放在它所形成的历史环境中，去具体分析档案的内容和形式以及档案文件的相互关系，并结合现实需要评价档案的价值。

（三）发展的观点

保管档案是一项维护历史的行为，同时也是一项面向未来的工作。社会的前进，事业的发展，以及各种情况的变化，都会对档案的价值产生影响。档案的价值具有时效性和扩展性等特点，随着时间的推移，条件的变化，现在有用的档案，将来可能没有用；现在尚未用上的档案，将来可能有用处。因此，判断档案的价值和作用，要有发展的眼光，既要看到档案在现实生活中的作用，又要看到它在未来工作中的作用，把二者有机地统一起来。对一时难以判定的，要从对历史负责的高度去处理，要留有余地。

第二节　档案价值鉴定的工作方法

一、决定档案保存价值的两大因素

档案价值鉴定工作的主要着眼点，是挑选和确定哪些档案需要保存以及保存多长时间。因此,鉴定档案价值,更确切地说,是鉴定档案的保存价值。

档案的保存价值是由档案对于社会主义事业以及长远历史的作用决定的。具体说,某部分档案、某个案卷、某份文件的保存价值,取决于两方面的因素:档案自身的特点和社会利用的需要。

(一)档案自身的特点和状况是决定档案保存价值的基础

档案的内容、形成时间、来源、名称、可靠程度、有效性、外形特点以及完整程度等等,影响着档案是否具有保存价值,有什么样的保存价值。例如《中华人民共和国宪法》,它规定了我国的社会制度、国家制度、国家机构、公民的基本权利和义务等等,是我国广大人民意志的集中表现;它是由国家最高权力机关——全国人民代表大会通过的,全体公民必须遵守的根本大法;它是保证我国顺利进行社会主义现代化建设的强大武器,是国家制定各种法律、法令和进行各项工作的依据。这些就决定了《中华人民共和国宪法》具有极其重要的永久性的保存价值。

(二)社会利用的需求是决定档案保存价值的主要因素

社会主义各项事业、党和国家各项工作、广大干部和人民群众对各种档案利用的需要,影响着档案的保存价值。某一档案社会不再需求,也就没有继续保存的必要,亦即失去了保存价值。当然,社会需求是一个复杂的问题,此一时不需要,彼一时可能需要;甲机关不需要,乙机关可能需要。例如,研究历史,需要查考各种能真实反映历史事件、历史情况的文件;研究经济,需要查考各种经济统计报表;为了证明个人经历,需要查考干部任命通知书、干部登记表、职工名册;为了证明个人学历,需要以学生学籍册、毕业证书存根为根据。相反,如果没有这些需要,档案就没有继续保存的必要,也就会失去它的保存价值。因此,各种档案是否需要利用,怎样利用,都直接影响着各种档案是否具有保存价值,有什么样的保存价值。

上述两方面因素,是相互作用、辩证统一的,二者缺一不可。档案客体,是档案社会价值的物质承担者;利用档案的需要,是档案价值实现的社会条件,这两方面的因素,都是客观存在的。

二、鉴定档案价值的方法

档案的价值是客观存在的,而鉴定工作则是人们对档案价值的认识和评价,带有很强的主观性。为了使人们对档案价值的认识和评估活动最大限度地符合实际,保证鉴定工作的质量,必须建立明确的档案价值鉴定标准。这种标准不是档案人员主观随意的产物,而是以客观存在的档案价值为基础,分析档案文件的各种特征及社会对其的需要,具有明显的客观性。坚持按照客观的鉴定标准来认识和评价档案价值,可以提高鉴定结论的客观性、可靠性和准确性。

鉴定档案价值主要应从它们本身的内容、来源、时间、名称、稿本、外形以及完整性和有效性等方面来分析。

（一）分析文件的内容

分析文件的内容,是鉴定档案价值的基础。内容重要的价值大,内容一般的价值小。例如:反映党和国家有关方针政策、反映本部门主要职能活动和业务工作、反映本单位重大事件和中心工作的文件,内容重要,保存价值较大,保管期限应当从长。反映日常事务性活动的文件,其保存价值就小。对文件内容的分析,通常围绕内容的重要性、内容的独特性和内容的时效性三个方面进行。

（二）分析文件的来源

文件的不同来源往往具有不同的价值。一般而言,本部门形成的重要文件以及党政领导机关、上级主管机关和著名人物形成的文件,其保存价值相对大些;以单位名义形成的文件,比以单位内部机构名义形成的文件价值大些。

（三）分析文件产生的时间

文件产生的时间不同,其保存价值往往也会不同。一般来讲,文件产生的时间越早,保存量越少,越珍贵。对于这些产生时间早、数量少的文件应从长保存,不得随意销毁。

（四）分析文件的名称、稿本和外形特征

文件的名称或文种,它在一定程度上反映文件的价值。比如决定、命令、指示、条例、会议纪要、总结等,往往要比通知、来往信函、简报等文件的保存价值大。不同的文件稿本,其保存价值也是有区别的。通常情况下,文件的定稿和正本比草稿和副本的保存价值大。外形特征、文字、图案等方面具有科学的、艺术的、观赏的价值,或者文件上有著名人物的题词、签名的笔迹,这些文件的保存价值自然会相应增大。

（五）文件的完整性和有效性

文件的完整性,是指档案全宗中文件的完整程度。通常情况下,全宗内文件比较完整,在分析、判断文件的价值时要从严;反之,则从宽。比如,企业的年度总结和年度统计报表,一般作为永久保存;在年度总结、年度统计报表残缺不全的情况下,季度和月份的总结和统计报表就显出其重要性,应当延长其保管期限。

文件的有效性,是指文件在一定时间内具有法律和行政的效力。合同、协议等,一般是在特定时间和条件下具有效力,一旦超越了特定时限,其有效性就会消失,文件的价值自然会相应降低,甚至失去保存价值。

上述几个方面是相互联系,有机统一的。分析、判定档案价值时必须综合考察文件的各个方面,片面孤立的鉴定方法会使鉴定工作误入歧途。

第三节　档案保管期限表

一、档案保管期限表的含义及类型

　　为了保证鉴定工作的质量和提高鉴定工作的效率,便于鉴定工作的顺利进行,必须根据鉴定档案价值的原则制订指导性文件。档案保管期限表,就是其中的一种形式。档案保管期限表,就是用表册的形式列举档案的来源、内容和形式,并指明其保管期限的一种指导性文件。它是鉴定档案保存价值和确定档案保管期限的依据和标准。

　　档案保管期限表,大致分为以下几种类型:

　　(一)标准档案保管期限表

　　标准档案保管期限表,也称通用档案保管期限表,它是由国家档案事业管理机关编制的,供全国各机关、团体、企业、事业单位鉴定档案价值时使用,也可作为全国各机关确定一般性档案保管期限的标准和制定其他各种类型档案保管期限表的指南。如 1987 年 12 月 4 日国家档案局颁发的《文书档案保管期限表》即是这种类型。

　　(二)专门档案保管期限表

　　专门档案保管期限表是由国家档案事业管理机关会同有关主管部门编制的,是各机关、团体、企业、事业单位鉴定专门档案时的依据和标准。如 1984 年 6 月 1 日财政部和国家档案局共同颁发的《预算会计档案保管期限表》即是这种类型。

　　(三)同系统机关档案保管期限表

　　该保管期限表由主管领导机关编制,是同一系统内各机关、单位鉴定档案价值时通用的依据和标准。如《中国人民解放军文书档案保管期限参考表》即是这种类型的保管期限表。

　　(四)同类型机关档案保管期限表

　　同类型机关档案保管期限表是由档案事业管理机关或主管领导机关编制的,是同一类型各单位(如学校、医院、工厂等)鉴定档案价值时的依据和标准。如《上海市县级机关文书档案保管期限表》就属于这种类型的档案保管期限表。

　　(五)机关档案保管期限表

　　机关档案保管期限表是由各机关根据本机关档案的具体情况编制的,专供本机关鉴定档案价值时使用。如《国家计委机关文件档案保管期限表》就是专为一个机关鉴定档案编制的档案保管期限表。

以上各种类型的档案保管期限表之间具有一定的相互关系。标准档案保管期限表对其他几种保管期限表具有指导意义。机关档案保管期限表，又必须以标准的和上级机关颁发的各种档案保管期限表所规定的保管期限为准，但允许延长保管期限。在制定机关档案保管期限表时，同样不能缩短标准的和上级机关颁发的各种档案保管期限表所规定的保管期限，但可以适当延长保管期限。各种类型的档案保管期限表之间这种相互制约关系，是社会主义档案集中统一管理原则的体现，它有利于妥善地制订有关的档案保管期限表和实际确定档案材料的保管期限。

二、我国档案保管期限的种类

档案保管期限表最基本的项目是条款和保管期限。条款用以列举档案的来源、内容和形式；保管期限则指明不同条款的保管期限。现只对档案保管期限的划分加以讲述。我国现行的档案保管期限规定为永久、长期和短期三种。

（一）永久保存

永久保存，就是将档案尽可能无限期地长远地保存下去。凡是反映本单位主要职能活动和基本历史面貌的，在本单位工作和国家经济建设、文化建设、政治斗争、科学研究中具有长远利用价值的档案，应列为永久保存。它主要包括两部分：一部分是本机关工作中制成的重要文件，如指示、命令、决议、决定、各种会议的重要文件、工作计划、总结和综合统计报表、重要的请示或报告以及有关机构演变、机关领导人任免的文件材料等；另一部分是直属上级机关颁发的属于本机关主管业务并需要贯彻执行的重要文件，非直属上级机关颁发的针对本机关主管业务并要贯彻执行的重要文件材料，如指示、命令、批复等；还有下级机关报送的有关方针政策性的和重要问题的文件材料，如请示、报告、总结等。

（二）长期保存

长期保存，就是将档案保存 16 年至 50 年左右。凡是反映本单位一般工作活动，不具有广泛社会意义和科学历史意义，但本机关在相当长时间内需要查考利用的文件材料，应列为长期保存。它主要包括两部分：一部分是本单位工作中制成的在相当长时间内需要查考的文件材料，如关于一般工作问题的文件材料、一般会议的主要文件材料、人事管理工作中形成的一般文件材料等；另一部分是直属上级单位颁发的属于本机关主管业务并需要贯彻执行的一般文件材料，下级单位报送的重要总结、报告和统计报表等文件材料。

（三）短期保存

短期保存，就是将档案保存 15 年（含 15 年）以下。凡是在较短时间内本单位需要查考的各种文件材料，均应列为短期保存。它主要包括：本单位一般事务性的文件材料;上级单位和同级单位颁发的非本单位主管业务但要贯彻执行的文件材料;下级单位报送的一般工作总结、报告和统计表等文件材料。

保管期限的计算,通常是从文件产生和形成后的第二年算起;有些特殊文件和专门文件可以从其失效、结案后算起。所有确定为定期保存的档案,到保管期满后还须复查,如发现有继续需要保存的,仍应保存下去,有的延长保管期限,有的转为永久保存。

对于机关档案保管期限表,其中短期和长期的期限,也可视为需要拉开档次,指出明确的年限,如 5 年、20 年、30 年、50 年等,以便届时进行复审。为了便于立卷和鉴定,年限的种类也不宜太多,一般划分为几种即可。划分具体年限时,最好与档案向档案馆移交的期限有所照应。如规定档案在本机关保存 20 年后向档案馆移交,那么,定期保存的档案就可以具体划分为 5 年、20 年和 50 年三种;如果规定档案在本机关保存 10 年后向档案馆移交,定期保存的档案可以具体划分为 3 年、10 年和 50 年三种,或只分 10 年和 50 年两种。

第四节　　档案鉴定工作制度

为了保证档案鉴定工作的质量和防止有意破坏档案,使档案的鉴定和销毁有组织、有监督地进行,必须建立和健全档案鉴定工作制度。

根据国家的有关规定,档案鉴定工作制度的基本内容包括三个方面:

一、制订档案鉴定的标准

由党和国家及其档案事业管理机关制订统一的鉴定标准,各地区、各系统、各机关据以制订具体的鉴定标准。1987 年国家档案局颁发的《关于机关档案保管期限的规定》、《文书档案保管期限表》和《机关文件材料归档和不归档的范围》以及 1984 年财政部和国家档案局联合发布的《预算会计档案保管期限表》等文件,明确规定了档案鉴定的标准。各档案馆、各机关均须根据这些文件规定的鉴定标准进行鉴定工作。

二、档案鉴定工作的组织领导

各机关和档案馆的档案鉴定工作,必须有组织有领导地进行。按照《机关档案工作条例》和《档案馆工作通则》等文件规定,机关的档案鉴定工作,必须在机关办公厅(室)主任的主持下,由档案部门和有关业务部门组成鉴定小组共同进行,档案馆(室)对无须继续保存的档案进行鉴定和处理须征求有关部门的意见,并经领导机关批准。

机关档案鉴定工作通常分为四个步骤：

首先，由机关档案室会同文书部门和业务部门制定机关档案保管期限表；

其次，在机关文件立卷归档时，文书、业务部门应根据档案保管期限表和不归档文书材料的规定，确定归档范围，同时剔除一部分没有保存价值的文件，由机关文书处理部门或业务部门保存1—2年后销毁；

再次，文书、业务部门根据保管期限表，对归档的案卷，确定保管期限，并由档案室进行审查；

最后，到一定年限时对保管期限进行复审，永久保存的档案的复审通常在向档案馆移交档案时进行，长期或短期保存的档案的复审通常在保管期满时进行。经复审后，将确实具有永久保存价值的档案移交有关档案馆；将保管期满但仍具有保管价值的重新划定保管期限；将确实失去保存价值的剔除销毁。一般档案室对保管期满的档案通常在保管1～2年后予以销毁。

由于档案原是文书、业务部门在工作活动中形成的文件，他们对自己所形成的文件的作用最清楚，由他们来划分保管期限比较容易，也较正确。但是，机关文书和业务人员确定文件的保管期限，往往存在只从机关工作角度来考虑保管价值的局限性。对此，档案部门要给以咨询和指导，以便全面地判定文件的保管价值，合理地划定各种保管期限。

档案馆的鉴定工作一般包括三个阶段：

第一，在接收档案进馆时，对所移交的档案保管期限进行审查，发现确定不当的，予以调整；

第二，定期审查馆藏档案，对保存期满的档案拣出销毁；

第三，档案馆有时也接收未经鉴定的档案，这就需要进行全面的鉴定工作。如果档案未经整理，可将鉴定与整理工作结合进行。

三、销毁档案的批准和监销制度

经过鉴定，需要销毁的档案，必须办理批准手续。按规定，机关应定期对超过保管期限的档案进行鉴定。鉴定工作结束后，应提出工作报告，对确无保存价值的档案登记造册，经机关领导人批准后销毁。档案馆鉴定后需要销毁的档案，同时还应报国家档案局。未经鉴定和批准，不得销毁任何档案。销毁准销的档案时，实行两人以上的监销制度。

（一）编制档案销毁清册

按规定，机关档案室和档案馆销毁档案，要分别报请机关领导人和主管领导机关审查批准；销毁1949年以前的历史档案还必须同时报国家档案局批准。为了便于领导人和有关机关审查批准,并为日后查考档案销毁情况留有凭据,必须编制"档案销毁清册"。

　　档案销毁清册封面的项目有:全宗号、全宗名称和立档单位名称、编制档案销毁清册名称、编制时间等。格式如表 3-1 所示:

表 3-1　　档案销毁清册(封面)

全宗号:　　　　　　　　　　　　　　　　　　全宗名称:

×××单位

档 案 销 毁 清 册

鉴定时间:　　　　　　　　　　　　　　　执行销毁时间:

经办人:　　　　　　　　　　　　　　　　监毁人:

负责人:　　　　　　　　　　　　　　　　销毁人:

审核人:

　　销毁档案登记栏的项目有:序号、案卷或文件标题、起止日期、号码(案卷目录号、案卷号或文件字号)、数量、原保管期限、销毁原因、备注等。格式如表 3-2 所示:

表 3-2　　档案销毁清册(内页)

序号	案卷或文件标题	起止日期	案卷目录号	案卷号或文件字号	数量		原保管期限	销毁原因	备注
					卷	张			

　　准备销毁档案的登记,一般以案卷为单位,必要时也可以单份文件登记。为了便于领导人和有关机关审查,也可以在清册中增加档案保管期限表中的"条款号"、"审查意见"等项。在清册上登记准备销毁的档案时,最好按照原来全宗的分类次序进行,并在适当地方标明类名。

　　档案销毁清册除了登记准备销毁的档案外,还应标明档案馆(室)名称、全宗名称和编制日期,并由档案馆或机关档案室负责人签名盖章。

　　档案销毁清册,必须按照各个全宗分别编制。每一份清册应该一式两份:一份留档案馆(室),一份送机关领导人审查批准。如果须送档案管理机关或上级机关审查批准,就需要多编一份,两份同时送去,其中一份经批准后退回。

（二）撰写立档单位和全宗简要说明

为了使审批销毁清册的领导人和有关机关了解必要的情况，在送审档案销毁清册时，附送一份立档单位和全宗情况的简要说明。内容包括：立档单位的成立时间、内部机构的名称和工作职能；全宗档案的所属年代、保管期限、保管情况和完整程度以及现在档案的主要成分和类型；准备销毁的档案数量、内容、鉴定工作的概况和销毁的主要理由。

（三）销毁档案的监督执行和缓期执行

档案销毁清册被批准前，准备销毁的档案应系统地单独保管以便审批时检查或未批准时拣出保存。

为严格保守党和国家秘密，档案销毁清册经批准后，对可以销毁的档案，严禁将其出卖或移作他用，只能将其化为纸浆或焚毁。离造纸厂远的档案馆（室），或被销毁的档案特别机密的，也可以自行焚毁。而且，无论采用什么方法销毁，均应指派两名以上专人监督执行。档案确已销毁后，须在销毁清册上注明"已销毁"字样和销毁日期，并由监销人签名盖章，以示负责。

如有个别案卷和文件未被批准销毁，尚须保存，亦应在销毁清册上作出适当说明。

【拓展阅读】

阅读资料之一：

超越情感

清光绪三十四年（1875）十月二十一日，懦弱而不乏进取心的当朝天子光绪皇帝，在软禁中走完了他短短38年的人生，猝然"驾崩"。次日，炙手可热的铁腕女人慈禧也相随而亡。直到百年之后，民间依然盛传：慈禧于病危之时，自度将不久于人世，惟恐身后光绪再搞维新运动，因此毒杀光绪，以绝后患。对于任何一个知名的历史人物来说，民间传说往往不具备确凿的事实判断功能，而是民心向背的时代沉淀，是无形的、众望所归的道德规范和价值取向的形象化凸现。慈禧的形象当归于另册。可是，传说有悖于事实。1980年6月，中国第一历史档案馆和北京中医研究院合作，开始对现存的大量清宫医疗档案进行整理研究。其中，据光绪的档案载，他自幼痼疾缠身，患有结核病，波及肺肾和其他器官，还有严重的遗精病。从光绪二十四年（1865）起，病势渐渐加剧，至光绪三十三年（1874）已经卧床不起，行动艰难。光绪三十三年九月，光绪的《起居注》中写道："腰胯疼痛更重。昨日早晨脊骨中间作痛，稍俯仰均不可。今晨早起时，腰胯左边疼痛甚重，稍一动转即牵制满腰，极痛难忍。夜寐愈多则筋脉愈滞，其疾亦日甚一日。"多种慢性、消耗性疾病不断加重，使光绪赢弱的生命力逐日衰减，虽广招天下名医,但均回天乏术。光绪临终前数日的脉案表明,宫内始终处于抢救状态——"皇上(光绪)脉息如丝欲绝,肢冷气陷,二目上翻,神志已迷,牙关紧闭,势已将脱,谨勉以生脉饮以尽血忱"。据此,专家们推断,光绪是因多系统疾病引起的衰竭而亡。所谓慈禧蓄意毒杀之说,显然依据不足。从感情上,我们当然不乐于为慈禧辩诬;然而从理智上,我们不能不为维护历史的真实面貌而确保档案的安全与完整。

(《走向地狱之门的档案盗毁者》作者:姜龙飞)

阅读资料之二:

私欲之厄

　　吉东辽在县文化局党总支副书记兼人秘科长的位子上就走火入魔,折戟沉沙。

　　1988 年一个黯淡的日子里,吉东辽借接管档案之机,从署有自己名字的人事档案袋里,抽出一叠资料。

　　流年在记忆的荧屏上跳荡——

　　1967 年,铺天盖地的"红海洋",造反有理,挥斥方遒。吉东辽从一个普通的舞美工作人员,一跃而上升为耀眼全县文化系统的造反"明星"……"文化大革命"终于结束,造反"明星"不得不吞咽下自己酿造的苦酒。一遍又一遍地检讨,一遍又一遍地忏悔。痛心疾首,声泪俱下……很好! 认识深刻,态度端正,他终于在县文化局的领导岗位上留了下来,只是档案袋里多了一页党内处分的决议……

　　把屈辱的流年撕成碎片,把横亘于仕途上的障碍碾作粉末,手术成功,吉东辽终于卸下了一块心病。

　　吉东辽没有料到手术的后遗症暴发得如此迅猛,如此严重。县委发现了他的劣迹,经常委会讨论,决定撤销其党内外一切职务。县纪委还将此案通报全县。真是"搬起石头砸自己的脚"!

(《走向地狱之门的档案盗毁者》作者:姜龙飞)

【思考与分析】

　　一、联系案例内容,回答问题。

　　1992 年 7 月,海淀区档案馆在接收永丰乡移交的档案时,发现该乡档案有严重短缺现象。经该区档案局检查,该乡档案存放库房年久失修,漏雨严重,加之无人管理,造成档案严重破损霉变,使档案丧失使用价值。乡机关领导便口头同意销毁这些档案。于是,销毁了 1960—1980 年的会计档案和 1971—1983 年的婚姻登记档案。

区档案局获悉后，马上予以立案查处。经过对乡机关有关工作人员的调查，并对缺少的档案进行核对，取得了大量证据。区档案局最后作出处理决定：建议有关主管部门对该乡机关领导给予行政处分。

1.销毁档案有何制度？

2.决定档案保存价值的两大因素是什么？

3.鉴定档案价值的方法有哪些？

二、阅读材料，思考并分析以下问题。

1999年8月，广东省档案局收到雷州市容路镇梅村部分居民的来信，反映该村的200亩土地一夜之间不明不白变成大塘村组的土地，他们怀疑有人涂改了雷州市档案馆保存的土地档案。接到举报后，省档案局立即指示雷州市档案馆成立专案小组调查此案。同时，雷州市档案馆与当地公安部门取得联系，共同侦破此案。

因此案涉及两个村的土地纠纷问题，为避免矛盾久拖不决，专案小组进行了细致的调查，最后认为可能性最大的是档案在借阅时被涂改了。于是专案组派人到北京，对案卷进行字迹检验，最后，化学工业部尘毒监测中心提出的鉴定报告中称"参照样与检材样不是同种书写材料书写"，证明档案确实被人涂改了。公安部门根据此情况，传唤了利用此档案的大塘村组的四个村民，四个村民承认是为争土地而在利用过程中涂改了档案。

雷州市档案局根据市有关规定作出了对四个村民给予经济处罚的决定。

1.档案一律不能修改吗？内容不符合事实的档案能修改吗？为什么？

2.阅读案例二后，你对鉴别档案真伪的重要性有什么新的认识？

三、某市(省辖市)档案局从省档案工作会议上带回以下文件，请划分文件的保管期限。

1.省档案局局长的会议报告

2.副省长在会议上的讲话

3.与会人员名册

4.会议人员合影照片

5.会议通知

6.会议简报

7.会议讨论通过的文件

8.本地区档案局长在会上的发言

9.全省档案工作的计划

10.省档案局副局长的讲话

第四章　档案保管工作

第一节　档案保管工作概述

所谓档案保管工作,简言之,就是指档案的存放管理和维护档案完整与安全的活动,它是档案管理的独立工作环节,又是档案工作各项业务环节的共同任务。其具体内容包括两个方面:

第一,凭藉柜具或库房对档案实施的日常管理。主要包括档案库房的使用与安排,档案及其柜具的有序化摆放和档案检索、提供、利用等环节密切相关的档案移出、收进等。

第二,对一切可能损毁档案的社会的、自然的因素采取必要的措施,防止档案的损坏,延长档案的寿命,维护档案的安全。

一、档案保管工作的意义

（一）档案保管工作是开展档案工作的重要基础

档案工作最基本的前提和物质对象是档案,离开了档案,档案工作便不复存在。如果档案保管工作做不好,就会直接危及档案的安全,就可能给党和国家造成严重损失,就会直接影响整个档案事业的发展。

（二）档案保管工作是开展档案工作的必要条件

加强档案的科学保管,可以为有效地开展档案的整理、鉴定、编研和利用等工作创造条件。如果档案保管杂乱无章、门类不清,其他环节的工作将无法进行。

（三）档案保管工作是延长档案寿命的必要手段

档案保管得好坏,措施的得当与否,直接关系到档案的寿命。加强档案的保管,防止和减少档案在存放和使用过程中的损毁、丢失,最大限度地延长档案寿命是档案保管工作的根本任务之一。

二、档案保管工作的任务

档案保管的任务主要是维护档案的完整与安全,保护档案原貌,最大限度地延长档案制成材料的寿命。总的来讲,它的基本任务是:

(一)防治档案的损坏

研究和掌握档案损坏的原因和规律,通过采取有效的技术措施和方法,最大限度地消除各种损坏档案的不利因素,把档案的自然损坏率控制在最小的范围内。

(二)延长档案的寿命

档案保管工作既要防治档案的自然损坏,又要从根本上采取积极的措施,改善档案的保管条件,提高档案的修复技术;既要注意有利于档案制成材料的长期耐久性,又要考虑到当前工作的需要与档案管理现代化的要求。

(三)维护档案的安全

维护档案的安全有两方面的含义,一方面是指档案作为一种物质存在的形式必须最大限度地安全存在下去;另一方面是指档案作为一种社会现象,在整个政治、经济等活动中,不能因为保管的原因而使之泄密,造成不良后果。

三、档案保管工作的原则和基本要求

(一) 以防为主,防治结合

"以防为主,防治结合"是经过长期实践检验、切实可行的档案保管原则。"防"就是预防档案文件的损坏,防止或减缓各种不利因素对档案造成的损坏,防患于未然,它是档案保管工作中的根本问题,是问题的主导方面,无"病"先防,是积极主动的治本办法。"治"是对已经遭受损害的档案进行修裱、复制,以尽可能恢复其原貌,或使档案的损害得到控制,不再蔓延。如纸质档案的去污、去酸、修裱、加固、字迹恢复等。档案的复制是将档案信息转移到其他载体上的保护方式,通过复制可对档案进行再生性保护,使档案的寿命得以延长,档案原件得以保护。因此,"治"的任务是永远存在的。防与治是互相促进、相辅相成的关系。只防不治不行,但只治不防也是不对的。

(二)加强重点,兼顾一般

这是对永久保管的档案和重要立档单位的档案,采取措施进行重点保护;一般性档案也要尽力改善其保存条件,做到适当兼顾。如装备各种档案保护仪器设备(温湿度调控装置和去湿机等)和装具,重要的文件尤其是数字文件应多套制保存或异地保存。

（三）相互协调，密切配合

档案保管工作是整个档案工作的有机组成部分，它与档案工作其他工作环节有着密切联系。档案在收集、整理、鉴定、统计和提供利用等过程中，也可能遭到某些不利因素的损害。因此，要想做好档案保管工作，就必须掌握档案工作各环节对保管工作的促进和制约作用，并在进行其他各个环节工作中注意保护档案；同时，还必须关心文书部门对文件载体和书写材料的选用，在可能的条件下，根据文件的重要程度和保管年限，选用不同等级、不同性能的载体和书写材料，使需要永久保存的重要文件最大限度地延长寿命。

（四）立足长远，保证当前

档案保管工作既要着眼于党和国家的长远利用，又要保证当前各项工作的现实利用。立足长远与保证当前，都是档案保管工作的目的。因此，既不能因为强调保护而不考虑利用方便，也不能因为一时利用的方便而危及档案的安全，以致影响档案的长远利用，保管与利用的关系，实质上是当前利用与长远利用之间矛盾的辩证统一。

第二节　与保管工作密切相关的群体

要提高档案保管工作水平，仅仅依靠档案管理部门和档案工作者的努力，是远远不够的。档案在形成、运转和利用的过程中，和社会上诸多的机关单位乃至个人，产生广泛的联系。这些单位和个人，直接关系到保管工作。我们把与保管工作密切相关的群体，划分为档案形成者、档案利用者和档案管理者三类。

长期以来，档案管理者与保管工作的关系谈论得比较多，而档案形成者、档案利用者与保管工作的关系谈论得较少。本节欲就三个群体与保管工作的关系做比较细致的分析。

一、档案形成者与档案保管工作

档案是由文件有条件地转化而来的。机关、组织和个人在履行职责、沟通情况时，都会形成大量的文件材料，这些文件材料处理完毕后具有查考价值，经过文书、业务部门立卷归档，就转化为档案。因此，档案形成者对文件制成材料质量的关注程度，对文件有序排放的关注程度，都会影响保管工作的水平。

文件制成材料包括承受档案内容的载体材料和反映档案内容的记录材料。载体材料中的纸张，如果呈酸性就易水解；木素含量高易氧化变质。用质量不高的纸张制做文件，档案材料的耐久性一定差。先天不足，给保管工作带来许多麻烦,后天的努力,效果未必理想。相反地,制作文件时,选用纤维素含量高、有害成分少的纸张,就可以使保管工作事半功倍,有效地延长档案的寿命。字迹材料是记录档案内容的物质材料,撰写、印制文件,不用不耐久的圆珠笔、复写纸、红蓝墨水和铅笔,就可以减少字迹的褪色、扩散,减轻保管工作的负担。

文件自形成之日起,直到移交档案室集中管理之前,由文书、业务部门承担管理的责任。它们在管理过程中,注意减少对档案的机械磨损,不使文件材料被污染,排列有序地存藏在适宜的温湿度的环境中,并做好防光、防有害气体等工作,这都为保管工作作出了贡献。

总之,档案形成者是一个不容忽视的与保管工作密切相关的群体。因此,应该把文件制成材料和保管状况,列入文书业务部门的工作内容,并加强检查。同时,应该增强文书业务部门的法制观念和业务知识,把档案保管工作当作一件大事抓好。

二、档案利用者与档案保管工作

提供档案利用是档案工作的根本目的。现在各行各业都需要掌握大量信息,档案信息资源备受利用者青睐,利用工作出现新的特点。但同时也应该看到,档案利用者是与档案广泛接触的庞大的群体,由于人数众多、文化层次不等、档案意识参差不齐等原因,所以利用过程中,对档案造成损坏的情况也是不容忽视的。

一个表现是由于利用者不能自如地使用检索工具,造成检索效率不高,增加了不必要的调卷量,加重了对档案的磨损。二是利用过程中,对档案原件或复制件等材料涂涂抹抹,任意勾画折叠。三是粗心大意,造成墨水、茶水等物泼洒在档案材料上污染档案。四是对借出的档案任意拆装、复印。五是部分利用者为了个人的目的,随意撕毁、剪裁档案。

从以上的表现可以看出,档案利用者与档案保管工作关系十分密切。只有通过多种途径和方法,切实加强对档案利用者的工作,才能把保管工作做得更好。具体地说,应该加强宣传教育工作,使爱护档案的思想深入人心。另外,要加强以法治档的力度,对毁坏档案行为予以惩处。最后,要大力普及档案保管的知识,加强档案管理工作,以有效地减少利用档案过程中不必要的麻烦。

三、档案管理者与档案保管工作

档案管理者是档案保护工作的主体,对提高档案保管工作水平负有重大的责任。

党和国家把档案工作交付给档案管理部门,档案工作机构和工作人员就承担了维护档案完整和安全的重大任务。这些在档案法律法规中有明确的规定，为档案部门履行职责做好保管工作提供了法律保障，具有其权威性和约束性，同时也明确了档案保管工作的范围和任务。

档案管理部门不仅有权力做好档案保管工作，而且有能力、有条件把这项工作做好。

档案管理部门及其工作人员，在多年的管理实践中，积累了丰富的保管工作经验。在经常性的培训、交流和学习过程中，逐渐掌握了档案制成材料变化的规律和保护档案的技术方法。按照档案法的规定，各级各类档案管理机构，要配置必要的设施，确保档案的安全；采用先进技术，实现档案管理的现代化；提供和保证档案保管工作的必要条件，要有法可依。近些年来，掌握各种自然科学知识、具备各种技术的人才不断充实到档案部门，以及国际档案保护技术工作的合作，使得提高档案保管工作水平有了重要的人才条件。

档案管理者是档案保管工作的主体，还有另外一个重要原因，就是他们对档案的形成者、档案的利用者负有督促、检查、指导的责任，直接关系到档案保管工作的开展，影响档案保管工作水平。为了使档案管理者更好地发挥在档案保管工作中的作用，应该做好以下的工作。

第一，档案管理者应进一步提高对档案保管工作的认识。档案保管工作是维护档案工作的基本对象的安全，保护祖国文化财富免遭损坏的重要工作，同时又是一项长期而艰巨的工作，档案工作者必须有高度的责任感和使命感。

第二，应该进一步提高业务水平。档案保管工作是一项细致、严谨的工作，同时也是涉及多门学科知识和各种技术的实践性较强的工作。科学技术迅速发展，新成果、新技术不断涌现出来，档案工作者应该不断学习，吸取新知识，提高保管工作水平。

第三，运用法律手段，切实负责地做好保管工作。作为档案保管工作的主体，档案工作部门应该尽职尽责，千方百计为维护档案的完整和安全作出自己的努力和贡献。要增强法制观念，以法治档。对于大多数的档案形成者、档案利用者，档案管理部门没有行政上的领导与被领导的关系，甚至没有业务上的指导与被指导的关系，因此法律手段就成为档案保管工作中约束这些群体的有力手段。档案管理部门一定要学法、懂法、守法，并要严格执法。

第四，积极宣传、传播档案保护的知识和利用档案的有关规定、要求。故意损坏档案的现象是存在的，但并不多见。许多损毁档案的现象是由于各个群体的某些人们不了解保管档案的基本知识，无意识造成的。因此档案部门应采用多种形式宣传、讲授保护档案的知识，介绍利用档案的要求和规定，使保管档案的工作成为人们自觉的行动。

第三节 保管工作的技术与方法

搞好档案的保管工作,必须有一定的物质条件。基本物质条件主要有档案库房、档案装具和档案的包装材料。

一、档案库房

档案库房是保存档案的重要基地,是档案保管的最基本的物质条件。库房管理是档案保管工作的主要内容,只有做好库房管理工作,才能切实保证档案的安全,为整个档案工作的开展创造必要的条件。

（一）档案库房的建设

档案馆是永久保存档案的基地,档案馆的库房建筑必须按照建设部、国家档案局于 2000 年 3 月批准颁发的《档案馆建筑设计规范》建设,遵循"适用、经济、美观"的原则,根据建筑设计符合功能、安全、卫生等方面的基本要求。

档案馆在建设时,应注意:

①远离存放易燃、易爆物的场所,不靠近有污染、腐蚀性气体的企业单位,并避免架空高压输电线穿过,尽可能避开临街和临近公共场所的位置。

②楼层安排方面,应尽量避免"顶天立地",即尽量不用底层和最高层。最高层因为受阳光辐射的影响,夏天温度较高,而且存在屋顶漏雨的威胁;最底层不仅安全问题较难解决,而且湿度较大,很不利于档案的保管。不宜将其设在办公楼西侧和南侧,以防高温和阳光直射。

③建筑所在地要交通方便,且城市公用设施完备,便于为利用者服务。

档案馆在设计上要使档案库房集中布局,自成一区;库房区内不应设置其他用房,库区内地面应高于库区外地面,以防溢水流入库内;屋顶防护结构应符合保温、隔热和防水的要求;门窗应保温、隔热并有密封装置。

④档案库房必须与档案人员的办公室和生活间分设,并对门窗予以加固,增强密闭性能;电源要能单独控制,使其尽量达到防盗、防火、防水、防光、防尘、防有害气体的要求。

（二）档案室库房的设置

档案室库房一般附设在机关办公楼内,因为机关单独兴建档案库房的可能性不大,而且条件也不具备,但档案室库房的设置也应区别于其他办公用房。对于新建办公用房,档案室应根据有关专业要求,在设计和建筑时设置专门的档案室。对于已经建成的办公用房,也应进行必要的挑选,加强防潮、防高温、防水的措施,增加防盗、防火、防光的设置,注意档案室库房的地面承载力,以确保安全。

（三）档案库房的类型

档案馆的库房按其保管内容,一般划分为综合档案库房、专门档案库房和图书资料库房三种。

1. 综合档案库房

综合档案库房是档案库房的主体部分,主要用于保存建国前后各机关单位及著名人物所形成的档案。在馆藏档案数量较多的档案馆,还可以实行分库管理,如设立建国前旧政权档案库、革命历史档案库、建国后党政机关档案库等。

2. 专门档案库房

专门档案库房主要是为了适应专门档案的特点以及管理上的特殊要求,根据其制成材料特点而设立的档案库,如照片、影片、缩微胶片档案库,录音、录像磁带档案库;还有以专业特点为标准设立的档案库,如科技档案库、地图档案库、会计档案库等。专门档案库与综合档案库在内容与形式上都有较为明确的界限,有相对的独立性,尤其是制成材料比较特殊的档案库(胶片、磁带),有着特殊的管理要求,不能与一般档案库相提并论。

3. 图书资料库房

档案馆(室)所设立的专门保存与档案有关的图书、资料的库房,称为"图书资料库"。图书资料的保管条件,可根据馆(室)财力状况而定。有条件的档案馆都应设置图书资料库,以保存各类资料;财力较差的档案馆(室),对图书资料库的保管条件可适当降低一些。档案库房为楼房的,图书资料库房一般设在底层或顶层。

（四）档案库房的编号

为了便于库房的管理,应将每个库房进行统一编号。库房的编号有两种方法:一是把所有的库房统一编顺序号;二是根据库房方位和特征进行编号,如"西二楼"、"北二楼"、"南二楼"等。

同一库房内每个房间也要编号。楼房应自下而上地编层号,每层内应从入口开始,从左向右编房间号。

二、档案装具

档案装具,是指存放档案的橱、柜和架等设备,它是档案馆(室)必须具备的基本物质条件。

（一）档案装具的种类

常用的档案装具包括档案橱、档案柜、档案密集架和档案资料架等;专用档案装具包括防磁橱、底图柜、会计档案橱和照片档案橱等。档案馆(室)应根据自己的实际情况,选择不同的档案装具。

（二）档案装具的排放与编号

档案装具的排放,应遵循以下要求:

①在同一库房内,橱具应整齐划一。

②有窗库房橱具的排列,应与窗户垂直排放,以免阳光直射,便于通风。

③档案橱具一般不能紧靠库房墙壁排列。

④档案橱具的排列距离要适宜,要便于档案的搬运和存取。

档案装具的编号,一般以库房为单位编流水号。编号方法为:自门口起从左至右(回行时从右至左)、自上至下逐个编定顺序号。

三、档案包装材料

目前,我国包装档案的材料为卷皮、卷盒和包装纸三种,要求符合国家的有关规定,利于档案永久、长期的保管。

（一）卷皮

卷皮是包装档案的基本材料。它既可以保护档案文件,减少其机械磨损,同时又是案卷封面。国家档案局《文书档案案卷格式》规定:文书档案案卷卷皮分两种:一种是硬卷皮,一种是软卷皮。硬卷皮推荐采用 250 克牛皮纸制作,其封面、封底尺寸采用长×宽为 300 毫米×220 毫米或 280 毫米×210 毫米的规格,封面、封底三边(上、下、翻口处)要另有 70 毫米宽的折叠纸舌,卷脊可根据需要分设 10 毫米、15 毫米、20 毫米三种厚度。用于成卷装订的卷皮,上、下侧装订处要各有 20 毫米宽的装订纸舌。软卷皮装订的案卷须装盒保存,软卷皮设封皮和封底,其规格为 297 毫米×210 毫米(供 A4 型纸用)或 260 毫米×185 毫米(供 16 开型纸用)两种。

（二）卷盒

采用卷盒保管档案,是一种比较理想的方法,因为它能够防光、防尘,减少磨损,便于利用,而且外型整齐美观。但占用空间多,且制作费用较高。卷盒外形尺寸采用长、宽为 300 毫米、220 毫米,其高度可根据需要分别设置 20 毫米、40 毫米或 50 毫米的规格。在盒盖翻口处中部应设置绳带,使盒盖能紧扣住卷盒。卷盒封面为空白,卷脊项目有全宗名称、目录号、年度、起止卷号。

（三）包装纸

对于一些不经常使用或既不适于装订又不便于盒装的实物档案、资料等,可以用较为结实的纸张包装起来,待条件成熟后,再采取措施妥善保存起来。应当指出的是,这只是保存特殊档案的应急措施。

非纸质材料的光盘、软盘的保护层是决定寿命的关键。为保持光盘的耐久性,应注意环境对保护层的影响与腐蚀,光盘使用后应随时放入片盒中。

第四节　保管工作技能训练

档案的保管,是指根据档案的成分和状况,所采取的存放和安全防护措施。这就是档案部门所称的防火、防水、防尘、防潮、防霉、防虫、防光、防鼠等"八防"工作。

一、温湿度控制与调节

不适宜的温湿度一方面会直接对档案产生破坏作用,影响档案制作材料的耐久性,另一方面又会加大其他不利因素对档案的危害程度。因此,防潮、防高温,控制和调节温湿度,对档案的保护具有重要作用。一般纸质档案适宜的保管温度为 14℃～20℃,相对湿度是 50%～65%,一昼夜允许变化范围,温度为 ±2℃,湿度为 ±5%。因为一般微生物繁殖所需温度为 20℃ 以上,湿度要大于60%。纸张的含水量要在 7% 左右。保管特殊载体形式的档案的库房,其温湿度应做特殊要求。控制和调节档案库房的温湿度,主要应从两个方面入手:一是通过减少库房门窗、设置两道门和过渡间、密闭窗户等措施,防止和控制库外的高温、高湿影响库内;二是配备温湿度监测和控制调节设备,加强温湿度的监测,及时降低库内的高温、高湿。

二、防光、防尘、防微生物等技能

（一）防光

无论是自然光还是人工光,都对档案本身有破坏作用。特别是紫外光,因其波长短、能量大,具有强烈的光化作用,对档案的破坏性更大。防光的基本方法是尽量减少光照时间,避免阳光对档案的直接照射。所以,库房要开窄窗,窗户上最好选用毛玻璃或花玻璃,也可以安装窗帘。库房内应对灯光加以控制,灯上可加灯罩,无人时及时关灯。

（二）防尘

灰尘的成分较复杂,它对档案的损害包括几个方面:一是物理性破坏,导致档案的字迹模糊不清,损坏纸张纤维等;二是化学性破坏,对档案本身产生腐蚀作用;三是生物性破坏,向档案传播各种霉菌。防尘问题,重要的是一定要保持库房和装具的清洁卫生。库房周围还应当植树、种草,进行绿化,以防风沙和尘土。

防污染主要是指防止有害气体对档案的破坏。档案库房应远离污染源,并具备较好的封闭功能。如果库房内的有害气体超过规定的标准,应及时通风,净化空气。

（三）防微生物和害虫、防鼠

有害昆虫对档案的危害相当大。在高温、潮湿的情况下,害虫繁殖得很快,直接威胁着档案的安全。所以,要严格控制好档案库房的温湿度,保持清洁,库房及档案柜架内放置适量的防虫剂,使害虫无藏身之地。对即将入库但有虫蛀的档案要先及时消毒,否则不得入库。对已经入库的档案要经常检查,一旦发现虫害应及时治理。在我国南方,高温高湿的天气比较多,要特别做好温湿度的控制和调节,防止档案滋生霉菌。

老鼠会对档案造成严重的损害。库房内应尽可能杜绝老鼠生存和繁殖的条件,禁止堆放食品及杂物,库房墙壁应坚固、平滑,档案柜架应与墙壁保持一定距离。发现老鼠后要尽快采取措施予以消灭,以防鼠害蔓延开来。

（四）防火

档案的制作材料大多是易燃物质,防火问题事关重大,档案保管工作应将其放在特别突出的位置。一方面,要配备效果良好、数量充足的消防器材,如灭火器、消防栓等,经济条件较好的单位可安装烟雾报警器和自动灭火装置;另一方面,要建立严格的防火制度和消防器材的使用管理制度,库房内严禁吸烟和使用明火,明确火灾抢救的分工,定期对库房进行消防检查,消灭一切火灾隐患。

三、档案库房的日常管理

档案柜架排定之后,要编制顺序号,还要绘制档案存放平面图,以便查找档案。档案出借或其他原因的临时流动,要设置"代卷卡",注明流动方向。接收的档案,要在入库前进行检查,发现虫情要先消毒后入库。在档案交接或档案保管人员更换时,都要将档案点交清楚,分清责任。卫生方面,档案库房内要保持室内清洁,经常除尘,定时通风、去湿,杜绝食物和其他杂物进入档案库房。控制水电,当人离开库房时,应切断库房的电源,以免由电引起火灾,在档案库房内,特别是南方的档案库房内,原则上不安装自来水阀门,以免增高库房的湿度。

四、建立健全安全检查和保密制度

（一）安全检查制度

为了能够及时发现保管工作中存在的问题,以便及时纠正和补救,应当建立定期或不定期的检查制度。所谓定期,一般是每一年或二年检查一次;所谓不定期,一般是在档案保管人员调换或者发现问题时,进行全面或局部检查。检查的内容主要为：

①档案有无短少和霉变虫蛀等情况；

②有无失密、泄密的漏洞和水火灾害的潜在因素；

③有无超期不归还的出借档案。

（二）保密制度

区别密与非密的界限。属于保密范围的档案，在提供利用时要规定相应的审批手续；要向用户讲清保密的要求；要规定用户之间不得横向转借。档案工作者要遵守保密守则，带头做好保密工作。要把保密工作的状况，连同档案的利用工作一起进行考核，并落实奖惩措施。

五、存放秩序的确定和保持

（一）档案的存放与全宗排列

档案馆档案的存放应以全宗为单位进行，力求一个全宗的档案集中存放在一起；一个全宗内的特殊载体的档案，如照片、录音、录像、影片等档案，可以分别存放在专门的档案库房内。档案存放位置固定后，新接收进馆的同一全宗的档案，如因橱具无空而不能和先前的档案集中保存时，也可单独存放，待库房调整时，再予集中。

机关档案室一般只保存本单位档案全宗，其存放的方法可以按档案的门类、保管期限，结合档案产生的时间，分库分橱具存放。在机关综合档案室，同时保存了文书档案、科技档案、会计档案、声像档案及其他专门档案，必须根据它们的不同特点，分别存放。

全宗排列，基本上依照进馆档案的先后顺序，按全宗群排列。

全宗位置确定以后，就可以组织档案上架。档案上架的次序应根据档案架、柜以及栏、格的编号次序进行。目前，档案馆采用较多的是分类排架，这种方法便于按档案全宗、类别检索，但分类倒架时费力，而且预留的空位很难事先确定。

档案存放方式可以用竖放与平放两种。竖放是目前采用比较广泛的一种方式，它的优点是便于存放和提取档案。平放存取不太方便，但对保护档案有利，可以避免档案承受过重的压力。平放档案，堆叠的高度应以不超过 40 厘米为宜，它主要用于保管珍贵档案和不宜于竖放的档案。

（二）档案存放位置索引

档案存放位置索引是标明馆藏档案存放状况的一种索引图表。它的主要作用是：便于档案管理人员掌握档案存放情况和迅速取放档案。按其作用可以分为两种：

①标明档案的存放位置，即以全宗及其各类的档案为单位，指出它们的存放

地点,如表 4-1 所示。

表 4-1　档案存放位置索引(一)

全宗名称:			全宗号:				
案卷目录号	案卷目录 名　　称	目录中案卷 起止号数	存 放 位 置				
			楼	层	间	架(柜)	栏	格

②标明档案库房保存档案的情况,即以档案库房和档案橱、架为单位,指出其保存档案情况,如表 4-2 所示。

表 4-2　档案存放位置索引(二)

楼:			层:		房间:		
架(柜)	栏	格	存 放 档 案				
			全宗号	全宗名称	案卷目录号	案卷目录 名　称	目录中案卷 起止号数

(三)档案的检查

档案检查,是库房管理中的一项重要工作。通过检查,可以了解和掌握库房档案的情况,及时发现问题,保证档案的完整与安全。档案检查的内容,主要有:

①实有档案数量与登记数量是否相符。

②遗失、损坏文件的数量。

③档案防护措施和库房设备的安全情况。

④案卷归入的全宗、类别及排放顺序是否正确。

⑤案卷的收进、移出是否登记和有无影响档案安全的因素。

档案检查可分为定期检查和不定期检查、全面检查和重点检查。定期检查是对库房档案进行的全面检查,不定期检查可根据情况有重点地进行。检查中,若发现重大问题,应及时汇报。每次检查后,都要写出检查记录,包括检查情况、存在问题及应采取的措施等,注明检查人和检查时间。检查记录应归入全宗卷内。

第五节　全宗卷

全宗卷,是指档案馆(室)在某一全宗管理过程中形成的、由能够说明该全宗历史情况的各种文件材料组成的专门案卷。机关档案室从建立开始，档案馆从接收或征集档案进馆开始，就产生了档案的管理工作，围绕着档案的管理，必然产生一些说明、介绍、使用某一全宗档案的文件材料，把这些材料组合成案卷，便是全宗卷。全宗卷是管理档案的档案。

一、全宗卷的作用

（一）有助于全宗的连续管理

一个全宗的档案，无论是收集、整理、鉴定、保管和统计等工作，都不是一次完成和一劳永逸的，在内容与程序上都具有连续性特点。全宗卷是档案馆（室）在管理该全宗的过程中形成的有关该全宗档案的发展、变化及相关情况的历史记录和原始凭证，一旦需要了解立档单位的历史沿革以及全宗内档案的情况，就需要查阅全宗卷，以获得可靠的依据。因此，作为反映全宗历史情况的全宗卷，能为全宗的连续管理提供方便。

（二）有助于档案管理人员熟悉档案情况，进一步提高工作效率

档案管理人员的相对稳定，有利于对档案的连续管理。但是，档案必须经过由档案室向档案馆移交的过程，档案管理人员也就随之变换。即使是在同一个档案馆（室）内，档案管理人员也会因种种原因发生变化。新的档案管理工作人员，要熟悉和掌握档案情况，最基本的方法和途径就是阅读全宗卷，从而缩短熟悉全宗档案的时间。

（三）有助于综合利用档案材料

通过全宗卷，可以了解该全宗档案的主要内容，帮助档案工作人员开展档案的利用服务工作。对于有些档案利用者不能提供所需档案属于哪个全宗的线索时，档案工作人员可以借助全宗卷判断档案所属全宗，以便迅速准确地查找档案。综合利用档案时，全宗卷也能发挥应有的指引作用。

（四）便于澄清事实，明确责任

全宗卷中的材料既然是档案馆（室）在管理该全宗过程中所做工作的历史记录和原始凭证，则一旦对全宗档案某方面情况产生疑问，或需要核对某方面的情况时，就可以查阅全宗卷，以获得比较可靠的依据，查清事实真相。

二、全宗卷的内容

全宗卷的内容具体包括：

①在收集工作中产生的文件材料，如档案交接书、移交目录、情况说明等。

②在整理工作中形成的文件材料，如整理工作方案、分类方案、立档单位与全宗历史考证和整理工作总结等。

③在价值鉴定工作中形成的文件材料,如鉴定工作方案、本全宗档案保管期限表、销毁档案清册和鉴定工作总结等。

④在档案保管工作中形成的文件材料,如档案存放位置索引、档案检查记录和档案齐全完整情况记录等。

⑤在统计工作中形成的文件材料,如以全宗为单位报送的不定期的档案数量和状况统计表、定期报送的档案统计表副本等。

⑥在检索工作中形成的文件材料,如全宗介绍等。

⑦在编研工作中形成的文件材料,如机关大事记、基础数字汇集和重要文件汇集等。

⑧在利用工作中形成的文件材料,如档案利用效果登记、利用效果实例汇编、档案利用情况分析等。

三、如何建立全宗卷

建立全宗卷应注意以下几方面:

①要注意全宗卷文件材料的形成和积累,为建立全宗卷打好基础。全宗卷的建立是由少到多,不断积累,逐步完善的过程。管理全宗的过程,也就是形成全宗卷的过程。

②全宗卷具有不定型性。因此,它不宜装订,可以用盒、袋形式保管以便随时补充。

③全宗卷内的文件材料应科学排列。全宗卷内文件材料排列的一般顺序为:全宗指南、立档单位与全宗历史考证、组织沿革、机关大事记,以及收集、整理、鉴定、保管、统计、检索、编研和利用工作中所形成的材料。

④全宗卷应随全宗的转移而转移。

⑤全宗卷可按全宗号排列,专柜保管。

【拓展阅读】

阅读资料之一:

馆藏国家重点档案抢救的技术与方法

我省各级档案馆馆藏有大量的国家重点档案。但由于形成年代久远,加上战争等人为因素的破坏,这些档案不同程度地存在破损、虫蛀、霉变、纸张酸化、字迹褪变等现象。尽快抢救并保护好这些档案,已经成为一项十分紧迫的任务。随着"十一五"期间各级财政投入的加大和国家对此项工作要求的提高,档案馆不能囿于传统的抢救模式,必须运用传统与现代相结合的抢救技术与方法。

1. 修裱、加固。它主要包括修补、揭补、托裱、加固等。传统的修裱、加固技术已经在馆藏重点档案抢救中得到应用,但这些技术还不能适应新任务的要求。目前,一些现代修裱、加固技术已得到初步应用,如国家档案局科研所研制的易碎纸质档案抢救加固技术和纸浆补洞机修补档案技术,安徽省档案局研制的档案修裱机修裱档案技术,南京博物院发明的单丝树脂网加固法,中国文物研究所等研制的用二醋酸纤维对破裂纸张实行对口粘接技术等。

2. 去酸、去污。我省馆藏重点档案中大部分纸质档案是机制纸,普遍呈酸性。酸是造成重点档案纸张老化、损毁的主要原因。因此,只有对酸性重点档案进行去酸处理,才能延长其寿命。对档案纸张去酸的应用研究,已有新进展。国家档案局科研所设计加工的"纸质档案 $Mg(HCO3)2$ 水溶液批量去酸设备",对档案纸张去酸效果较好。鉴于去酸设备昂贵,技术难度大且要求较高,各级档案馆都购置还不现实。可通过行政或协议的方式,支持若干有能力的档案馆先购置去酸设备、培训技术人员,使其成为一定区域内重点档案去酸中心。也可借鉴上海市档案馆联合图书部门从国外引进一套纸张脱酸设备、成立一个抢救中心的做法,与有关部门一起联合购置去酸设备。去污主要是去除重点档案上的泥斑、蜡斑、油斑、锈斑、霉斑等,常用的档案去污技术和方法均可运用。

3. 字迹显示与恢复。褪变字迹显示与恢复主要采用化学法恢复、摄影显示和数字图像处理技术等。化学法恢复字迹是利用化学物质与退色字迹发生化学反应,在原件上恢复出字迹。目前,此方法已可恢复退色蓝黑墨水、纯蓝墨水字迹和扩散、退色的圆珠笔、复写纸字迹。由于它是化学物质直接与档案上残留的色料发生反应,若使用不当会造成原件的损坏。因此,使用时要慎重。只有在确定原来字迹材料成分后,才可选用与之相适应的方法。摄影法显示字迹是利用字迹、纸张及污斑对不同波长的光产生不同程度的吸收、反射,从而加大字迹与纸张在胶片上的反差,使字迹显现。数字图像处理技术是利用计算机显示退色字迹或图像的一种现代化修复技术。此方法对纸张无污染,适用于恢复字迹扩散、淡化及文字被某些污染物遮盖的重点档案。

4. 缩微复制技术。缩微复制技术在档案工作中的应用已相当成熟,从拍摄到存储形成了一整套标准。缩微胶片存储档案信息安全可靠,法律规定其具有与档案原件同等的效力。目前部分馆藏重点档案保存状况堪忧,不能或难以提供原件阅览、扫描与复印。若贸然对其进行扫描、复印,不仅效果不佳,而且可能会对重点档案原件造成不可挽回的损失。因此,缩微复制技术是抢救馆藏重点档案最有效方法之一。考虑我省的实际情况,除有条件的省辖市档案馆可购置缩微设备外,一般的档案馆不必购置。对大批量亟需缩微的重点档案,可送有缩微设备的档案馆或机构加工,一般的档案馆只需配置还原阅读设备。

5. 数字化。数字化技术是指采用扫描仪或数码相机等设备对纸质档案进行数字化加工,将其转化为存储在磁带、磁盘、光盘等载体上并能被计算机识别的数字图像或数字文本的处理过程。这种技术特别适用于利用率高、处于危险或脆弱状态下的重点档案的抢救。目前,缩微数字技术研制成功并在一些档案部门投入使用。该技术先将纸质档案缩微复制,再将缩微胶片上的影像通过数字化处理成为数字影像,然后对其进行数据处理、存储和还原。此技术在重点档案抢救中具有极大的优势和发展空间。

此外,在目前条件下复印也是抢救重点档案的一种方法。各种抢救技术与方法只能最大限度地延缓重点档案的老化、破损速度,其原件载体的最终消失是不可避免的。因此,档案馆还应加强对重点档案内容的研究,有计划地对其进行整理、编纂、出版,确保重点档案传承的安全。

(原载《档案管理》2007 年第 2 期,作者:翟贾远)

阅读资料之二:

新环境下的英国档案保护技术工作

英国是个私有化程度很高的国家,英国的档案馆运行有的靠议会拨款,有的靠捐款或两者兼有。受经费的影响,不同性质、不同规模的档案馆的档案保护技术工作开展项目和水平也是参差不齐,在国际金融危机的影响下,一些档案馆更是面临裁员和削减部分项目预算的困扰。与国内相比,英国档案工作在各个方面都比较注重专业化。在档案保护技术方面,主要体现在几个方面。

1. 标准规范在档案保护技术工作中具有重要的指导作用。在英国档案行业,政府部门的行政管理比较少,档案馆一般比较注重行业标准规范的履行。英国国家标准 BS5454:2000 是档案行业关于档案保护方面最重要的标准,另外还普遍执行英国标准委员会、英国国家档案馆和国家图书保护咨询中心制定的一系列标准和规范。一些档案馆经常因保管保护档案的技术条件不达标而面临失去档案保管资格的状况。一旦失去档案保管资格,档案的经费将会受到很大的影响。

2. 保护技术工作硬件专业化水平很高。英国档案馆非常重视档案的技术保护和修复,在基础设施及设备等硬件方面投入很大,还将档案保护修复室设置在采光等条件比较好的楼层和位置。另外,英国专业从事档案保护修复的公司会为档案馆提供小到针头线脑,大到去酸设备乃至实验室各种仪器等全套设施、设备等。因此,英国档案馆保护修复室一般作业空间比较充足,各种专用设备完善,备用保护修复材料齐全,具有非常高的专业水准。以伯克郡档案馆为例,伯克郡人口 80 万,伯克郡档案馆共有 17 位员工,一年预算约为 60 万英镑,其保护工作室设置在档案馆 2 楼一个采光很好的位置,内有缩微、修复、装订、塑封、纸浆补洞、去酸、无影灯专业设备及相关实验设施仪器。在装具上,英国档案馆普遍使用无酸卷皮和卷盒、地图等大幅档案使用专用装具平放或卷式包装存放,避免折叠。

3. 注重专业技术人员的培训。在英国,专业的档案保护技术人员虽然比较少,但鉴于档案保护技术工作所涉及的知识领域广泛,故英国档案馆非常重视对档案保护技术人员的培训,培训的途径主要有3个方面:一是到设有档案保护技术相关课程的大学进修;二是由大英图书馆等拥有专业保护部门的机构提供技术咨询、解决方案及技术培训等;三是专业档案保护技术公司提供与其产品服务相关的技术培训。例如在剑桥大学档案馆,当他们发现20世纪50年代所使用的保护技术并不适合当下的档案保护后,为此专门派3名人员到大学进行专业保护技术学习。

4. 预防性保护工作具有较高水平。除了采取加强基础条件如库房、温湿度监控、防护性装具及保护修复等档案保护技术方面的措施外,英国更注重在预防性保护工作方面的研究及综合管理措施的实施,包括制订应急预案、开展风险评估、落实档案管理和利用过程中的全程保护、实施环境监控、进行保护需求调查、虫害综合防治、制定保护标准和工作程序、工作质量控制、起草单位保护策略、提出保护工作预算、制定保护优先方案等一系列的技术工作。如大英博物馆专门建立了藏品保护中心,除了开展藏品修复研究及实施外,还负责对全馆的藏品保护进行全面的研究、评估、规划,并制定全面系统的长期保护规划,从全局、全流程、综合防治的层面上进行科学部署,通过对藏品长久保存中存在的威胁、风险、需求及技术条件的综合研究,制定长期保护规划,组织实施优先措施、技术项目、工作规范、保护教育等工作。

以大英图书馆为例,他们在藏品保管安全的风险评估方面有着较为完善的方法。他们认为,馆藏的1亿多件藏品,形式各种各样,但都面临着相同的问题,即安全保护问题,对藏品所面临的风险进行评估,是决定藏品保护的基础。他们运用一套综合的方法进行藏品保管安全评估,即:保护调查、灾害风险评估及积累的经验。其灾害风险评估模型(AS/NZ 4300:2004)最早使用于澳大利亚,后得到加拿大保护研究所及加拿大自然博物馆 Rob Waller 的完善。他们总结出藏品(档案)安全面临10大威胁,即:物理外力、盗窃和故意破坏、火、水、虫、微生物、辐射、温度、湿度、管理不善(著录错误、标签贴错、档案放错位置、处置不当等)。运用灾害风险评估模型,所得出结论是:英国国家档案馆的主要风险是温湿度对档案的破坏,而大英图书馆的主要风险则是利用过程中的安全问题和管理不善。

值得一提的是,英国档案部门灾害应急意识非常强,一般都制订了详细的灾害应急预案,并将这个理念时刻体现在档案馆工作人员的意识和行动之中。首先,每个档案馆的接待人员首先都会告诉参观者如发生火灾时撤离的安全出口;二是在库房中除了库房门外都有紧急出口(只能从里推开的门);三是在灾害袭来时强调首先撤离和抢救人员。相比而言,国内档案部门库房没有应急出口,一旦发生紧急情况,如没有外人帮助,库内的人员很难自行撤出。

5.专业库房的发展理念。大英图书馆新建的 Boston Spa 书库体现了档案图书文献库房建设于一身的思想和技术的最新发展,处于世界水平的前列。该书库位于伦敦以北 300 公里,在约克和利兹之间,于 2008 年建成,库房长 84 米、宽 42 米、高 24 米,库房全部处于密封缺氧环境,库房温湿度分别为 16 ± 1℃,52 ± 5%RH,氧气含量 15%,氮气含量 85%,采用巨型集合密集架,库房实行自动化管理,有 14 万个塑料柜子,262 公里排架长度,可容纳大英图书馆全部馆藏的 1/3。该库房的优势在于:一是防火能力强,在缺氧环境下,即使喷火器也很难引发可蔓延的燃烧;二是维护成本相对较低,主要得益于良好的密闭性,库内环境的保持性强;三是缺氧环境大大降低了藏品的老化过程;四是高度密集,增加了存储能力;五是全封闭自动管理库房,增加了藏品管理的准确性和效率,避免了人工拿出拿入所带来的藏品受损、丢失、定位错乱等问题。当然这一库房也有一些方面受到质疑,如建设成本较高等等,但其设计理念中的专业、集约、空气环境改造、自动化管理等在我国今后大型档案馆库房(图书馆书库、博物馆库房)建设中借鉴意义不容忽视。

6.重视节能减排。英国档案图书部门非常重视节能减排工作,努力采取各种措施降低能源消耗,如科学运行空调系统,置换 LED 显示器,采取 LED 照明及自灭灯,绘制能源消耗分布图,合理规划库房、员工、公共区域空间,设定能源减少目标等。2008 年大英图书馆的能源开支约为 350 万英镑,碳排放 20700 吨;2010 年能源开支为 290 万英镑,碳排放 18000 吨,节能减排成效明显。英国藏品库房温湿度标准规定温度为 16 ± 1℃、湿度为 50%±5%,为达到进一步节能减排的目的,行业内正在研究库房温湿度新标准,英国库房温湿度标准有可能调整到温度 13℃～20℃、湿度 30%～60%。

7.实用的档案数字化工作。英国一般档案馆的目录数据在其网站上都可提供公开的检索,部分档案馆甚至提供扫描全文的浏览,开放性很强。但是,受人员及预算的制约,英国档案馆并非对所有的档案都进行数字化,而是有着一定的选择性和优先性,如大英博物馆所采取的策略就是对本馆唯一的、与英国文化遗产有关的、实体不易整合的档案优先进行数字化。另外,业内专家对档案数字化的风险有着非常清醒的认识,在档案数字化的技术选择上,英国档案馆更多地使用数码拍照的方法,此法于扫描方法而言,具有速度优势,例如英格兰档案馆以本馆员工 8 人两班倒每周可完成约 50 万页档案的数字化。

作为专业的档案工作者,应该清楚地认识到,保护好档案是一切档案工作的基础,因此要舍得在档案保护上的投入,努力提高档案保护技术工作的专业化水平。具体来说,包括 4 个方面,一是加强专业技术人员的教育培训和使用;二是加强保护技术设施设备材料等硬件的专业化提升;三是加强档案全程保护、风险评估、保护调查等预防性、综合性保护技术手段的研究和应用;四是要强化档案保护技术在全局层面上的职能,避免造成档案保护职能的分散和弱化。

(原载《中国档案报》2012 年 3 月 15 日总第 2279 期 第 3 版 作者:黄丽华 赵鹏 邵金耀)

【思考与分析】

分析案例,并回答问题。

1. 某公司在成立之初,考虑到档案工作具有保密性质,于是,领导决定把档案室设置在办公楼最顶层靠里面的一个房间里。这个房间虽然较偏,但光线很好,一天内有 5 个小时可以接触到阳光,工作人员工作也很清静。可好景不长,由于档案室阳光太充足,而室内又没有空调等恒温恒湿设备,所藏纸质档案开始变脆,严重影响了利用。

根据档案保护要求进行分析,这样的安排弊病是什么?

2. 2005 年某天半夜,隆安县民政局旁边的一栋楼房发生火灾。这场大火烧毁了包括民政局等几个单位的部分档案,造成了不可估量的损失。究其原因,是因为没有按规定存放档案,档案用木柜存放在危旧房中,电路老化起火烧了整幢房屋。

根据所学知识,谈谈如何确保档案保管的安全。

3. 小李是 2000 年浙江某高校毕业的本科生,毕业时与一家网络公司签订了就业协议,半年后辞职了。之后的 6 年多时间里,他先后在 4 家私营企业工作,这些企业从没问起过他的档案,他也再没关心过自己的人事档案。最近,他又转投到一家国际知名的外资企业工作,通过了笔试和面试,正在满怀希望之时,却被无情地拒绝了。原来,该企业到杭州市人才中心进行员工档案资料审查,结果发现,小李从 2000 年毕业后,他的档案里没有任何工作记录,而小李的求职简历上,却分明写着先后在 5 家单位的任职情况。企业试图联系原工作单位,但有两家已人去楼空,根本找不到用工记录。最后,外资企业以不诚信为由委婉地拒绝了他。

请分析小李跳槽失败的原因,谈谈个人档案保管的重要性。

第五章 档案统计工作

第一节 档案统计工作概述

档案工作系统是一个复杂的有机整体。它由若干个相互作用、相互关联、相互制约的业务环节组成。长期以来,档案界习惯上把档案工作看作是由包括统计在内的六个环节组成。近些年来,随着档案事业的不断深入发展,档案工作已成为由收集、整理、鉴定、保管、统计、检索、提供利用和编研等八个环节组成的整体了。档案统计工作仍然是其中必不可少的环节,可见档案统计工作历来都受到档案工作部门的重视。

一、档案统计工作内容及任务

档案统计工作,是以指标数字揭示档案和档案工作的发展过程、现状及其一般规律的一项工作。

对于档案数量的统计,主要有档案馆(室)档案总量、不同种类、不同历史时期、不同保管期限、不同制成材料、不同整理状况的分别统计,以及收藏资料的数量情况。

对于档案工作的统计,主要有各个环节工作状况的统计,档案经费及机构建设方面的数量状况,档案工作人员基本情况,等等。

档案统计工作的任务,一方面是对档案和档案工作诸多方面、多种状况的数量表现,进行统计调查、统计整理和统计分析,为制定档案工作计划、决策提供材料,同时检查档案工作成效,总结经验教训,为不断提高档案工作水平提供数据;另一方面,档案事业是国家事业的组成部分,向国家提供档案统计资料,反映档案事业的水平和现状,可以为国家发展档案事业提供重要的依据。

二、统计工作意义

档案统计工作不仅仅是一个独立的工作环节,而且也是指导档案工作的一种管理理论、管理措施和管理方法,在整个档案工作中具有重要的意义。

(一)档案统计是实现档案工作科学管理——量化管理的重要理论、手段和方法

从微观上看,档案统计存在于各个环节工作之中,无论是收集、整理、鉴定、保管工作,还是检索、提供利用和编研工作,都需要得到统计工作的有效配合。从宏观上看,统计工作是档案事业建设的一项重要的基础工作,不仅在了解、掌握档案的形成、管理、提供利用的状况,以及档案工作和档案事业的历史、现状、发展趋势,而且在制定档案工作方针、政策、计划和法规制度,组织贯彻实施这些方针、政策、计划和法规,对档案事业进行指导、监督、检查,协助理顺档案事业各方面的关系,特别是把档案工作纳入国民经济和社会发展计划时,都需要统计工作提供大量准确的信息。

没有统计的档案管理,只能是盲目的管理;没有统计的档案管理,只能是被动的管理。

(二)档案统计是使档案工作处于良性运行的重要保证

从系统论的角度来分析,档案工作可以看作是由档案实体管理、档案信息开发和档案反馈信息处理三个子系统组成的整体,其中档案工作反馈信息处理子系统的工作十分重要。

要想了解档案用户的需求,了解档案业务工作的现状、水平、成绩和不足,都离不开反馈信息的处理。而这个子系统的工作主要是通过档案统计来完成的。通过统计调查得到大量的统计资料,并对统计资料进行及时的整理、分析,就可以总结经验教训,发现带有规律性的问题,使档案工作始终处于高效运转的状态。

(三)档案统计是提高档案学研究水平的重要保证

随着科学技术的发展,档案学越来越多地渗透自然科学、技术科学和管理科学的内容,因此档案学研究从比较传统的偏重于研究社会科学的方法,逐渐增加了自然科学等研究方法,即从较多地对档案和档案工作进行定性分析研究,转变为比较关注定量分析研究。因此,加强档案统计工作,加强对档案统计的理论、技术和方法的研究,已是当务之急。只有加强档案统计,认真进行定量分析研究,才能卓有成效地提高档案学水平,促进档案工作发展。

三、统计工作的要求

为了完成档案统计工作的任务,充分发挥统计工作的作用,档案统计工作必须遵循以下的要求:

（一）准确性

档案统计工作是一项严肃认真的科学工作，必须如实地反映客观情况。保证统计数字的准确性是统计工作的生命，是对统计工作的根本要求。

统计数字不准确，就会使档案和档案工作，在分析判断情况、研究政策、安排计划、指导工作时失去可靠的依据，造成工作失误；就会带来工作的盲目被动，误导档案工作，给档案工作的开展造成损失。因此，一定要坚持实事求是的精神，对每一表格、每一栏目、每一数字，绝不能马虎草率。

务必使统计数字准确，绝对不能为了夸大成绩、缩小失误而弄虚作假。任何虚假、瞒报、漏报行为都是违法的。

（二）及时性

档案统计工作是为了解决档案工作中的一些问题，掌握和了解有关情况而进行的。统计工作的拖沓，必然会贻误有关工作的开展和进行，造成对工作的影响。

（三）科学性

档案统计应该按照科学的方法进行。统计报表的制定，应有统一的格式、口径和标准，各类统计的范围、内容、项目和要求也应该做到规范、科学。只有档案统计讲究科学性，才能有利于统计资料的整理和分析，才能有助于提高档案事业的管理水平。

（四）法治性

《中华人民共和国统计法》是档案统计必须遵循的要求。此外，档案法律法规、行政规章和各种标准中，有关档案统计的规定，也应予以执行。

把统计工作，特别是档案统计工作纳入法制建设的轨道是十分必要的。据1997年12月29日《工人日报》报道，在黑龙江省进行的历年来规模最大的统计执法大检查中，共查出统计违法行为3071起，其中虚假、瞒报、伪造和篡改统计资料的占53.3%，已有1060起被立案处罚。由此观之，档案统计违法行为也会不同程度的存在，必须加强档案统计的法制建设，真正做到有法必依、执法必严、违法必究。

第二节　统计方法及步骤

一、统计指标的运用

档案统计是以数值来反映档案和档案工作的客观情况的。这些说明档案和档案工作特征和状况的数值,被称为指标。这些指标按其数量对比关系的不同,可以作为总量指标(绝对指标)、相对指标和平均指标。它们的具体表现形式就是绝对数、相对数和平均数。

完整的档案统计指标由指标名称和指标数值两个部分组成。前者表明统计所针对的特定的档案工作领域,后者表明指标的数量特征。例如,某档案室库房面积 $120m^2$,"库房面积"是指标名称,"$120m^2$"是指标数值。

(一)选定档案统计指标的原则

档案统计指标是进行档案登记、统计、定量分析和系统分析的基础,是发挥档案统计信息咨询、监督功能的条件,对提高档案管理,开发档案信息资源有着重要的意义和作用。因此,第三次全国档案统计工作会议纪要强调指出,要"及时、准确地收集和提供统计数据"。实际工作中,并不需要对档案工作的每一项内容都进行统计,选定档案统计指标应按照一定的原则。

1.客观性

即选定的统计指标,应是档案工作中客观存在的一定的数量表现。如果在档案工作中找不到它的数量表现,这样的统计指标显然没有任何意义。

2.统一性

对档案工作的一些主要的数量表现,应该有全国统一的档案统计指标、统一的计量单位,为汇总、比较统计资料创造条件。随着改革开放的深入发展,选定统计指标注意统一性,这有助于和外国档案工作进行对比研究和交流协作。

3.稳定性

档案统计指标一旦选定,就应该保持其相对稳定性,在相当长时期内不要轻易变动,这样有助于档案统计资料的积累,对提高档案统计的研究水平大有裨益。

4.可比性

总量指标的具体表现形式绝对数在统计指标中占有重要地位。但仅凭绝对数是难以反映档案和档案工作复杂的状况的,这就需要把有联系的指标进行比较,通过相对数反映实际情况。因此在选定统计指标时,要注意可比性,这样用对比的方法,就可以反映绝对数不能充分说明的问题。

(二)档案统计指标应用举要

1.绝对数

这是最基本的档案统计指标,用以表示档案和档案工作的某种现象在一定的时间、地点条件下的规模或水平。与其他领域一样,档案统计也广泛地应用绝对数。

使用绝对数必须注意以下几个问题:

绝对数要为相对平均数的使用创造条件。例如,某档案室 1985 年提供利用为 2100 人次,1986 年为 2000 人次(缺 6、7 月数据),要想准确计算出利用人次提高相对数是不可能的,因为 1985 年是全年的数据,1986 年缺少了 2 个月,这两个绝对数不具有可比性。

必须明确绝对数统计指标的含义、范围和计算方法。不同的绝对数,其含义、范围以及计算方法是不同的,因此只有正确理解和掌握每个绝对数的内涵和外延,按照要求进行登记和统计,才能得到准确的统计资料。

绝对数必须是同一现象的总量。在统计档案室科技档案的有关数量时,就不能混进文书档案和专门档案的有关数量。只有保证绝对数是同一现象的总量,才能使绝对数真实地反映档案工作的实际情况。

绝对数要使用规范的计量单位。计量单位不统一,往往易于造成数量统计的差错和混乱,给统计分析造成障碍,影响提供统计资料和统计监督工作的顺利进行,影响档案界的交往和协作。一般表示档案馆(室)藏数量,应以档案上架的延长米(m)作单位,表示库房面积应用"平方米"(m^2)作单位,表示利用者数量应用"人次"作单位,等等。

2. 相对数

它是两个互有联系的档案工作现象数值的比值(比率)。它可以在对比中,使人们直观了解档案工作的结构和状况。常用的相对数、有计划完成相对数、结构相对数、比较相对数、动态相对数和强度相对数。

相对数在档案统计中占有重要地位,有着广泛的应用领域,因此一定要保证相对数的准确。

首先,要注意相对数的表现形式,许多种相对数常以系数、倍数、百分数、千分数等形式表示,以百分数应用为多。两个数字相比时,其分子与分母值差别很大时,常用倍数而不宜用百分数,如 29 倍比 2900% 要简明醒目得多;当对比的两个系数值很小时,不宜采用百分数,以免引起误解;当分子数值比分母数值小得多时,宜用千分数表示,如 7‰ 表达效果好。

其次,要计算相对数时,两个指标必须具有可比性。两个指标的内容、范围一致或有内在联系,其计量单位、计算方法保持一致,这样才能保证相对数真实地反映档案工作的情况。

再次,要把各种相对数结合运用。档案工作情况是复杂的,只有把几种指标综合运用,才能掌握和了解档案工作的实际情况。例如仅凭计划完成相对数就断定某个单位档案工作的优劣,是失之偏颇的,因为计划数的大小直接影响计划完成相对数的大小。

最后,要把相对数与绝对数结合运用。相对数的突出作用是把现象的绝对水平抽象化,揭示档案工作各方面的联系和对比关系,但同时也掩盖了绝对数量的差别,容易使人产生错觉。只有把相对数、绝对数结合起来才能真正反映档案工作的历史和现状。

3. 平均数

这是表明档案工作、档案事业一般或总体典型水平的统计指标。它的主要作用是便于对比分析,反映出各地区、各系统在发展速度等方面的差别,同时还可以利用平均数进行量的推算。算术平均数是平均数中最常用的形式。

计算平均数应该注意:必须遵循总体同质性原则,即只有对同类现象才能计算平均数。使用平均数应与具体分析相结合,平均数可以反映事物一般水平,但同时平均数又可掩盖其差异,这是它的局限性,平均数与具体分析相结合,才能更全面、准确地了解情况。

二、统计工作步骤

档案统计工作可以分为三个步骤:选定档案统计指标、档案统计调查、档案统计资料的整理和分析。

(一)选定档案统计指标

正如前面所述,档案和档案工作表现出的统计指标是复杂多样的,每一次进行的档案统计主要针对的是其中的一些指标。选定统计指标的原则前面已作了阐述,这里就不赘言了。

(二)档案统计调查

这个步骤的基本任务是要取得大量的真实的统计材料,为进一步对统计资料的整理、分析奠定基础。

统计调查的常用办法有编制统计报表和进行专门调查等。统计报表是按照统一的规定,把各种统计指标纳入报表中的调查方式,它有助于积累资料、掌握情况、指导工作。专门调查是常规统计调查形式——统计报表的一种补充形式,目的性、针对性往往比较强。

(三)档案统计资料的整理和分析

档案统计调查获取的统计资料大量、分散、原始,因此要把统计资料进行整理,其成果是统计表。为了更好地反映出统计资料的相互关系,往往按照一定的标准,将统计资料分成一定类型的组,纳入统计表中。

统计分析是对经过整理的资料进行分析研究,借以发现规律性的东西,总结经验教训,提高档案的科学管理水平。

三、档案室的登记和统计

在《机关档案工作条例》和《科学技术档案工作条例》中,都明确要求机关、组织、企事业单位建立统计工作制度,加强统计工作。档案室的统计工作主要通过以下一些形式。

卷内(文件)目录:可以用来登记和统计单份文件的数量、卷内文件的页数。通过案卷封皮上的"本案卷共××件文件,××页"可以直观地获取数据并进行统计。

案卷目录:用来登记和统计案卷的数量。通过案卷目录可以统计档案全部和某类档案的案卷数量状况。

卷内目录和案卷目录是档案最基本的登记和统计形式。

总登记簿:这是用来登记档案收进、移出等变化情况和实存数量的登记、统计形式。档案室的档案数量经常变化,它要接收文书业务部门的立卷归档的档案,要向档案馆移交档案或销毁档案。为了掌握收入、移出和现有数量可以通过总登记簿。其格式如表5-1所示:

表 5-1　总　登　记　簿

案卷目录号	案卷目录名称	所属年度	案卷收入				案卷移出(或销毁)					目录中现有数量		备注
			移入日期	目录中数量		实收数量		移出日期	移往何处	移出原因与文据	数量		数量	
				米	卷	米	卷				米	卷	米	卷	
1	2	3	4	5	6	7	8	9	10	11	12	13	14	15	16

"案卷收入"中的"目录中数量"与"实收数量"多数情况是一致的。如果"实收数量"少于目录中登记的数量,表明归档和收集工作中存在一些问题。

"案卷移出",在下列情况才填写:向档案馆移交;经鉴定确定销毁;案卷遭到损坏和遗失,不能继续使用。这个项目要根据证明文件或材料才可登记填写。

14、15项应为收入减去移出后的实际数量,是档案室已编目档案数量的总和。

档案室工作基本情况统计表:档案室是档案工作组织体系中数量最多的最基层的机构。档案室的建立情况、保存档案数量、保管、利用与编研等方面的数量状况,对于档案室的建设和发展,可以提供宝贵的材料。

档案馆、档案事业管理机关,也有与其工作相适应的一些登记、统计形式,这里就不展开叙述了。

第三节　　档案统计技能训练

一、统计表报的编制

　　档案室、档案馆，以及下级档案事业管理机关，按照统一的规定向上级机关以表的形式，报送档案统计资料，称为统计表报。

　　下面以国家档案局制发、国家统计局批准的档统 4 表为例，说明编制统计表报的方法，如表 5-2 所示。

表 5-2　大型工业企业档案工作基本情况表

　　　　　　　　　　　　　　　　　档统 4 表
　　　　　　　　　　　　　　　　　制发机关：国家档案局
　　　　　　　　　　　20　年度　　　　　国家统计局
　　　　　　　　　　　　　　　　　批准机关：国家统计局
填报单位：　　　　　　　　　　　　批准文号：统社字[2010]402 号

	机构（人）	定编（人）	现有专职人员（人）																	兼职人员（人）	保存资料		现有库房面积 m²
				年龄			文化程度				档案专业程度				干部专业技术职务								
			总计	五十一岁以上	三十六岁至五十岁	三十六岁以下	大学毕业或肄业	高中		初中及以下	大学毕业或肄业	中专	职业高中	训练班	研究馆员	副研究馆员	馆员	助理馆员	管理员		种	册	
								中专	普通高中														
甲	1	2	3	4	5	6	7	8	9	10	11	12	13	14	15	16	17	18	19	20	21	22	23
合计																							
档案室（处、科）																							
档案馆																							

备注：

大型工业企业档案工作基本情况表（续）

档统 4 表

制发机关：国家档案局

20　　年度　　　　　国家统计局

批准机关：国家统计局

批准文号：统社字[2010]402 号

填报单位：

	档案数量														借阅利用情况		本年编研档案资料				设备（台）				
	总计					产品（工艺、工装）档案（底图）		设备档案（卷）	科研档案（卷）	基建档案（卷）	会计档案（卷）	经营管理档案（卷）	党政工团档案（卷）	企业其他专业档案（卷）	档案、资料（卷、件、次）	人次	公开出版		内部参考		缩微摄影机	电子计算机	复印机	空调机	去湿机
	案卷（卷）	长度（米）	底图（张）	缩微胶片		卷	张										种	字数（万字）	种	字数（万字）					
				张	盒																				
甲	24	25	26	27	28	29	30	31	32	33	34	35	36	37	38	39	40	41	42	43	44	45	46	47	48
合计																									
档案室（处、科）																									
档案馆																									

档统 4 表指标解释：

①本表填报对象为国家财政预算内的大型工业企业按国家档案局、国务院全国工业普查领导小组国档联发编〔1986〕1 号文件的要求，各省（自治区、直辖市）档案局按各地区上报国家统计局的大型工业企业（国务院各部门的直属企业也包括在内）数量下发此表并进行汇总。

②企业档案室（处、科）和档案馆合一的，机构数量分开填，人员按编制填入档案室及档案馆，如果没有明确编制，人员填入档案馆，并在备注中说明；没有成立档案馆的企业，只填档案室（处、科）情况。

③第 3～19 栏"现有专职人员"，指企业档案部门的全部固定职工。

④第 3 栏总计 4＋5＋6＝7＋8＋9＋10（指各栏的人数相加，下同）

⑤第 7～10 栏"文化程度"，一般按学历填写。未上过学而现已有一定文化程度或虽上过学而现在的文化程度（一般指语文程度或其他专业知识水平）高于学历的，可按相当文化程度分别统计。文化程度的相当，一般按干部的历来登记

材料进行统计。

"大学毕业或肄业",指在普通高等院校(及培养研究生单位)和经教育行政部门批准的夜大学、业余进修学院、函授大学和电视大学等大专院校学习过并取得毕业或肄业证书。

"高中",指在普通高中(含职业高中)和各类中等专业学校、中等技术学校以及经有关部门批准的业余中等专业学校学习过并取得毕业或肄业证书。

⑥(略)

⑦(略)

⑧第21～22栏"保存资料",指企业档案部门和企业资料室保存的资料数量。各科室、各车间保存的资料不统计,统计时按其整理的自然单位计算,即"种"和"册"。图书(包括科技图书)不列入资料统计。第21栏"种"因各企业保存资料有重复,不进行汇总。

⑨第23栏"现有库房面积",企业档案、情报、图书等属合一机构的,只填报档案实际占用库房面积。

⑩第24～37栏"档案数量",企业各类档案已整理成卷(册、盒)的填写在"总计"栏目内,并计算折合长度;底图按其自然张数统计,填写在"底图"栏目内,缩微胶片按其自然保管单位统计,填写在"缩微胶片"栏目内,已单独整理的历史档案在"24"栏目统计,并在备注中说明。凡是企业总厂、各分厂(设计院、研究所)的档案部门的档案室保存的全部档案都计入统计范围。

"基建档案数量"除建筑、安装、购置生产性和非生产性固定资产的生产活动的档案外,还包括企业现有的地质、水文、气象档案。

"企业经营管理档案"包括企业销售、计划统计、物资供应、用户信息、技术管理等工作形成的档案。凡不能填入各分项档案的,均填入"企业其他专业档案"栏目内。

⑪各省(自治区、直辖市)档案局汇总后,应将填报此表的大型工业企业个数在备注中说明。

总之,编制统计表格应注意以下几点:

首先,要认真阅读说明和指标解释,掌握指标的含义、范围、计算方法,指标间的关系等等。如3～19栏"现有专职人员",指企业档案部门的全部固定职工;7～10栏的"文化程度"也有规范的要求;第3栏共计=4+5+6=7+8+9+10。

其次,使用的计量单位应该符合要求。指标说明9、10对于"现有库房面积"、"档案数量"的内容和计量单位都做了规定和说明。

统计档案数量时,习惯上以卷、册为单位,但卷厚度规格不一,所以数量并不十分准确。

为比较不同的统计对象之间的数量,常采用折合法。文书档案案卷,科技档案案卷分别折合成厚度为 1.5cm 和 4cm,这样就可以把一定数量的案卷,用档案上架排列后档案架搁板长度"米"来表示档案数量。为了和外国档案管理相对应和比较,现在我国除用案卷作单位外,也常用"米",如档统 4 表的 25 栏就是。档案室、档案馆藏量计量单位一般是,纸质档案以卷、册或米,胶片(卷片)以盒或米,胶片(平片)以页,磁性材料以盒或盘,工程图纸折合成标准幅面(A1 或 A4)以张计算。

最后,填报的统计报表要以原始数据为依据,真实可靠,不重复和不矛盾,以便收集档案和档案工作准确的基本情况,为上报、汇总打下良好基础。

二、档案统计分析

档案统计分析是指档案统计资料整理的继续和深入,通过分析可以发现和总结出带有典型性的经验教训,以便进一步提高档案的科学管理水平。就时间状态而言,统计分析可以分为静态分析和动态分析两大类。静态分析是在相同时间内对现象之间的相互关系进行比较分析的方法。但是,档案和档案工作是不断变化发展的,仅有静态分析是不够的,还必须从动态的角度对事物的发展状态进行分析。通过动态分析,逐渐认识或加深认识事物发展变化的规律,以便科学地预测,有计划地指导档案工作。在统计分析中,运用较多的是动态分析方法。例如,××××年××档案室利用情况统计表(见表 5-3)中,分别列出了利用人次、调卷量(卷)、有效调卷量(卷)和有效调卷率等指标。通过分析,至少可以总结出以下带有规律性的一些情况:利用档案的人数,以年中和年底为多;利用档案人数和调卷量成正比关系,即利用者多,调卷量大;调卷量大于有效调卷量,并且调卷量一般是有效调卷量的 3 倍,也就是有效调卷率大体为 30％ 多。这样的分析,有助于改进和加强利用工作,提高档案室工作水平。

表 5-3　××档案室××××年利用情况统计

数字　　项目 月份	利用人次	调卷量 (卷)	有效调卷量 (卷)	有效调卷率 (％)
1	10	30	11	36
2	16	48	18	37
3	15	52	16	31
4	12	40	12	30
5	18	62	19	30

（续表）

数字 项目 月份	利用人次	调卷量（卷）	有效调卷量（卷）	有效调卷率（％）
6	20	75	22	29
7	21	74	24	32
8	19	91	30	31
9	28	98	35	35
10	29	100	36	36
11	35	120	40	33
12	24	95	31	32
合计	247	885	294	33.2

【拓展阅读】

关于相对数和平均数

1. 计划完成相对数。这是实际完成数与计划完成数的比值。其计算公式是：

$$计划完成相对数 = \frac{实际完成数}{计划数} \times 100\%$$

这种相对数可以用来检查、监督计划的执行情况，一定程度上反映出工作的成效。

2. 结构相对数。它是总体内部各个组成部分与总体之比值。其计算公式是：

$$结构相对数 = \frac{各组总数}{总体总量} \times 100\%$$

例如，某档案馆档案干部共 20 人，其中具有高级、中级、初级技术职称人数分别为 2 人、5 人、13 人，依据公式可以计算出结构相对数分别为 10％、25％、65％。结构相对数可以表明现象的各个组成部分在总体中所占的比重，反映事物内部构成情况，为改善馆（室）藏结构、档案工作人员的构成等等使之趋于合理，提供重要的参考材料。

3. 比较相对数。这是对同一时期内，同一种现象在不同空间及总体内部各个部分之间的对比。比较相对数可以说明档案工作在不同地区、不同部门的差距、差别，是改进档案工作，优化档案事业整体功能的依据。

4. 动态相对数。这是同类指标的不同时期的对比，说明档案工作随时间变化而发展变化的情况或程度。可以把本期与前期相比，也可以把本期与某一特定时期相比。一般把用作比较标准的时期称为基期,其指标称为基期指标,把与基期相比较的时期称为报告期(计算期),其指标称为报告期指标。动态相对数计算公式是:

$$动态相对数 = \frac{报告期指标}{基期指标} \times 100\%$$

例如,××档案室 1978 年收藏档案 800 卷(册),1988 年为 1800 卷(册)。经计算:

$$动态相对数 = \frac{1800}{800} \times 100\% = 225\%$$

即发展速度为 225%。

5.强度相对数。这是不同总体两个有联系的总量指标的比值,可以用来说明档案工作的实力、强度、密度、普通程度,便于对不同地区、不同时期的档案工作情况加以比较。强度相对数的相比的两个总量指标都带有名数。两个总量指标处在比的不同位置,产生的强度相对数也不同,其计算方法被称为正算法、倒算法。例如,某档案馆馆藏档案 40 万卷,工作人员 50 人。表示每人承担管理档案数量的强度相对数是 $\frac{40\,万卷}{50\,人} = 0.8\,万卷/人$。用倒算法求出相对数 $= \frac{50\,人}{40\,万卷}$ $= 1.25\,人/万卷$,表示每万卷档案可分摊的管理人员为 1.25 人,说明工作负担较重。

6.平均数。平均数有算术平均数、几何平均数和调和平均数等等,但以算术平均数简便易求,应用广泛。算术平均数有简单算术平均数和加权算术平均数之分,其计算公式分别是:

$$简单算术平均数 = \frac{标志总量}{总体单位数}$$

$$加权算术平均数 = \frac{各单位标志值总和}{总体单位数}$$

例如,某档案馆著录标引的数量状况是这样的:2 名馆员每人每日制卡 80 张,4 名助理馆员每人每日制卡 65 张,4 名管理员每人每日制卡 40 张。求平均每人制卡数。

$$简单算术平均数 = \frac{80 + 65 + 40}{3} \approx 62(张)$$

加权算术平均数是把各组的变量值分别乘以各组的次数并求出总和,然后除以总次数。由于各组的次数会影响平均数值,称为权数。

$$加权算术平均数 = \frac{80 \times 2 + 65 \times 4 + 40 \times 4}{2 + 4 + 4} = 58(张)$$

加上权数计算出的算数平均数能更为准确地反映一般、典型水平。

(引自王立维《档案统计指标应用举要》,《吉林档案》1993 年第 2 期)

【思考与练习】

一、根据下列数据,计算出相对数和平均数。

某档案室的有关情况是:

1. 1981 年计划完成编研成果 40 万字,实际完成 50 万字,求计划完成相对数。

2. 该档案室共有档案 2000 卷(册),其中文书档案 1350 卷(册),科技档案 400 卷(册),会计档案、音像档案共 250 卷(册),分别计算出这 3 种档案的结构相对数。

3. 该档案室共有 3 人,负责管理档案 2000 卷(册),用正算法和倒算法求出强度相对数。

二、回答下面问题。

1. 根据实训得到的数据,计算档案馆(室)的年龄结构(36 岁以下、36 岁—50 岁、51 岁以上)相对数、文化程度结构(初中及以下、高中、大学毕业或肄业)相对数及干部专业技术职务结构(管理员、助理馆员、副研究馆员、研究馆员)相对数。

2. 档案统计工作有什么意义? 有哪些要求?

3. 档案统计工作步骤如何?

第六章　档案检索工作

第一节　档案检索工作概述

一、档案检索工作的内容和意义

档案数量庞大,内容繁多,在档案馆(室)内通常是根据它的自然形成规律,按照基本的体系整理和存放,而社会利用档案则是具体的、特定的、多种多样的。为了解决这一矛盾,需要编制各种检索工具,来揭示档案的内容和成分,以便于利用者分析、比较、对照,从而查找出自己需要的档案材料,档案检索工作应运而生。

(一)检索工作的内容

档案检索包括档案信息存储和查找(检索)两个具体过程,这两个过程是密切联系的。存储过程即将档案中具有检索意义的特征标示出来,按照一定的顺序加以编排,形成检索工具或档案信息数据库的过程。查找过程是指利用检索工具查找所需档案的过程。

(二)档案检索工作的意义

档案检查工作的意义包括:

①它是连接档案基础工作和利用工作的桥梁,在整个档案业务工作中占有重要地位。

②它是提高档案馆(室)工作水平的重要手段。

③它是档案业务工作中的一个独立环节。

档案的检索工作,是为了解决庞大的整理体系和利用者特定的需要之间的矛盾而产生和存在的,它在档案工作中具有重大意义。档案能否及时、准确地提供给利用者,充分发挥其作用,在很大程度上取决于检索工作。档案检索工作是要通过档案检索工具来完成的,因此必须对档案检索工具有一个比较全面的了解。

二、档案检索工具概述

档案检索工具是记录、报道、查找馆(室)藏档案材料的手段,进行档案管理和提供利用的工具。记录馆(室)藏,是指通过一定的格式、规则,准确地把档案形式和内容特征及存放地点记录下来;报道馆(室)藏,是指通过每一条记录,来反映馆(室)藏,供利用者选择使用;查找是指按照一定的途径和方法,把档案材料查寻出来,满足利用者的需要。记录是基础,报道、查找是目的。编制和使用检索工具,在实现档案科学管理和提供利用工作中有着重要的意义。在做好收集、整理等基础工作之后,查找档案的快慢,利用工作开展的好坏,档案信息资源的开发,在很大程度上取决于档案检索工具的质量。只有做好检索工具的建设工作,才能在档案的科学管理与开展利用工作中,收到预期的效果。

检索工具有两个基本功能:存储和查找。存储就是把反映档案特点的内容和形式特征,以及存放位置等信息,记录在检索工具的条目中;查找,也就是检索,是指利用者可以根据存储的信息,从档案馆(室)的库房中,找出需要的材料。两者是互相协调、互相制约的统一体。检索工具将"藏"与"用"这两者连接在一起,架起档案和利用者之间的"桥梁",沟通利用者、管理者之间的关系。

由于档案的内容和外形特点很多,人们利用档案的目的和要求也各不相同,单靠一两种检索工具很难全面揭示出档案的内容和成分,也难以满足利用者的不同层次和不同角度的利用需要,所以在长期的档案检索实践中,便形成了不同门类、不同内容和形式的检索工具。根据不同的分类标准,可以把档案检索工具划分为不同的种类。目前比较常见的分类方法有以下几种:

（一）按编制方法分

可以分为目录、索引、指南。目录是将所著录的条目按照一定的次序编排而成的检索工具。索引是将档案的某一部分特征及其出处著录出来,并按照一定次序编排的检索工具。目录和索引之间没有严格的界限,一般来说,目录著录的条目内容比较全面,而索引著录的条目内容比较简单,一般只著录排检项及其出处两个项目。指南是以文章的形式综合叙述档案情况的一种检索工具。

（二）按载体形式分

可以分为以纸张为载体的、以胶片和磁带为载体的两大类,其中以纸张为载体的又可以分为卡片式、书本式,以胶片和磁带为载体的包括缩微目录和机读目录。下面分别加以介绍:

书本式检索工具是将著录的条目按一定的顺序排列后印在纸页上,装订成册的检索工具。这种检索工具的优点是体积小,便于管理;可印刷出版,便于传递和交流;编排内容紧凑,便于翻阅;成本较低。缺点是灵活性较差,一旦装订成册,条目的增减及条目的调整都无法进行。

卡片式检索工具是将档案著录的条目写在卡片上,每一条目形成一张卡片,然后将卡片按一定顺序排列而形成的检索工具。这种检索工具最大的优点就是具有较大的灵活性,便于条目的增减和条目顺序的调整,查找功能较强。由于卡片数量较多,体积较大,容易散失,顺序容易混乱,因此,这种检索工具不利于保管、交流和阅读。

缩微目录是以胶片为载体的以缩微摄影方式制作的检索工具。检索时,可使用阅读器放大阅读。主要优点是存储密集,节约空间;体积小,便于携带交流;便于拷贝复制;耐久性好,便于长期保存和利用。这种检索工具需有一定的设备才能制作和使用。

机读目录是以磁性材料为载体供计算机识别的检索工具,使用时,可以在荧光屏上显示,也可以打印出文字,其主要优点是存储密度高,检索速度快,可进行多途径检索。这种检索工具在制作时费时费力,工作量较大,费用也较高。

(三)按检索范围分

按检索范围分,具体可分为:

①全宗范围检索工具。以一个全宗(或其部分)为对象的检索工具,有案卷目录、卷内文件目录汇集、全宗文件卡片(目录)、文号目录、全宗指南等。此外,登记全宗内档案成分与数量的"全宗单",保存有关全宗历史材料的"全宗卷",也可列入这一类。

②若干全宗范围检索工具。以档案馆(室)的全部(或主要部分)档案为对象的检索工具,有分类卡片目录、分类目录、主题卡片目录、主题目录(或索引)、档案馆指南等。此外,登记档案馆内档案数量和成分的全宗名册、全宗卡片以及档案存放位索引,也可列入这一类。

③以若干个档案馆的全部或部分档案为对象的检索工具,如联合目录等。

(四)按功能分

按功能和作用的主要方面可以分为馆藏性检索工具、查找性检索工具和介绍性(报道性)检索工具。

馆藏性检索工具是反映收藏档案的整理体系及其排列顺序的检索工具。其主要功能是反映档案整理的顺序和原则,档案馆工作人员可据此了解馆藏情况及查找档案。其缺点是检索途径单一,只是按照整理的顺序提供查找途径,同时检索深度较浅。

查找性检索工具是指专门为查找而编制的检索工具。它不受档案实体排列顺序的限制,以档案的某一内容或某一形式为检索途径而形成的检索工具。其优点是可以打破档案实体排列的顺序,打破全宗、案卷的界限进行检索,可以从不同的角度标志档案,提供多种检索途径;可以选择任意的检索深度。

介绍性检索工具,也可称为报道性检索工具,是指专门用于介绍和报道档案内容及其有关情况的检索工具。这种检索工具一般是全面概括地介绍档案的情况,客观地评价档案的价值,向利用者提供一定的内容线索,但它不给出档案的检索标志和排检项,一般不能直接用于查找。

此外,按信息处理的手段,可以分为手工检索工具和机械检索工具;按使用对象的不同,可分为公务性检索工具和开放性检索工具;按排检方法的不同,可分为分类法的检索工具和主题法的检索工具,等等。

档案检索工具种类繁多,各级各类档案馆(室)应根据自己的实际情况,建立一定数量的不同种类的档案检索工具,以满足不同利用者的多方面的需求。同时要不断提高编制检索工具的质量,从多个角度、多个层面揭示档案的信息内容,以提高档案的查全率和查准率,从而提高档案检索工具的质量。

三、档案检索语言概述

为了提高档案检索工作的质量,在档案检索中需要使用专门的检索语言。检索语言也称标志语言或标志系统。它是根据检索的需要而编制的专用的人工语言,是表示档案文献内容信息及其相互关系的概念标志系统。

(一)档案检索语言的特点

档案检索语言有两个基本特点:

1. 单义性

这是检索语言与自然语言的根本区别所在,自然语言是人们日常生活与工作交往中使用的语言,即使是在同一种语言中,由于不同时代、不同地域的人表达事物有不同的习惯,也有许多一词多义和一义多词的现象,档案检索语言对一词多义和一义多词的现象严加控制,否则,将造成检索语言的不匹配,无法实现检索。

2. 专业性

档案检索语言的词汇及其编排都要符合档案的特点,以便于档案的标引与档案的查找利用。

(二)档案检索语言的类型

档案检索语言有三大类,即馆藏法、分类法和主题法。

1. 馆藏法

馆藏法是以一个全宗为单位,按照一个全宗内的档案的自然形成规律编制的人工检索语言。它是以档案为检索词汇,以档号为检索词典的。馆藏法检索语言的基本规则是:首先,保持检索标志的单义性,即一个档案馆内不能有相同的全宗号,一个全宗内不能有相同的案卷目录号,一个案卷目录里不能有相同的案卷号,一个案卷号内不能有相同的页(张)号。其次,检索标志应具有基本逻辑联系,即全宗与全宗之间、案卷与案卷之间、文件与文件之间的排列应尽量体现它们之间的主要联系。

2. 分类法

分类法是以反映档案内容职能特性的类目为基础,并用分类号进行检索的一种档案检索语言,它的检索词汇是分类号,检索词典是《中国档案分类法》。《中国档案分类法》的分类原则是:以党和国家社会性组织从事社会实践活动的职能分工为基础,紧密结合档案记述和反映的事物属性关系进行划分。它的结构体系由 19 个大类组成,每一类的类目名称以分类号为代码,类目之间的关系主要有从属关系和并列关系。分类表的每一类目都配有符号,称为类号。类号的作用是表征档案的内容和固定各个类目在分类体系中排列的次序,采用汉语拼音字母和阿拉伯数字的混合号码编制,如"E91 边界、领土","HP1891 中国近代史、现代史"等。档案工作人员根据《中国档案分类法》中的分类体系,以卷或件为单位赋予档案相应的分类号,然后将分类标引的条目组成分类目录。

3. 主题法

主题法是以主题词进行检索的一种档案检索语言。它的检索词汇是主题词,检索词典是《中国档案主题词表》。它是由反映档案内容的规范词目组成的,词目按照汉语拼音结合汉字字形排列。《中国档案主题词表》主要由主表和范畴索引组成。主表由全部词目排列组成。词目通常由汉语拼音、款目主题词、范畴号、注释、词间关系等项目组成,并指明主题词在《范畴索引》中的范畴分类号及主题词的范围、观点和含义等。范畴索引是将主表中的全部主题词按照既定的类目分类排列而形成的一种索引,借助分类索引可满足按类查词和族性检索的要求。

档案工作人员在审读档案、了解和判断档案中心内容和其他因素的基础上,判定主题类型和主题结构,提炼选定出一个或若干个表达档案主题的自然语言主题概念,然后把提炼选定的主题概念转化成档案主题词表中的主题词。

(三) 档案检索语言的作用

档案检索语言的作用,总的来说是保证检索效率,提高查全率和查准率。查全率和查准率是衡量检索工具效率的两个重要指标。

1. 检索效率

检索效率是指在检索过程中满足利用者需要的全面性和准确性程度,它是衡量检索系统性能以及每一个检索过程质量高低的最基本的指标。检索效率通常采用查全率和查准率两个指标来衡量和表示。

查全率指满足利用者要求的全面程度,即检索出的有关档案与全部有关档案的百分比。与之相对应的是漏检率,即未检索出的有关档案与全部有关档案的百分比。其公式为：

$$查全率 = \frac{检索出的有关档案}{全部有关档案} \times 100\%$$

$$漏检率 = \frac{未检索出的有关档案}{全部有关档案} \times 100\%$$

查准率是指满足利用者需求的准确程度，即检索出的有关档案与检索出的全部档案的百分比。与之相对应的是误检率，即检索出的不相关档案与检索出的全部档案的百分比。其公式为：

$$查准率 = \frac{检索出的有关档案}{检索出的全部档案} \times 100\%$$

$$误检率 = \frac{检索出的不相关档案}{检索出的全部档案} \times 100\%$$

影响检索效率的因素较多，在诸多因素中，检索语言处于举足轻重的地位。这是因为，检索语言将文献主题和检索提问转换成规范的检索标志，从而可能实现标引用语和检索用语的准确匹配，保证高质量地完成检索过程。如果没有检索语言，则往往可能发生匹配误差，造成检索失误。所以，人们常把检索语言比喻为存储与检索之间的桥梁，检索语言的质量直接影响到检索效率。

2. 档案检索语言的功能

(1)标志档案的主题内容

档案的主题内容是通过各种各样的档案检索语言标示出来的，往往一个案卷可以用多种标志语言从不同的侧面揭示其主题内容，从而为多方位的检索提供便利。

(2)检索标志与检索语言

作为概念标引和在查找过程中都需要对档案内容或利用者的提问进行主题分析，并将其主题概念转换为检索标志。检索语言的单义性，可以保证对同一概念在存储和查检时采用一致的表达方式，以保证匹配的准确性，提高查全率和查准率。检索语言作为概念转换的依据，使检索标志更加明确化、规范化，达到实现检索的目的。

(3)揭示检索标志之间的逻辑关系

用于表达档案主题概念的检索标志数量庞大，这些标志之间存在着相同、相关或等级关系，统称为逻辑关系。每一种语言都以其特定的体系或其他专门方法揭示检索标志之间的逻辑关系，从而使一部检索语言形成一套概念体系，方便扩检和缩检。同时通过概念之间的逻辑关系形成一个语言环境，使每一个概念的含义更加明确，便于选择标引用语和检索用语。

(4)对检索标志进行系统化排列

每一部检索语言中都含有大量的检索标志,如果不加以系统排列很难查找,不仅不能提高检索速度,甚至连基本的检索工作也无法进行。因此检索语言对检索标志均采用一定方法进行排列,固定标志的位置,实现标志的有序化。目前我国编制的档案检索语言有《中国档案分类法》和《中国档案主题词表》。

第二节　检索技术与方法

一、档案著录

档案著录是档案馆(室)编制档案检索工具时对档案的内容和形式特征进行分析、选择和记录的过程。著录的结果是编制出档案条目。条目是编制档案目录的基础。许多条目按照一定的次序编排组合,就形成档案目录。

编制检索工具(目录或索引),一般都经过档案的著录和档案目录的组织两个步骤:第一步,按照一定的规则,将每份文件或案卷的内容和形式特征记录下来,由若干著录项目组合成一个一个的条目;第二步,将许多条目,按照一定的方法,组织成一个有机体系,形成档案检索工具。

档案著录是记录档案特征的过程,条目是档案著录的内容,组成档案检索工具的基本单位。档案检索工具的质量,一方面取决于组织的方法,而更重要的是著录的质量。任何档案检索工具,要具备良好的存储和检索的功能,都必须以著录的详细具体、标引准确、格式与标志符号统一、方法一致、文字简明为条件。著录上的差错与混乱,会降低检索工具的效能,甚至会使档案丧失作用。

档案著录所遵循的方法称为著录规则。为了实现著录工作的规范化,1986年1月1日,我国国家标准《档案著录规则》开始实施,作为全国档案著录工作的依据,这个规则的主要内容有:著录项目、标志符号、著录格式、著录详简级次、著录来源、著录方法等。

(一)著录项目

在档案的著录过程中,要以一定的记录事项对一份文件或案卷的内容和形式特征进行记录,这些记录事项就是著录项目。它是构成档案条目以至档案目录的最基本数据单元。

不同的目录,著录的项目是不相同的。根据《档案著录规则》的要求,一般应著录下列项目:

1. 题名与责任者项

包括正题名、并列题名、副题名及说明题名文字、文件编号、载体类型标志、第一责任者、其他责任者 7 个小项。

题名就是我们所说的文件或案卷的标题或名称。它是直接表达档案内容特征、中心主题并区别于另一档案的名称。责任者就是我们所说的文件的作者、形成者。它是指对档案内容进行创造负有责任的团体或个人。

题名包括正题名、并列题名、副题名等。正题名是指档案的主要题名,一般指文件的标题,著录时照原文著录即可。并列题名是指与正题名并列对照的第二种语言文字题名,一般用于外交文件和少数民族文件中。我国有些少数民族地区,文件上同时使用两种文字,如"维汉合璧"、"蒙汉合璧"等,为了使用上的方便,可以著录并列题名。副题名也称为解释题名,它是对正题名的解释或从属题名,其前加":"。如"第五次党委会议文件:关于党委换届改选"。说明题名文字,是指在题名前后对档案内容、范围、用途等的说明文字。如"第×届全国人民代表大会常务委员会第×次会议讨论通过"。当遇到单份文件没有题名的情况时,应根据文件的内容拟写题名,外加"〔 〕"以示说明。当遇到案卷或文件题名不能揭示案卷或文件内容时,应在照录原题名后再重新拟写合适的题名,外加"〔 〕",附在原题名之后。案卷题名过于冗长时,一般应重新拟写,然后再进行著录。

文件编号是文件制发过程中由制发机关、团体或个人编写的顺序号,包括发文字号、图号等。发文字号一般由机关代字、年度、顺序号组成。著录文件字号要完整,不能任意省略或只著录顺序号,以免产生误解,给查找文件与引用造成困难。

载体类型标志是对档案载体的类型进行著录。一般情况下,纸质档案载体不著录,特殊类型的载体要著录标志,如照片、录音、磁带等。

责任者是指对文件内容进行创造,负有责任的组织或个人。第一责任者是指文件上有若干责任者时,其中列居首位的责任者。当文件有两个责任者又分不清主次时,应把他们同样当作第一责任者,并列第一,著录时,其间用","隔开,其他责任者是指除第一责任者以外的责任者,著录时最多著录两个,其间以";"隔开,等。

档案的责任者分为机关、团体责任者和个人责任者。机关团体责任者在著录时,应使用全称或通用的简称。个人责任者在著录时,一般只写出姓名,必要时将职务著录在姓名之后。有时,个人责任者使用的是笔名、别名或外文名字,著录时,除照原文著录外,还应将其真实姓名著录出来。有些档案文件没有署出责任者,应对这些文件进行考证,确定其责任者后著录,如果考证不出,著录时则以三个"□"代替。

2. 稿本与文种项

稿本是文件、文稿、文本的名称。文件稿本有正本、副本、草稿、修改稿、定稿、手稿、草图、原图、底图、蓝图等。不同的稿本,都有其不同的价值或效力,著录时,应注明档案文件的稿本类型,如". — 副本"。文种,即文件名称,如通知、批复等。

3. 密级和保管期限项

密级和保管期限是指原文件的秘密等级和保管期限，照原文著录即可。密级一般按文件形成时所定的密级著录，对已升、降、解密的，著录新的密级，其前加". —"符号。保管期限一般按案卷组成时所定保管期限著录，对已更改的，著录新的保管期限，其前加"："符号。

4. 时间项

时间项视著录对象分为文件级的文件形成时间和案卷内文件起止时间。一份文件上只有一个形成时间，照原文著录，若有几个时间应有选择的著录。一般公私文件、信札为发文时间，决定、命令为通过时间或发布时间，条约、合同为签署时间，报表为编制时间等。

著录文件的时间，应以 8 位阿拉伯数字表示，前 4 位为年，5、6 位为月，7、8 位为日。月、日为个位数，前面要补 0。如"1980 年 7 月 18 日"著录为"19800718"。

没有写明形成时间或时间不清的文件，必须根据文件的内容、形式、载体特征，以及参考其他材料考证出形成的时间，并加"［ ］"符号。

案卷内文件起止时间，著录卷内文件最先和最后形成时间，一般根据案卷封面上标明的起止时间著录，并用"—"连接，如"19800204—19820306"。

5. 载体形态项

载体形态项包括载体的数量及单位、规格、附件三个方面的内容。

数量及单位，著录时用阿拉伯数字及档案载体的物质形态的统计单位，如"卷"、"册"、"盒"、"袋"、"页"等。

规格指档案载体的尺寸及型号等，著录时其前加"："，如". —5 盘：16 毫米"。

附件，是指独立于正文的附加材料。附件的著录应区分不同情况，附件与正文连在一起作为一份文件者，一般著录的附件题名于载体的形态项末尾，其前冠"＋"符号。附件作为一份文件，能够独立使用，并具有自己的题名，可另行著录成一个条目，并在附注项中说明。

6. 丛编项

丛编是在一个总题名下，汇集若干同一类型、统一编号发布的系列文件，一般照原文著录丛编题名，并将其置于"（ ）"中，"（ ）"前加". —"符号。

丛编项多适用于著录丛刊、丛书的书稿档案及某些会议文件，如". —（全国农业厅局长会议材料之二）"。

7. 附注项

附注项著录各个项目中需要解释和补充的事项，依各项目的顺序著录。著录时应本着"有则录之，无则免之"的原则，必须说明的就著录，不需要说明的可整项省略。有时需要说明的事项较多，但卡片上的空间有限，所以文字应力求简明扼要。

8. 标准编号和有关记载事项

此项一般用于著录科技文件、图样的国内、国际标准编号,通常很少著录此项。

9. 提要项

提要项是对文件或案卷内容的简介和评述,以揭示档案的内容和价值,应力求做到反映主题确切,评述中肯,文字简洁。

10. 排检和编号项

排检和编号是目录排检和档案馆(室)业务注记项。该项包括 6 个小项,分别是分类号、档案馆(室)代号、档号、电子文档号、缩微号和主题词。

分类号是标记档案信息类目的符号,依据有关代码标准著录。档案馆(室)代号是赋予馆(室)的编号。档号通常包括全宗号、案卷目录号(类别号)、案卷号、页(张)号或件号,各号之间以"—"连接。如"5—3—15—18"。电子文档号是档案馆(室)管理电子文件的符号代码。缩微号是档案缩微品的编号。主题词是揭示档案内容的规范词语,依据《中国档案主题词表》著录,各主题词之间空一格。

(二)标志符号

标志符号是用以区别不同的著录项目和著录含义的标志,用在著录项目之前。档案著录标志符号分为著录项目标志符和著录内容识别符两种。

1. 著录项目标志符

著录项目标志符是在每个著录项目之前冠以一定的标志符号,用以识别所代表的项目。主要有以下几种:

". —"置于各大项(题名与责任者项、排检与编号项、提要项除外)之前。

"="置于并列题名之前。

":"置于下列各著录单元之前:副题名及说明题名文字、文件编号、文种、保管期限、数量及单位、规格。

"/"置于第一责任者之前。

";"用于多个文件编号之间,多个责任者之间。

","用于相同职责、身份省略的责任者之间。

"+"置于每一个附件之前。

2. 著录内容识别符

著录内容标志符是用来标志对著录项目的解释,补充考证等含义的符号。主要有以下几种:

"( )"责任者所属机构名称、责任者真实姓名、责任者职务、中国责任者时代、外国责任者国别姓名原文、丛编项。

"〔 〕"自拟著录内容及考证出的责任者、时间、载体类型的标志。

"?"用于不能确定的著录内容,一般与"〔 〕"符号配合使用。

"□"用于每一个残缺文字和未考证出时间的每一个数字。未考证出的责任者及难以计数的残缺文字用三个"□"符号。

"·"外文缩写。

"—"日期起止连接和档号、电子文档号、缩微号各层之间使用。

(三)著录格式

著录格式是指条目内各种著录项目的组织、排列顺序及表示方法。不同种类的检索工具,其著录格式也是不相同的。《档案著录规则》中规定应采用段落符号式的著录格式,按不同著录对象,该格式有文件级和案卷级两种。

文件级和案卷级条目著录格式,按其载体形式均可分为卡片式和书本式。使用卡片著录时,所用卡片的尺寸是 12.5cm×7.5cm,卡片四周均留 1cm 的空白。著录时,依著录项目的前后次序著录,如果正面著录不完,可接背面继续著录,原顺序、格式不变。书本式条目著录格式,除在正题名前加顺序号,其后空一格外,其余与卡片式条目相同。

文件级(以单份文件为著录对象)条目著录格式及实例如表 6-1 所示。

案卷级(以卷、册、袋、盒为著录对象)条目著录格式及实例如表 6-2 所示。

表 6-1　文件级条目著录格式及实例

分类号		档案馆(室)代号
档号	电子文档号	缩微号

正题名＝并列题名:副题名及说明题名文字:文件编号〔载体类型 标志〕/第一责任者:其他责任者＋附件.—稿本与文种.—密级:保管期限.—文本形成时间.—数量及单位:规格.—(丛编).—附注

主题词

　提要

GE5. 15		41010
2—53—107—8		46—94

转发国务院批转国家教委关于改革高等学校毕业生分配制度通知的通知:京政发〔1989〕56 号/北京市人民政府＋国务院通知＋国家教委报告＋市计委、市高教局、市人事局实施意见.—副本:通知.—内部:永久.—19890702.—8 页:260mm×184mm.—教委报告不全,市计委、市高教局、市人事局实施意见全无

毕业生分配　高等院校　教育改革　制度　通知

　　国家教委报告分析了毕业生分配制度上存在的问题及进行改革的意见。国务院通知要求各地区部门制订改革措施。北京市有关单位提出了实施意见。

表 6-2　案卷级条目著录格式及实例

分类号		档案馆(室)代号
档号	电子文档号	缩微号

正题名＝并列题名:副题名及说明题名文字:文件编号[载体类型 标志].—密级:
保管期限.—案卷内文件起止时间.—数量及单位:规格.—附注

主题词
　　提要

Ⅰ108042		D00112
12—6—345		76—2

江口市各县干部教育情况报告.—永久.—19821205—19830213
干部教育　业余大学　业余学校　技术学校
　　为提高干部文化水平,1982 年市属各县教育局举办业余大学 5 所,业余学校 10
所,技术学校 7 所,入学人数达 53000 人。

(四)著录详简级次

著录详简级次,是指著录时对档案著录项目的取舍程度。著录格式中所列的项目,是从总的要求上提出的,并不是每份文件或每个案卷都要求全部著录所有项目,有些项目要求必须著录,这些项目称为必要项目。有些项目可根据实际情况进行取舍,可著录也可不著录,这些项目称为选择项目。

必要项目包括:正题名、第一责任者、时间、分类号、档号、缩微号、主题词。选择项目包括:并列题名、副题名及说明题名文字、文件编号、载体类型标志、其他责任者、文本、密级、保管期限、载体形态、丛编、附注、提要、电子文档号、档案馆(室)代号。

档案著录详简级次分为详细级次和简要级次。简要级次是指在条目中仅著录必要项目。详细级次是指在条目中不仅著录必要项目,还部分或全部著录了选择项目。档案著录详简级次的选择使用,各机关档案室可根据情况自行选择。

(五)著录来源

档案著录来源是指被著录档案的本身。文件的著录来源,主要是文头、文尾,主题词的标引应查阅正文。案卷的著录来源,主要是案卷封面、卷内文件目录、备考表,主题词的标引应查阅卷内文件。如被著录档案本身材料不足时,可参考其他材料。

二、档案标引

档案标引,就是对文件或案卷的内容进行主题分析,从自然语言转换成规范化的检索语言的过程,即对内容分析结果赋予检索标志的过程。其中:给予文件或案卷以分类号标志的过程,称为分类标引;给予文件或案卷以主题词标志的过程,称为主题标引。

档案标引是档案著录最核心内容。只有通过标引,才能使档案的内容特征获得检索标志,才能组成各种各样的检索工具。

档案标引的步骤主要包括主题分析和概念转换两个方面。无论是主题标引还是分类标引,都离不开这两个步骤。两种标引在主题分析方面方法基本相同,只是标引方法不同,对主题的确认程度不同而已。在概念转换方面,两者区别较大。

(一)档案分类标引

1. 档案分类标引的方法

档案分类标引,是指给每份文件或每一个案卷一个分类号,作为排列条目组织档案分类目录和索引的依据。分类标引的方法是:

首先,熟悉分类表,了解分类表的编制目的,使用范围、分类原则、体系和结构,这是正确进行分类标引的首要步骤。

其次,准确地掌握需要分类标引的文件或案卷的内容,细致地进行主题分析。主题分析是通过对档案的内容特征进行分析,准确提炼和选定主题概念的过程。正确的主题分析是保证档案标引质量的重要因素。

再次,根据其内容归入最恰当的类。通过分析题名和浏览正文后确定主题,查阅分类表,找到确切相符的类目,标出分类号,最后审校。在标引之后,应进行审核,以保证档案标引的质量。

2. 主题分析与概念转换的基本步骤和做法

主题分析和概念转换是关键步骤,应予以高度重视。

主题分析的基本步骤:

第一,通过审核档案,了解和判断档案所反映的中心内容和其他主题因素,一般可通过文件或案卷的题名获得。当档案无题名或题名不能全面、正确地反映档案主题时应浏览全文,重点阅读全文的开头、结束语、段落标题,必要时阅读批语、摘要、简介、目次、图表、备考表等内容。

第二,通过审读档案,确定档案或案卷的主题类型和主题结构。档案的主题类型可以分为单主题和多主题。单主题是指一件(卷)档案只表达一个问题。多主题是指一件(卷)档案表达两个以上的问题。主题结构是指构成主题的因素。主题因素有五种,分别是:主体因素(即反映文件主题内容的关键性概念)、通用因素(即对主体因素起补充和说明作用的次要因素)、位置因素(即文件所论述事物、对象和问题所处的空间、地理位置的主题因素)、时间因素(即文件所论述的对象所处的时间范围内的主题因素）、文件类型因素（即文件的类型和形式方面的主题因素）。

概念转换是指在确定了主题类型和主题结构的基础上，选定主题词或分类号的过程，也就是将主题概念转换成检索语言给出检索标志的过程。

分类标引概念转换的基本做法是：根据主题分析的结果，将正确的分类号赋予被标引文件。分类标引必须符合专指性的要求，应根据文件或案卷的内容给出最合适的分类号，既不能给予上位类号，也不能给予下位类号；当分类表上无恰当的分类号时，才能给予上位类号或与档案内容最密切相关的类号，必要时，也可以增设新类目；凡是一份文件或案卷涉及两个以上主题者，可以标引一个以上的分类号，但这种标引应控制使用，一般标引不能超过三个分类号。赋予被标引文件分类号时，应遵循前后一贯性的原则。由于有些档案内容的性质是相同的，所以会产生一些相同的条目，这些条目都应归入一个类目中，赋予相同的分类号，自始至终保持一致。

3. 分类标引应遵循的基本规则

标引规则是在标引工作中运用标引语言的语法规范。制订标引规则的目的在于保证不同的标引人员遵守共同的方法进行标引，以保证标引工作的质量。为了保证档案分类标引的质量，《中国档案分类法》编辑委员会制订了《档案分类标引规则》，这个规则适用于编制分类目录、索引以及建立档案目录中心和数据库的档案分类标引工作，其中也包括基本规则的内容。

档案分类标引必须以档案内容及其他特征为依据，对文件或案卷进行周密的主题分析，查明所论述的对象属于什么主题，有什么用途，不能单凭题名即赋予分类号。

分类标引必须依据档案检索专用的分类表及其使用规则，辨清类目的确切含义，不能脱离类目之间的联系和类目注释的限定孤立地理解类目的含义。

分类标引必须符合专指性的要求，依据文件或案卷内容给出最合适的分类号。分类标引必须为充分发挥档案的作用创造条件，为此，应根据档案的具体内容和成分，在检索工作中提供必要数量的检索途径，确定适当的标引深度。

分类标引应保持一致性。各种文本、载体类型的同一主题档案所标引的分类号均应一致。对某些难以分类和因分类表无相应主题类目而赋予相近的类号时均应做好记录，以供审核时研究参考。

（二）档案主题标引

档案主题标引，就是通过对文件或案卷内容的主题分析，从主题词表中选择相应的主题词来标志其内容主题，存储在检索工具中，作为检索的依据。

1．步骤

首先，审读文件，确定主题。在此基础上，确定主题类型与结构。

其次，对主题进行概念分析，选定主题词。在确定主题类型和结构后，从词表中选定相应的主题词标志文件或案卷主题。具体选择主题词时，应深入研究主题分析的全面性、概念分解的准确性，充分考虑利用者的检索需要，从主题词表中选择专指性强并能正确表达主题概念的主题词。

再次，给出主题标志。确定选用的主题词，并明确各主题词之间的关系，将主题词著录在条目上。

最后，审校。要审查对文件或案卷的主题分析是否正确，确定的主题概念是否恰当，选定的主题词是否确切表达了主题，著录有无错误，是否符合标引的组配规则。审校是主题标引工作中不可缺少的步骤，应由精通业务的人员担任。

2．基本规则

主题标引应以档案论述的客观事物和研究对象为依据，客观地反映档案主题，不应掺杂标引人员的臆测和褒贬。

①标引档案的主题词必须是词表中的正式主题词，非正式主题词一般不能作为标引词使用。选词时，必须首先考虑选用最专指的主题词，不得以其上位词或下位词进行标引。当没有专指主题词时，则应选择最直接相关的几个主题词进行组配标引。

②如果组配标引仍无法达到要求时，可选用最邻近的上位词或下位词进行靠词标引。一般应依据词族索引选用最直接的上位概念主题词进行标引，不应使用越级上位主题词标引。另一种是用近义词进行靠词标引，应依据范畴索引选用与主题概念含义最相近的主题词进行标引。

③当上位主题词标引不合适时，可采用关键词进行标引。关键词标引又称为增词标引。关键词是主题词表以外的，未经规范化处理的自然语言。使用关键词一般要按照规定的手续作为后补主题词登录后方可使用，以后按照使用频率高低转入正式主题词。

④标引应以文件为单位进行，每份文件的标引深度，应根据文件主题的详略和重要程度而定，一般可标 3～8 个主题词，最少标引 1 个，最多不宜超过 10 个。手工检索系统应该控制词量，防止过度标引，以免造成系统负担过重，增大误检率。

3．主题词组配标引规则

所谓组配，是指在标引时，用两个以上主题词的合理组合来表示文件或案卷主题。组配是主题法灵活性的主要表现，它能用较少的主题词通过组配方式来表达档案的复杂主题。

常用的组配方法有概念限定组配、概念相交组配。前者使概念更专指,表达方式为:起修饰限定的放在后面,被限定的概念在前面,中间用"—"连接,如"污染—环境"。后者用以表示概念之间的交叉关系,方法是在两词之间加上":",如"钢铁企业:联合企业",表达钢铁联合企业的概念。

第三节　档案检索技能

一、手工检索

对手工检索来说,其基本工具是档案目录,档案目录是由条目组成的。条目是对单份文件或案卷所作的一条记录,它是组成档案目录的基本单元。条目是由著录项目组成的。每一个著录项目都揭示了档案内容或形式方面的一个特征。也就是说,单份文件或案卷著录项目的组合是条目,将条目按一定次序编排起来就是档案目录。

(一)案卷目录

案卷目录是以一个案卷为单位,揭示一个全宗内某一部分档案内容和成分的一种检索工具。案卷目录是固定案卷位置,统计案卷数量,监督和保护档案的基本工具。它既是查找档案最基本的工具,又是编制其他检索工具所必须参考使用的工具。

为了充分发挥案卷目录的作用,可以将有重要价值的案卷目录汇集成册,印发给有关单位使用。案卷目录汇编时,一般应以全宗为单位,一个全宗的案卷目录汇编成一册或几册。为了保证出版质量,可以进行必要的编辑加工。

(二)卷内文件目录汇集

卷内文件目录汇集又称为"全引目录"或"案卷文件目录"。它是将全宗内所有案卷内的或某一部分案卷内的文件目录汇集而成的检索工具。一般先列出案卷的案卷号、标题、起止日期,然后列出卷内文件的作者、文号、标题、成文日期、所在页码等。

(三)分类(卡片)目录

它是将文件或案卷的内容和形式特征著录在卡片或纸页上,然后打破全宗界限分类体系,按照逻辑体例分类排列的一种综合性的检索工具。分类目录的主要特点是揭示全部馆藏档案内容和成分,具有较强的族性检索功能。

(四)全宗文件卡片目录

全宗文件卡片目录是将一个全宗内的永久或长期保存的档案的内容或形式

特征著录在卡片上,然后将这些卡片按照逻辑体系分类进行排列而组成的一种检索工具。这种检索工具,打破了全宗内原有的档案分类体系,不受全国统一分类体系的限制,可根据全宗的实际情况设置分类方案,是机关档案室常用的一种形式。

（五）专题目录

专题目录一般都采用卡片的形式,所以又称专题卡片目录。它是系统地揭示档案馆（室）内关于某一专题档案的内容和成分的一种检索工具。这种检索工具的主要优点是可以根据馆藏情况和实际工作的需要,自行设计专题,不受全宗的限制,不受全国统一分类体系和卡片格式的限制,是一种比较灵活的检索工具。它有利于人们按照专题系统地查找材料,了解有关专题的系统材料。

（六）主题（卡片）目录

主题（卡片）目录是用规范化的词或词组揭示文件或案卷的主题内容,并按主题字顺组织起来的一种检索工具。这种检索工具的优点在于它具有直接性和专指性,它能够比较集中地反映有关同一事物的档案内容,便于特性检索。它的缺点主要有:由于按主题字顺排列,系统性较差,不便于族性检索;标引时容易造成误差,手检时需要多项轮排;制卡工作量大,卡片体积庞大,不便于管理。

编制主题（卡片）目录时,一般首先确定标引款目,然后将每一标引款目填制一张卡片,最后将卡片按主题词的音序或字顺排列起来。

（七）人名索引

人名索引是揭示馆藏档案中所涉及的人物及其出处的一种检索工具。人名索引一般都是采用卡片的形式,在卡片上注明人名和出处即可。然后将卡片按姓氏笔画、四角号码、汉语拼音字母顺序等方法排列起来。

（八）文号索引

文号索引是按档案的文号进行检索档案的一种检索工具。它通常采用表格的形式,将档案的文号和档号对应起来,以满足从文号角度查找的要求。这种检索工具对于发文较多的领导机关、专业主管机关和有关的全宗比较适用。文号索引一般将同一年度、同一发文机关的文件编一张表,然后将所有的表装订成册,便成为一套文号索引。

文号索引格式多样,较常见的有号码对应式和位置对应式两种。

号码对应式文号索引,是将文号一一列出,然后在与该文号对应的空格中填写该件的档号。位置对应文号索引,是用一定的格式确定每一发文号在表格中的位置,然后在该位置上直接填写该份文件的档号。

（九）全宗指南

全宗指南是以文章叙述的形式介绍和揭示档案馆（室）所保存的某一个全宗

档案内容、成分及其意义的一种工具。其作用在于介绍和报道某一全宗的情况，为利用者提供立档单位和有关档案的线索，便于档案工作人员掌握全宗情况，提高档案管理水平。

（十）专题指南

专题指南又称专题介绍，它是按照一定的题目，以文章叙述的形式，综合介绍档案馆（室）中所保存的有关该题目档案的一种参考材料。它综合叙述和介绍档案的内容和成分，并向外印发，起到宣传的作用，同时也可以对有关档案进行检索。

（十一）档案馆指南

档案馆指南又称为档案馆介绍。这是用书本形式全面概要地叙述和介绍档案馆所存全部档案情况的一种工具书。档案利用者根据档案馆指南可以全面地了解档案内容和成分，确定某档案馆是否保存了他所需要的档案。档案工作者则可以通过它熟悉馆藏，查找档案，利用档案。编写档案馆指南，是档案馆的一项重要工作，集中反映档案馆工作的成果。

（十二）联合目录

联合目录是将若干档案馆或其他单位收藏的档案目录汇总起来所形成的一种检索工具。联合目录的作用是把分散在各处的档案，从目录上联成一体，为利用者提供更丰富的档案材料，充分发挥档案的作用，有利于开展馆际间的情报交流，相互复制，逐步形成协作网络。它可以免去利用者分别查阅各个馆藏目录的麻烦，扩大取得档案材料的范围。

（十三）档案开放目录

档案开放目录是档案馆为了档案向社会开放而专门编制的，用于检索已经开放了的档案的检索工具。它是档案向社会开放的产物，在形式上和其他检索工具没有什么不同，只不过是在其所检索的利用范围与方式上比其他档案要广泛得多。

二、计算机检索

随着计算机技术的广泛应用，档案的检索工作也逐渐地使用计算机检索。

（一）计算机检索的特点

档案计算机检索在检索方法、检索性能上具有与手工检索不同的特点。表现为：

1. 检索方式自动化

计算机检索代替了手工检索烦琐的查找劳动，可根据操作人员的指令在数据库中自动搜寻所需档案，将搜寻到的档案输出。

2. 检索速度快

计算机检索比手工检索的速度大为提高,可以大大减少利用者的等待时间。特别是按专题批量查找档案时,其快速检索功能表现得更为显著。

3. 检索途径多元化

计算机具有一次输入,多次输出,多样化输出的功能,凡输入计算机的每一个检索项均可成为检索入口。计算机不仅可以按著录项目进行单项检索,还可以把若干项目结合起来检索,如把文件的责任者、主题词、时间三个项目结合起来检索,可以获得满足这三个条件的文件。计算机不仅可以对著录项目进行检索,还可以利用光盘、缩微存储技术或对计算机生成的电子文件进行全文检索。

4. 检索效果好

使用质量较好的软件时,计算机检索的查全率和查准率都可高于手工检索。

5. 检索灵活方便

网络化的计算机应用系统可以为分散的、远距离的利用者提供快速的联机检索,实现档案的异地查询和档案信息资源的共享。

6. 对计算机检索系统的依赖性

计算机检索必须运用计算机及检索软件进行,软件没有设计检索方法,计算机就不能进行检索。

(二)档案检索系统

计算机档案检索系统是指利用电子计算机对档案进行分析加工和存储,并向用户提供档案文献资料的系统。计算机检索与手工检索的原理是一样的,也是由存储和查检两部分组成,在计算机检索中通常称为输入和输出。

在输入阶段,需将反映档案内容特征和形成特征的著录项目录入计算机,存入数据库并根据利用者的提问编制恰当的检索策略,形成检索表达式,并将它输入计算机,在数据库中查找后将结果输出。从这一流程可以看出计算机检索系统必备的条件需有:数据库、硬件、软件。如果是联机检索系统,还要有检索终端设备、通信网络等。

计算机检索系统是一个有机的整体。按它的功能和过程,分成三个部分,即输入部分、存储部分和检索部分。

1. 输入部分

输入部分包括文献的选择、标引、加工和输入等一系列的过程和设备。

(1)文献的选择和标引

计算机文献检索系统的基础是数据库。数据是计算机检索系统中存储的内容和检索的对象,没有数据,计算机检索便成为无米之炊,数据的数量和质量对于计算机检索系统的性能具有直接影响。在档案检索系统构造过程中,工作量最大、最难以完成的是数据的采集和录入工作,各档案馆(室)应建立科学合理的数据工作组织和程序。

(2)文献的输入

输入的方式主要有穿孔纸带(或卡片)输入和键盘输入两种。

键盘输入是目前普遍采用的一种输入方式。由操作人员按动计算机的键盘将内容输入计算机,制成原始资料档。它的主要优点是可及时修改输入时的错误,输入速度高于穿孔式。但是,这种方式要靠人工按键输入,速度受到限制。

此外,还有利用光学字符识别装置输入的。它能把大量的印刷信息直接转换成计算机可读的机器代码。

还有一种利用电子计算机缩微输入系统制作资料档,该系统的主要功能是从缩微胶卷中读出必要的信息,把它变成电子计算机可直接处理的信息。由于用计算机来自动标引,可以节省人工标引、穿孔(或键入)所花费的人力和时间。

2. 存储部分

档案文献资料输入计算机,先存入计算机的内存,经过校对后,按照事先编好的程序再转存入外存储器,主要有磁带、磁盘(包括硬盘、软盘)和光盘等。数量众多的大容量的外存储器构成了档案检索系统的核心数据库,供检索服务利用。

3. 检索部分

这是计算机查找利用者所需要的档案资料的工作系统。

(三)计算机检索策略

检索策略是指人们进行检索的方案和计划。在手工检索和计算机检索系统中都需要制定和实施检索策略,不同的是在手工检索系统中,检索策略形成和记忆于检索者的头脑之中,检索者边检索、边思考、边调整,检索策略隐含于检索过程之中,得不到明确的表现。而在计算机检索系统中,由于人的意识与检索过程相分离,对检索策略的调整也独立于扫描匹配过程之外,而不能同时进行,这就要求在检索开始之前先制定明确的检索策略,作为计算机检索的"行动方针"。检索策略不但保证检索过程的顺利实现,而且也是影响检索效果的因素之一。

编制检索策略包括选择检索途径和检索词以及确定检索词之间的逻辑关系,检索策略的编制是检索表达式。检索表达式主要有逻辑表达式和加权表达式,其中最常用的是逻辑表达式。

逻辑表达式是采用英国数学家乔治·布尔发明的逻辑算符,对检索词的关系进行表达和限制,所以又称布尔逻辑表达式。用布尔逻辑算符表达的逻辑表达式有以下三种:

1. 逻辑与关系（AND）

表示两个词的重合关系，即必须同时满足这两个检索条件，一般用符号"＊"或"·"表示。例如："女性＊医生"表示检索有关女医生方面的档案。逻辑与关系是一种限定关系，这种关系用得越多，表示限定条件越严格。因此在一般情况下使用逻辑与关系有利于提高查准率。

2. 逻辑或关系（OR）

表示两个词之间的任选关系，即满足其中之一的检索条件即可，一般用"＋"表示。例如"教师＋医生"表示检索有关教师或医生方面的档案。逻辑或关系为检索提供了选择的可能，这种关系使用越多，表示选择的范围越大。因此在一般情况下使用逻辑或关系有利于提高查全率。

3. 逻辑非关系（NOT）

在"共产党员"上加一横线表示否定关系，即检索目标不包括这方面内容，一般用符号"—"表示。例如"干部＊共产党员"表示检索有关非党员干部的档案。逻辑非关系用排除法控制检索结果，有利于提高查准率。

用上述三种关系表达检索范围而形成的表达式叫作检索表达式。在每一次检索过程中计算机根据表达式所规定的范围进行检索，科学地运用这三种关系编制检索策略可以有效地提高查全率和查准率。

【拓展阅读】

阅读资料之一：

中国规划电子文件管理

国家电子文件管理的步伐已经迈开。随之而来的是，各级电子文件管理协调机构的建立、明确相应管理机构、各电子文件形成单位建立协同配合机制，以及一系列技术难题的破解

一向以纸质为载体的"红头文件"，正在向电子化时代迈进。

《瞭望》新闻周刊获悉，按照中央部署，2011 年到 2015 年，国家电子文件管理体制将实现初步成型，制度框架首批出台，标准框架基本建立，技术系统研发起步。

"我们的电子文件管理要记录和传承当代的历史，从纸质文件管理到电子文件管理，这是个里程碑意义的转身，意义和风险并存。"中国人民大学副校长、电子文件管理专家委员会主任冯惠玲，接受《瞭望》新闻周刊专访时，这样评价电子文件管理在"十二五"时期的意义。这位国家电子文件管理"十二五"规划的主要参与者表示，从国家采取总体调控规划措施讲，中国起步不算早，"十二五"开局五年电子文件管理要扬长避短，形成中国特色，对世界有所贡献。

面对电子文件管理的历史使命,国家行政学院教授、电子政务专家顾平安表示,在中国,电子文件的范围应该首先界定为电子公文,从国家层面对电子文件实施管理,技术标准应当先行。

电子文件管理的"记忆黑洞"

"中国是唯一文明没有中断的国家,一个重要的原因是我们的文献记录没有断线,祖先没有断线,我们这一代也不能断线。"冯惠玲接受本刊记者采访时认为,电子文件管理迫在眉睫。

日前,一份来自中国人民大学"电子文件管理机制研究"课题研究小组的调查报告,首度曝光中国电子文件管理的"记忆黑洞"

在49家中央和国家机关及其直属企事业单位中,18.4%的单位没有留存任何电子文件,79.6%的机构没有采取任何措施留存数据库、电子邮件、多媒体文件、网页文件等。

除此之外,一些单纯依靠物理载体保存下来的电子文件,由于软硬件不配套,同样面临着无法读取的记忆损失。

调查显示,中国1982年第三次全国人口普查中99%的原始数据已经丢失;1990年北京亚运会的部分电子文件无法读取;22%的中央机关存在读不出来的电子文件。

近两千年前的罗赛达碑(解读古埃及文字钥匙的石碑),数字依然清晰可见;然而今天的电子文件数据已经近10%无法读取。这意味着一段历史,或一段文化,将因为不能留下记录而烟消云散。

"我们国家有多少电子文件?这个数字,全国没人知道。而在纸质文件时代,这个问题是可以回答出来的。"冯惠玲焦急地表示。

"我们搞得太晚了,十年前就应该做了。"研究电子政务近15年的顾平安告诉本刊记者,从1999年政府上网工程开始,中国电子政务的发展已历经12年。据统计,中国的数字信息量2010年为900.5亿GB,占全球信息量9.1%,将近一成,但它们在中国的管理令人忧虑。

由于长期以来缺乏国家层面的电子文件规划管理,中国电子文件的信息安全状况堪忧。"电子文件管理机制研究"课题研究小组调查发现,有的重要机构仅仅因为工作人员在内部涉密网和互联网上交互使用U盘,就被黑客利用木马程序从其内部网上窃取很多重要情报。

冯惠玲从1995年开始研究电子文件管理,曾经主持国家自然科学基金项目"中国电子文件管理国家战略的基础理论与框架体系研究",她告诉本刊记者,尽管之前国家在电子文件管理上有过很多努力,但对其掌控能力严重不足,思路存在重大缺陷:多着眼于眼前业务需要,忙于补缺、堵漏,欠缺面对未来的整体设

计；主要采用自下而上的路径，国家层面的系统规划、政策引导和综合治理明显
滞后。

情况在 2009 年底发生变化，中共中央办公厅、国务院办公厅联合印发电子
文件管理暂行办法，规定各级国家综合档案馆负责接收和保管本馆接收范围内
各单位形成的具有永久保存价值的电子文件，并依法提供利用。作为中央的规
范性文件，该办法兼具政策与法规的双重属性，首次在中央文件中确立了电子文
件全程管理原则，并从信息化、档案、保密等多个业务角度对电子文件管理过程
予以规范，是中国电子文件管理国家战略迈入起步阶段的标志性事件。

顶层设计刚刚开始

时隔两年，电子文件的信息化战略管理再度引起关注。《瞭望》新闻周刊获
悉，2011—2015 年中国电子文件管理工作要完成初步规划，实现六个任务：建立
健全电子文件管理体制机制；加强电子文件管理法规制度建设；加快制定完善电
子文件管理标准规范；规范电子文件管理技术支持系统；开展电子文件管理的认
证认可工作；组织电子文件管理理论研究与技术攻关。

国家电子文件管理的步伐已经迈开。随之而来的是，各级电子文件管理协
调机构的建立，明确相应管理机构，各电子文件形成单位建立协同配合机制。

在采访中，本刊记者发现，尽管电子文件管理暂行办法已经实施两年，然而，
关于电子文件的定义，在普通公务员眼中和专家的界定之间并不尽相同。

"在还没有成为法律法规之前，需要重视概念。"顾平安对电子文件界定不明
晰的现状有所担忧。

"电子文件"（Electronic Records）这一概念出现于 20 世纪 90 年代初期，由
于文件信息用数字形式表达，也有人称之为"数字文件"（Digital Records）。国
际档案理事会对电子文件的定义是："以代码形式记录于载体，如磁盘、磁带或穿
孔卡/带之上的文件/档案，依赖计算机系统存取并可在通信网络上传输的文
件。"简单来说，电子文件就是指由计算机生成和处理，以数字代码形式记录信息
的文件。

目前的情况是，许多公务员都将电子文件等同于电子档案，2009 年印发的
电子文件管理暂行办法规定：电子文件是指机关、团体、企事业单位和其他组织
在处理公务过程中，通过计算机等电子设备形成、办理、传输和存储的文字、图
表、图像、音频、视频等不同形式的信息记录。

据了解，按照规划，2011—2015 年需要培训的电子文件管理者，包括党政机
关、重要企事业单位的相关领导干部和专管人员，军队管理工作参照执行。

有关电子文件内容范围，也是国家各级机关工作人员对电子文件关注的另
一热点。中国科学院档案馆馆长屠跃明表示，对电子文件的全过程管理，应以电

子文件生命周期理论为基础,加强产生电子文件的"前端控制",并进行电子文件的"过程管理",这是保障电子文件真实性、完整性和有效性的关键。"前端控制"必须延伸到文件管理系统的设计研制之中,"过程管理"必须严格控制各个阶段操作者的权限,并做到操作留痕,确保电子文件的真实可靠性。

"过去是铁路警察分段管理",冯惠玲说。长期以来我国文件管理划分为两个阶段,由不同主体负责,归档前是各级党委、政府办公厅负责管理,归档后是档案系统负责管理。进入电子文件时代,一个明显的区别是:对全程管理的要求大大提高,全程性特别表现在要将后端的管理要求叠加到前段。

此次电子文件管理规划,对档案管理者提出了更加"全程"的要求,如果将电子文件理解为一个生命周期的产物,刚出生时,它在文件形成者那里,后来暂存在一个地方,最后永久保存在另一个地方,分三个时段的生命周期。但是,最后永久保存的要求,须在文件"出生"时就开始实施,否则,后阶段的补救将力所不及。

"全程管理要突破体制机制的很多障碍",冯惠玲说。

"参与方都开始进入角色了"

技术先行还是体制建立先行? 在采访中,本刊记者听到两种声音。

目前国家已经建立了电子文件管理部际联席会议制度,知情人士告诉本刊记者,部际联席会议由中央办公厅、国务院办公厅、国家发改委、工信部、财政部、国资委、国家档案局、国家保密局、国家密码管理局、国家标准化管理委员会等相关部门为成员单位,负责组织协调全国电子文件管理工作。

"参与方都开始进入角色了。"该人士透露,刚开始各部门都询问电子文件"是什么",现在,每家单位都有了分工,从分散走向协作,效果渐渐显现。

受访者均表示,目前中国电子文件管理几乎完全处于起步阶段,面临基础研究不足,体制制度不成型,标准、技术、方法储备严重不足,软硬件环境不具备等诸多局限。在国家电子文件管理工作规划实施的这五年,究竟怎么管理? 管理到什么程度? 从何入手? 成为摆在规划者面前的一系列难题。

参与策划这个五年规划的冯惠玲作了这样的解答:首先非常重要的是体制理顺,主体要明确,责任边界要清晰;第二步是建立健全电子文件法规、法律,"立法是渐进过程,规章制度可以先行";第三步是完善电子文件管理标准规范;第四步是规范电子文件管理技术支持系统。

"技术和标准应该同步先行,因为,我们要知道管理的是什么。"顾平安向本刊记者呼吁,电子文件管理的技术系统问题应该先行解决,因为,只要确保电子文件的真实性不被篡改,"后面的问题就可迎刃而解,接受、管理都很容易"。

未来五年,是中国从纸质文件管理转换到电子文件管理的重要时期,五年是这场历史性转变中的一瞬。1995年获知美国国会批准3亿美元研发电子文件管理系统的冯惠玲，近16年都在为中国的电子文件着急，然而，今天看到国家电子文件管理工作规划出台，她却"不急"了："只要起步，不怕慢。"她说，电子文件的管理，可能要经过一代人甚至几代人的探索，国家电子文件管理规划出台最大的意义是启动，是搭建框架。

（原载《瞭望》新闻周刊2011年7月18日）

阅读资料之二：

活动结束后　档案快回"家"

今年是中国共产党成立90周年，全国各地各系统广泛开展了各种形式的纪念活动，宣传党带领人民走过的艰辛而辉煌的伟大历程。档案系统在这些活动中提供珍贵档案、举办档案展览、编辑出版档案丛书，充分发挥了以史鉴今、资政育人的重要作用，为党的90华诞献出了档案人的挚爱深情。

时至7月下旬，许多纪念活动渐渐临近尾声，无论是借出编印书籍还是举办展览，所使用的珍贵档案资料均该"完璧归赵"了。在此给您提个醒儿，一定要把借出的档案及时收回，而且收回后要严格依据借出登记记录，做到从哪个全宗、哪一卷拿出的档案必须放回原位，切莫主观为之，以免今后再用时找不到。

之所以提这个醒儿，是因为曾经发生过这样的事。多年前，某单位曾到档案馆借阅档案，所借档案涉及多个全宗、多个类别。工作人员按照该单位要求耐心查找，帮其找齐了所需的全部档案。为保安全，工作人员将所借档案的数量进行了详细的登记，却忘了登记档案应归还的时间，以及每件档案所属的类别和全宗。时间飞逝，转眼间一年过去了。当该单位来归还档案时，工作人员甚至都想不起来还有档案没有收回，忘记应该按时催还借出的档案。所幸对方归还档案时一件不少，可工作人员又只能凭记忆和主观判断将档案归类。又过了一个月，该单位还有个别细节需要再次提档核对，于是又来到档案馆查阅一件曾用过的档案，可这件档案却怎么也找不到了。没过多久，在一次馆藏档案清理登记工作中，这件档案才"失而复得"。事后工作人员分析，一定是当时自己判断错了分类、放错了全宗，造成这件档案虽已入库却如石沉大海。

因此，一定要提这个醒儿，档案虽然为各项纪念活动增了光、添了彩，但我们的工作还没完，一定要让档案回到了库房、并准确放回原位，这样才算结束。

（原载《中国档案报》2011年7月21日总第2182期第2版　作者：晓宁）

【思考与练习】

一、填空。

1. 档案检索工具的基本职能是_____和_____。

2. 按照编制方法的不同，档案检索工具可以分为_____、_____和_____。

3. 档案著录是档案馆（室）在编制档案检索工具时，对档案的_____和_____，进行_____、_____和_____的过程。

4. 1973 年 4 月 6 日的文件，在著录时间项时，应为_____。

5. 档案著录应采用的格式是_____。

6. 衡量档案检索工具检索效率的两个指标是_____和_____。

二、计算。

某档案室关于行政体制改革的文件 20 份，现利用者查阅 18 份文件，得到关于行政体制改革的文件 9 份，请计算查全率、查准率。

第七章　档案的利用工作

　　档案利用工作,是档案利用者通过档案利用工作系统查找、利用档案信息,满足其利用需求的行为过程的工作。档案利用工作包括档案馆(室)"提供档案利用"和利用者"利用档案"两个方面。

　　"提供档案利用"是针对档案管理者而言的,是指档案管理部门及其工作人员以档案信息资源为基础,通过一定的方式、方法和途径,直接向利用者提供档案。

　　"利用档案"是针对利用者而言的,是指利用者为研究和解决某种问题,以阅览、复制、摘录等形式使用档案的活动。

　　同时,"利用档案"和"档案利用工作"这两者之间又有密切联系,有利用档案的需要,才有档案利用工作,有档案利用工作才能实现对档案的利用。这两种行为往往先后或同时发生,表现为一个过程的两个方面。档案利用工作是利用档案的必要条件,利用档案发挥作用,是利用工作的直接目的。

第一节　档案利用工作概述

一、档案利用工作的意义

（一）档案利用是档案工作的根本目的和中心任务

　　任何一项事业的生存和发展都有它的特定原因,这就是社会需要。我们党和国家之所以重视档案工作,国家和各省、市(地)、县之所以普遍设置档案馆,各机关、企事业单位之所以普遍设置档案室和专兼职档案管理人员,关键是因为档案对各项事业有用。因此,利用档案和提供档案利用,是整个档案业务工作的出发点和归宿。

（二）档案利用工作对整个档案工作的开展有决定性影响

　　利用工作是最实际、最富有说服力的宣传。通过提供档案,发挥档案作用,就能使人们深刻认识档案的价值和档案工作的重要性,从而扩大档案工作在社会上的影响,赢得各方面的支持。利用工作代表整个档案工作的成果,因为它直接与各行业发生信息传递、文献供应和咨询服务关系,集中地体现档案工作的方向和作用。作为档案工作联系社会的一个窗口,利用工作做得如何,是衡量档案馆(室)业务开展的程度、工作好坏的主要标志。

(三)利用工作对整个档案工作有着检验和带动的作用

如果一旦在利用工作中遇到具体困难,就可以顺藤摸瓜,发现档案工作的薄弱环节和不足之处。这种不足之处或者是收集不齐全、整理不系统、鉴定不准确,或者是保管不科学、检索工具不完备、参考资料不丰富等。发现问题,对症下药,就可以提高整个档案工作水平。

总之,档案利用工作是档案工作中最富有活力的一个环节。无数经验证明,搞好利用工作才能使整个档案工作具有生机,否则整个档案工作就会死气沉沉,成效不大。当前我国处于历史发展的新时期,档案事业要发展,重要的一环是大力搞好利用工作,使档案工作在建设社会主义的政治文明、物质文明和精神文明中作出自己的贡献。

二、如何做好档案利用工作

(一)明确服务方向,端正服务态度

档案利用工作必须有明确的方向。随着我国工作重点的转移,档案利用工作必须服从于和服务于以经济建设为中心的社会主义现代化建设,全面地为政治、经济、军事、科学、文化以及党和国家的其他各项事业服务。各档案馆(室)在这一总的服务方向指引下,应根据所存档案的性质和内容的特点以及不同时期的具体任务,在利用工作中具体安排为党政领导和各项工作服务的不同重点。

在明确服务方向的同时,还必须树立坚定的服务思想和良好的服务态度。由于档案利用工作代表整个档案工作的成果,同社会各项工作发生关系,为利用者直接服务,这就要求档案工作者必须具有高度的责任感,时时为利用者着想,处处给他们提供方便,发扬主动服务的精神。档案馆是保存档案的基地,它们所保存的档案的复杂成分和丰富内容,利用者不可能详尽了解。因此,档案部门在利用工作中是否积极主动,对于能否充分发挥档案的价值,往往起着很大的作用。

(二)熟悉档案,了解需要

档案利用工作的开展,一般是由两种因素决定的:一方面是社会上各项工作需要利用某些档案;另一方面是档案馆(室)保存有这方面的档案可供利用。因此,开展档案利用工作就要求档案工作者既熟悉档案馆(室)内保存的档案,又了解外界对档案的利用需要。实践证明,熟悉档案和了解需要是开展档案利用工

作的基本途径和主要方法。一般说来，档案利用工作只能根据利用者的需要来进行，有一定被动性。但是如果能"熟悉家底"，了解社会需要的信息，做到"知己知彼"，就能掌握利用工作的规律，变被动为主动，更有效地开展利用服务工作。

所谓熟悉档案，主要指熟悉馆(室)藏档案的成分、内容和数量以及存放的库架位置，熟悉每一个全宗的形成和整理状况以及全宗与全宗之间的有机联系，并且熟悉各全宗档案的利用价值。特别是对重点全宗和珍贵的档案更应了如指掌。熟悉档案的方法很多，一般是通过收集、整理、鉴定、保管、统计和提供利用等日常工作，有意识地了解档案情况，特别是通过编制各种检索工具和开展编研工作，系统地掌握本馆(室)档案的内容和成分。只有熟悉了档案内容，才能减少查阅调卷的盲目性，及时准确地查寻利用者所需要的档案材料，积极主动地介绍和提供档案。

所谓了解需要，就是做好利用工作的预测工作。社会上各行各业存在着职能上的差异，对档案利用的需要也是多方面的。不同时期，不同任务，对档案的需要也有所不同。如果不对客观需要进行调查研究，利用工作只能坐等利用者上门，即使愿意主动地开展工作，也往往由于无的放矢而不能取得最好效果。因此，应根据社会主义事业的发展和当前党和国家各项工作的任务，通过统计和分析，或直接征求利用者的意见，或向有关机关了解他们在各个时期需要利用什么档案等情况，切实做好档案利用工作。

（三）正确处理利用和保密的关系

国家保存档案的目的，是为了提供档案给各行各业使用，充分发挥档案应有的作用。若长期把档案禁锢起来，就失去了保存档案的意义。但是，有些档案又属于党和国家机密。所以，在开展利用工作时，要坚持保密原则。利用与保密，从根本上来说两者是一致的，都是为了合理地发挥档案在社会主义事业中的作用。保密的目的，也是为了更好的利用。但在实际工作中，对什么档案要保密，什么档案不保密，以及保密期限的长短等具体问题处理不当，往往会发生矛盾，应该全面地理解、处理利用和保密之间对立统一的辩证关系。档案在什么情况下提供利用，为谁提供利用，采用什么方式提供利用，在什么情况下需要保密，范围多大，什么情况下能解密，都要依据党和国家的方针政策，把两者结合起来。凡是提供利用有利于坚持党的四项基本原则，有利于促进安定团结和社会主义事业的，均应积极地提供；凡是档案中的情报信息，只能在一定范围内使用才有利于国家安全、社会安定和经济建设的，则应严格地坚持保密。

（四）加强对档案用户调研工作

做好档案利用工作，仅仅"知己"是不够的，还要"知彼"，也就是对档案利用者要有全面、准确的了解，加强对档案用户的调研，知己知彼，才能百战不殆。进行档案用户调研,应遵循和坚持一定的原则:客观性原则,防止盲目性、主观性;针对性原则,调研工作要有明确的目的;全面性原则,防止片面性;服务性原则,始终把向档案用户提供有效服务作为调研活动的宗旨。在正确原则指导下,首先要认真分析影响档案用户需求的主观和客观因素,如社会政治和经济因素、科学文化因素、档案工作因素、档案用户自身的因素,等等。其次应该分析、研究各类档案用户需求的特点,例如,研究人员、机关工作者、工程技术人员、大学生,以及工人、农民、市民,对档案的需求是不同的,查找的方法有各自的习惯。了解和掌握了这些情况,才能有的放矢,采取有效方法,主动、积极地做好利用工作。

第二节 开展档案利用工作的方式和途径

开展档案利用的方式和途径有很多,有以档案原件提供利用的,如:在档案馆(室)内开辟阅览室,利用者在馆内阅览一般文件原件;在某些情况下将档案原件暂时借出馆(室)外使用等。有以档案复制品提供利用的,如:制作各种形式的档案原件复制本,代替原件在馆内阅览或提供馆外使用;编辑出版文件汇编和在报刊上公布档案;举办档案展览等。还有综合档案内容编写书面资料提供利用的,如:编写各种参考资料;制发档案证明;函复查询外调;依据档案材料撰写专门文章和著作,向社会提供加工的档案信息。

一、开设档案阅览室

开设档案阅览室,直接提供档案原件或复制件。阅览室是档案馆和机关、企事业单位集中接待利用者,直接传播档案信息,当面提供咨询服务的基本场所。由于档案的特点,档案部门一般不外借档案。在阅览室利用档案有许多优点:一是便于保护档案材料的物质安全,不仅可避免档案的丢失,而且能减少档案的辗转、磨损,从而使其延长"寿命";二是便于及时周转,提高档案利用率;三是有利于维护党、国家和一个机构内部机密的安全。

阅览室是联系档案的保管者和利用者的纽带,是档案工作发挥作用的主渠道,是档案馆(室)对外的"窗口"。外界通过它可以窥见档案馆(室)的馆藏、管理和服务水平,档案部门通过它可以直接体察服务对象的要求和评价。因而,做好阅览室工作十分重要。一般应注意以下几点:

第一,阅览室的设置需兼顾优质服务和严格管理两个方面。阅览室要求明亮、宽敞、安静、舒适、清洁和方便。一般应有服务台、阅览桌和存物处等设施。阅览桌以无抽屉为宜,以便于管理人员必要的监护。为方便利用,还应准备历史、地理、政治、经济、文化和语言等方面的工具书以及与所藏档案密切相关的参考材料。

第二，为维护阅览室秩序和档案的安全，阅览室应建立必要的规章制度。其内容包括：严格掌握阅览室接待对象、档案材料的阅览范围、批准权限，并办理入室、档案索取和归还手续，以及利用者爱护档案的若干具体规定等。

第三，接待人员需要有良好的工作作风和扎实的业务基本功。工作人员既要主动热情，急利用者之所急，又要熟悉政策，精通业务（如熟悉收藏和各种检索工具等），善于对外接待。同时，还要有认真负责的精神，注意提醒利用者遵守有关规定，在借出和收回档案时，仔细检查材料状况，维护档案的完整与安全。

二、档案外借

档案外借，是指按照一定的制度和手续，将档案携出阅览室阅览、使用。档案一般是不借出的，但在个别情况下，为照顾党、政领导工作之便，为满足某些工作岗位的特殊需要，可以将档案暂时借出使用。在机关和企业内部，尤其是企业，将档案携出档案室，带到科研、生产现场使用相对多些。但是，对于特别珍贵或已残破的、脆化的常规文件、古稀文本，以及照片、影片、录像带、录音带等原件，是禁止外借的。

对档案的外借使用，需建立严格的制度，经一定的审批手续方能外借；借出期限一般不宜过长，外借档案的数量也应有所限制：借用单位和个人应对所借档案的完整和保密负完全责任，不能将档案转借和私自摘录、复制、翻印，更不能遗失、拆散、调换、抽取和污损档案材料，应完整地按期交回。档案馆（室）工作人员应经常掌握档案的借出情况，督促借阅者按期归还。收回借出档案时，对案卷的数量和卷内文件需要进行细致的检查。总之，要本着既方便服务，又严于管理的思想，摸索出行之有效的工作方法和制度，如借阅者身份审查手续、借阅登记手续、借阅清点手续和借阅证制度、催还续借制度、调离认可制度等，有礼有节地做好档案外借工作。

三、制发档案复制本

根据档案原件制发各种复制本，是档案部门特别是档案馆开展档案利用工作的一种重要方式。在企业、科研部门的科技档案利用服务中，这项工作通常又被称为复制供应。它包括内供复制和外供复制。外供复制又是实现科技档案有偿交流的一个途径。

档案复制本，可根据利用单位的不同需要，分为副本和摘录两种。副本，反映档案原件的所有组成部分。摘录，只选取文件某些部分。复制方法主要有复印、手抄、打字、印刷和摄影等。

制发档案副本提供利用具有较多的优点,既可以提高档案利用率,缓和供需矛盾,又便于保护档案原件。一方面,利用者不用到档案馆(室)就可获得所需要的档案材料,既方便用户,又可在同一时间内满足较多利用者的需要,使档案更充分地发挥作用;另一方面,有利档案原件的保护和流传。因此,提供档案复制本是档案管理和利用服务的一种有效方式,档案馆(室)应根据条件,更多地以复制本代替档案原件提供使用。

提供档案复制本的方式也有它的局限性。

第一,利用者查阅档案,总想看到原件,尤其用作凭证时,一般的档案复制本往往不能令人满意。对此,一方面,要努力提高复制技术水平,尽可能使复制件十分近似于原件;另一方面,应在档案文件空白处或背面注明档案保管单位名称、档案原件编号,必要时,还要加盖公章,以示负责。

第二,由于现代复印技术的快速发展,尤其静电复印机的广泛应用,就可能使复制本失控,造成多处多份复制,随意公布档案的事情常有发生,不利于档案的保密和权益的维护。为此,必须对档案复制本制发范围和批准权限严格管理。

四、举办档案展览

档案展览,就是根据某种需要,按照一定主题,系统地陈列档案材料。这是通过展示和介绍有关档案的内容和成分而提供利用的一种服务方式。

档案展览的作用突出地表现在两个方面:

第一,可以大力宣传档案和档案工作的重要意义。参展的档案材料一般是经过精心挑选的,其中有的还属于档案的珍品,因而它能以原始性、可靠性和丰富性,给观众留下深刻的印象,进而引起人们对档案和档案工作的进一步重视。

第二,可以广泛发挥档案的作用。举办档案展览本身就是一种提供利用的方式,而且这种形式能在一定时期、一定范围内满足较多观众的参观要求,服务面广泛,尤其是对那些有普遍宣传教育意义的档案材料,这种形式会使档案的宣传教育作用得到充分发挥,取得其他任何形式都达不到的广泛、深刻、生动的效果。

举办档案展览,既要突出思想性,又要体现一定的科学性、业务性和艺术性。为使其达到满意的效果,首先要选好展览主题,然后精心选取和组织材料,档案馆根据自身的条件,可在馆内设立长期的展览厅(室),陈列本馆保存的有关国家、民族和本地区、本馆历史的珍贵文件,使人们一入档案馆就能对档案有一个大概的了解,引起社会对档案的重视。档案馆平时应配合各种工作和有关的活动,酌情举办各种类型的档案展览会,如历史档案展览会、革命历史档案展览会、各种专题展览会,还可配合各种纪念活动,组织有关人物或事件展览会等。档案室为配合当前的任务和机关有关的工作,可举办各种小型的展览会,如工作或生产、科研成就、工作成果、公文质量、规章制度展览等。档案展览会可以由一个档案馆(室)单独举办,也可几个档案馆(室)联合举办,或有关单位联合举办;可经常性地长期陈列展出,也可以临时展出。展览陈列的地点和方式,可根据需要和条件,或固定展出,或巡回展出。其次要对入选档案合理分类,编写前言、各部分标题、提要和介绍。围绕主题查找和挑选展出的档案,是组织展览过程中最重要的一环。档案展览内容的思想性、科学性和展出的效果如何,往往取决于展出档案的内容和种类,要选择最有价值和最有意义的材料,特别是选择能正确反映历史事件、揭示事物本质的材料。选择展出档案时,需要对形成档案的历史环境、事件始末进行深入的了解和研究,只有以历史唯物主义的观点,在深入研究材料的基础上,选出的档案才能精练和正确地反映问题本质。

　　档案展出时,必须注意档案的保护和保密工作。对于机密档案,要严格按照事先确定的范围组织参观。展出的档案一般都用复制品。必须展出原件时,应采取透明装置等保护措施,以防止档案的遗失和损坏,如将其陈列于玻璃柜内或采取其他保护措施。展出机密性的档案,需经领导批准并规定参观者的范围。在展览过程中应配合进行讲解工作,负责解答观众提出的有关问题,并适当地进行必要的宣传。

五、出具档案证明

　　档案证明是档案保管单位向申请询问、核查某种事实在所藏档案中有关记载的利用者出具的书面证明材料。

　　在社会生活中,有些机关、企事业单位或个人,为处理和解决问题往往需要档案部门提供证明材料。例如,公安、司法、检察部门在审理案件过程中需要证明材料;公证机关或个人在确认工龄、学历、财产方面需要证明材料,等等。

　　出具档案证明,是很严肃的工作,档案人员只有在利用者正式申请下才能进行这项工作,而且对申请的审查和证明的拟写,都必须认真对待。申请书应写明要求出具证明的目的以及所查证问题的发生地点、时间和经过。档案证明一般应根据档案的正本或可靠的副本来拟写。不论根据什么材料,都应注明其出处。同时还应注意,档案部门和人员在这方面的职责仅是对某一问题在所藏档案中有无记载和怎样记载的情况加以证明。因而,在证明中不能妄加评论和总结,只能对有关材料进行客观地、如实地叙述或摘录,尤其对所要证明的问题起关键性作用的内容应做到与原件的字、句甚至标点完全吻合。加盖公章后,拟写的档案证明才能生效。

六、提供咨询服务

这种服务形式是档案人员以档案为依据，以自己所掌握的业务知识和专业技术知识为基础，对查询者提出的问题进行解答，或指导利用者获得有关某一方面档案的线索。档案咨询有一般性咨询，也有专门性咨询；有事实性咨询，也有知识性咨询；有专题研究性咨询，也有情报性咨询。咨询工作一般按下列程序进行：

（一）接受咨询问题

接受咨询时，首先要审明咨询的目的、内容、范围、要求以及深度广度，以便确定检索途径和复询方式，特别要结合审题，明确本馆（室）有无咨询依据材料和承担咨询的条件。对利用者在借阅档案过程中提出的问题，较简单的并有把握的则立即回答，或借助于检索工具和有关材料，短时间内予以解决。问题比较复杂和困难的，记录下来研究后再予答复。接待咨询要求热情认真，解答翔实。无论利用者当面或电话咨询，凡不能即席解答的，或让利用者稍候，或另约时间等等，都应从方便利用者考虑，使之省时省事而又获得满意的解答。必须指出的是，不是所提问题都要处理、解答的。如所咨询的内容已超出业务范围而应由其他机关、单位办理的，或涉及党和国家机密的，或属于家庭与个人方面不宜公开的，可以说明情况，谢绝解答。

（二）查找档案材料

根据利用者提出的咨询问题，深入分析研究，确定查找范围，明确检索途径和方法，查找有关档案材料。

（三）答复咨询问题

回答咨询的方式视其具体情况可分别采取直接提供答案、提供档案复制本、介绍有关查找线索等。提供档案材料时要注明材料的出处，包括作者、文种、形成时间、档号（全宗号、目录号、案卷号、页号）。若档案中对同一事实有不同记载，要全部提供给利用者，由他们分析判断，决定取舍。

（四）建立咨询档案

回答的咨询问题，应有目的地建立咨询档案。凡是重要的有长远参考价值的，或者可能重复出现与解答不了的咨询问题，都应作完整的记载，包括各种原始记录、解答咨询的过程、最后结果等。咨询档案对于全面掌握咨询情况、总结经验、改进工作、探索规律是十分有用的，是一种很有参考价值的材料，应该持久地连续积累和不断地发挥它的作用。

第三节　开放档案

　　向社会开放档案,是我国档案利用工作乃至整个档案事业中的一项重大改革举措,有极其重大的现实意义和深远的历史意义。

　　开放档案是从我国档案管理的实际和形势发展的需要提出的。由于全党工作重点的转移和社会主义现代化建设的发展,经济管理和科学研究等各部门,迫切要求各级档案馆更为广泛地系统地提供档案资料,以满足咨询和研究等需要。我国档案工作经过建国以来多年建设,各项业务工作已逐步规范,初步具备了开放档案的条件。

　　1979 年 6 月,一些学术界的人大代表,在全国五届人大二次会议上提出开放历史档案的提案;同年 10 月,国家档案局和中国社会科学院联合召开了历史档案工作座谈会,一致认为历史档案要开放利用;1980 年 3 月国家档案局报经党中央、国务院批准,下发了《关于开放历史档案的几点意见》;1980 年 5 月中央书记处作出开放历史档案的决定,我国各级国家档案馆开放历史档案的工作从此正式开始进行。在后来的实践中,国家档案局又先后制定、下发了《关于开放历史档案问题的报告》、《档案馆工作通则》、《档案馆开放档案暂行办法》、《关于加强档案馆建设和进一步开放历史档案的报告》、《各级国家档案馆开放档案办法》、《外国组织和个人利用我国档案试行办法》等,这些法规文件所规定开放的档案范围,已不仅仅是历史档案,所以现在一般称这项工作是开放档案。

一、开放档案的含义

　　开放档案就是将保密期满和其他可以公开的档案,解除"封闭",向社会开放,只要履行一般的手续即可通过一定的方式进行利用。

　　《中华人民共和国档案法》第十九条规定:"国家档案馆保管的档案,一般应当自形成之日起满 30 年向社会开放;经济、科学、技术、文化等档案向社会开放的期限,可以少于 30 年;涉及国家安全或者重大利益以及其他到期不宜开放的档案向社会开放的期限,可以多于 30 年,具体期限由国家档案行政管理部门制订,报国务院批准施行。"

　　《中华人民共和国档案法实施办法》进一步规定:"各级各类档案馆保管的档案,应当按照档案法的规定,分期分批地向社会开放。档案开放的起始时间是:①中华人民共和国成立以前的档案(包括清代和清代以前的档案;民国时期的档案和革命历史档案),应当自《档案法》实施之日起向社会开放;②中华人民共和国成立以来形成的档案,一般应当自形成之日起满 30 年向社会开放;③经济、科学、技术、文化等类档案,可以随时向社会开放。"同时规定:前款所列档案中涉及到国防、外交、公安、国家安全等国家重大利益的,以及其他到期不宜开放的档案,其向社会开放的时间可以延长到档案形成之日起满 50 年,满 50 年仍有可能对国家重大利益造成损害的,可以继续延期开放。

档案馆要积极汇编档案史料,不断地系统地公布档案。《中华人民共和国档案法》第十九条第二款还规定:"档案馆应当定期公布开放档案的目录,并为档案的利用创造条件,简化手续,提供方便。"同时,为了开展地区和国际文化交流,便于港、澳、台同胞和海外侨胞、外国学者研究我国历史,《中华人民共和国档案法实施办法》第二十二条也作了规定:"中华人民共和国公民和组织,持有介绍信或者工作证、身份证等合法证明,可以利用已开放的档案。外国人或者外国组织利用我国已开放的档案,须经我国有关主管部门介绍和所前往的档案馆同意。"

二、开放档案的要求

开放档案,是新时期赋予档案工作的一项光荣而又艰巨的任务,是我国档案事业发展的新开端。它向档案工作提出了更高的要求,必须采取相应的措施。

(一)档案的开放与保密

正确处理档案开放与保密的关系,明确档案开放的范围。必须解放思想,提高认识,树立开放和保密相统一的思想。一方面应该看到,我国各级档案馆保存的 30 年以前形成的档案,特别是历史档案,尤其是古代档案,绝大多数已不涉及现在的党和国家机密。这批丰厚的档案资源,只有及时地开放利用,才有利于空前发展的社会主义现代化建设和各项事业。同时也必须明确,开放档案并非无条件地敞开门户,不受任何限制。只有档案的开放有利于社会主义事业,有利于党、国家、民族、公民的利益,才能开放。档案的开放和必要的限制,这在任何开放档案的国家都是存在的。1983 年国际档案理事会组织的一篇调研报告就曾指出:"我们不能忘记公共档案馆作为一个国家和行政管理机构的一部分的特殊性质,因此,要求它们彻底地、不受限制地向研究界开放,是荒唐的事情。"有些涉密的档案"在很长时间内是不能开放利用的"。我国的档案法对开放档案的一般年限及其掌握原则作了基本的规定,并在《各级国家档案馆开放档案办法》的文件中,具体规定了档案开放和控制利用的范围。各个档案馆应据此对馆藏的所有已到开放年限的档案,及时进行审查,具体确定本馆开放档案的范围。

(二)做好基础工作,为开放档案创造必要条件

各级各类档案馆开放档案应做到以下几点:

①开放利用的档案必须经过系统的整理。

②编制提供利用者自行检索的案卷或文件级开放目录。

③破损或字迹褪色、扩散的档案,必须经过修复保护。

④古老、珍贵和重要的档案,以复制件代替原件提供利用。

⑤设有开放档案阅览室,并配备必要的阅览和复制设备,以及其他必要的利用服务设施。

各级各类档案馆必须把开放档案工作和各项业务建设密切结合起来,以开放档案推动和促进档案的收集、整理、完善检索体系等各项基础工作,为开放利用创造良好的条件。

(三)建立和健全开放档案的规章制度

开放档案是一项严肃而细致的工作,必须有严密的制度保证。各档案馆应根据档案法及其实施办法、档案馆档案开放办法等有关规定,制订本馆的实施细则以及其他规章制度。其中特别需要注意下列几个方面:

第一,定期审查馆藏档案的密级,确定解密和划分控制使用的范围。对形成时间将满30年的涉密档案,原档案形成机关、单位,认为仍属国家机密的,应提前通知同级档案行政管理机关和国家档案馆,逾期未通知延长保密期限的,由各级国家档案馆按照1991年国家档案局、国家保密局发布的《各级国家档案馆馆藏档案解密和划分控制使用范围的暂行规定》中有关条款,确定是否解密和划控。1991年1月1日前形成的已进馆保存的涉密档案,由档案馆负责进行解密工作。1991年1月1日前形成的未进馆的涉密档案,其解密工作由各档案形成机关、单位负责进行。馆藏的1991年1月1日后形成的涉密档案,未接到保密期变更通知的,自保密期限届满之日起,即自行解密。档案馆必须根据有关文件的规定,陆续地具体确定开放的案卷及其保管单位。

第二,档案馆的寄存档案是否开放和如何开放,必须由寄存者或其合法继承者决定。如无合法继承者,其档案的开放由档案馆按照国家颁布的档案法、实施办法、开放档案办法中开放年限的掌握标准等有关规定办理。

第三,使用开放的档案,允许利用者摘抄、复制,也可在研究著述中引用,但不得以任何形式公布,即不得以刊物、广播、展览、宣读等形式向社会公开档案的全部或部分原文。属于国家所有的档案,由国家授权的档案馆或有关单位公布。

(四)通过多种形式加强开放档案的利用

各档案馆(室)应该主动地开展档案开放工作,汇编各种档案史料,公布档案,编写与出版开放档案参考资料等等,最大限度地方便利用者,充分发挥档案的社会作用,同时,又有利于档案原件的保护。

在开放档案的方针政策指导下,各级国家档案馆的思想观念、基础业务建设、利用服务方式、功能作用以至档案馆建筑布局都发生了根本性转变,一个为社会各方面提供全方位服务的开放型档案馆系统,已展现在世人面前。改革开放 20 年,我国各级各类档案馆通过接待查档、函电咨询、公布出版档案史料汇编、举办展览等多种方式为社会各界以及中、外交流提供了广泛的服务,在维护国家主权、民族团结、政治稳定以及为三峡工程等重大建设项目服务方面都作出了一定的贡献。在为社会提供全方位的服务中,档案馆的功能也不断拓展。一些档案馆为充分发挥档案馆文化事业单位的作用,提出要开发其兼有的图书馆、博物馆、展览馆的功能,使之既能为党政机关、学术界提供工作查考和学术研究等较高层次的服务,也能通过举办展览等形式进行爱国主义教育、历史文化知识普及乃至为群众提供文化学习场所。

【拓展阅读】

阅读资料之一:

探访青岛市档案馆:一馆藏天下　往事亦可追

对于许多市民来说,坐落于延吉路的青岛市档案馆显得既陌生又呆板,"很多人以为我们这儿只是个放资料的仓库,实际上我们和许多普通市民的日常生活都有着千丝万缕的联系。"那么除了存放档案,档案馆还有什么其他作用呢?和我们普通市民又有什么关系呢? 2012 年 4 月 23 日至 4 月 24 日,带着这样的问题记者探访了青岛市档案馆。

■靠档案馆找回退休待遇

"我好像是 1974 年进的厂,这里有没有我当时的招工表?"4 月 23 日上午,王阿姨来到档案馆"求助",原来,近期准备办理退休的她发现自己的人事档案中缺少了一份入厂工作证明,这导致她的工龄无法进行核算。在工作人员的帮助下,王阿姨最终找回了自己丢失已久的"招工表"。

2001 年 12 月,档案馆成立了文档服务中心,用以向社会公众提供各种已公开的政府行政文件和开放档案的查阅、复印等服务。"我们每天平均会接待 30 余名来访者,既有搞研究的学者,也有政府的公务人员,但更多的是普通市民。"采访中,文档服务中心的高主任表示,每天的来访者中有六成以上是像王阿姨这样的普通市民,他们有在办理工作调动或退休时遭遇个人档案缺失的求助者,也有来查阅相关文件规定的维权者,还有来翻查各种资料的怀旧者。

"我们这儿不仅仅有政府档案,还有许多企业的档案以及各种历史文献,因此不论是搞学术研究,还是办理各种手续的人都会到我们这儿来。"宣教处的周处长告诉记者,现在他们已经不再是坐等资料,而更多的是主动收集资料,同时做好资料的利用。而编研处的孙处长说,不久前,他们刚刚根据馆藏档案整理了青岛城市发展相关资料,并提供给了青岛"两会"的代表,"反响很好,我们还有整理给普通市民的资料，很多的。"

■修裱室里修复残缺"历史"

推开两道厚重的密码门，记者和工作人员一起进入了档案馆的仓库，展现在记者眼前的是上百个放满文档的铁柜，这座城市的记忆就静静地躺在这里。

与想象中不同的是，这些存放资料的仓库并不在地下。"这是其中一间，我们一共有16间这样的仓库，放着从青岛建制以来的各方面资料，这些柜子下边都有滑轮，用的时候先通过手柄把它们滑开。"负责仓库管理的高明告诉记者，这些档案入库前都要进行杀菌和清尘，而为了保护档案的安全，仓库内部完全封闭，并形成恒温恒湿无虫鼠的环境。记者看到所有的文档资料都被整理装订好放在专用的文档盒内，"除了纸张的，我们还把文档制成了胶片，这些都是。"高明拿起一个黑色的盒子告诉记者，目前仓库里还有录像带、光盘等各种形式的资料。

"用胶片保存资料不仅效果最好，而且存放时间长，使用起来也方便。所以我们正在逐步把馆内的文档都做成胶片。"在微缩室，记者见到了对纸质文档进行胶片化录入的工作人员。由于制作胶片时不能见强光，所以狭窄的微缩室内终日灯光昏暗。记者看到两名女工人把一张张文档放在工作台前进行拍摄录入，并不断机械化地重复着这一动作。"我们这个工作其实很枯燥，每天要重复2000多次这样的动作。"文档保护处的姜处长告诉记者。

"做我们这个活要求'三心'：细心、耐心和责任心，干这活的都是娘子军。"在文档保护处的另一个部门"修裱室"内，5名女工人正拿着刷子、镊子静静地忙碌着。"一般步骤是我们先拆线，把每一页都分开，然后再整理，接着用糨糊和宣纸进行装裱修复，贴在木板上晾干后再揭下来最终重新装裱好。"刘玮告诉记者，这一套流程下来，修复一份200页普通的文档大约需要一周的时间。

记者看到一名工作人员先把破损的文档小心翼翼地拼接好后在文档背面铺上了宣纸，并用糨糊进行浸湿，随后贴到了旁边一块木板上进行晾干。"这些糨糊是我们用面粉自己制作并处理的。"记者得知，修裱档案专用的糨糊必须"去筋"，即先洗去面粉里的蛋白质，否则过不了多长时间，粘合处就会变脆甚至被虫蛀。刘玮告诉记者，他们与其他书画装裱工作室最大的不同在于他们不追求装裱的"美观性"，而是力争还原文档面貌的"真实性"。据介绍，这里每名工人每天可以修复约20张受损的文档。

1999年，青岛农科院在搬迁时从仓库里发现了一张破烂不堪的老地图，当时这张原本110cm×175cm的地图卷缩得还没有一个巴掌大。修裱室的工作人员经过近一个月的抢修才基本还原地图原貌。专家通过修复，研究发现这是一张日本南满洲铁道株式会社于1925年汇编的《山东省详密图》，而这张日本人绘制的山东地图，其目的耐人寻味。它也成为研究青岛和山东历史的重要资料之一。

■档案馆的"常客"

档案馆不仅是一个"仓库",这里也成为许多人业余研究、怀旧甚至休闲的地方。

"除了下大雨,我基本天天都过来查资料。我虽然退休了,但现在还是要继续学习。"已经退休的青岛大学文学院教授唐致卿是档案馆的"常客",他告诉记者,他现在正在为《近百年的山东粮食经济研究》做前期资料准备,其中部分资料就是通过查阅青岛市档案馆里的县志收集到的。现在唐教授已经制作了8000张县志资料卡片,而档案馆也给唐教授安排了专用的电脑、查阅栏以及存储资料用的柜子。"我对咱们档案馆有很深的感情,档案馆的服务特别地好,馆员工作也特别认真,我去过不少的档案馆,咱们青岛市档案馆各方面的水平绝对全国一流。"

而参加过抗美援朝战争的安邦老人与档案馆则有着更特殊的感情,只要一有时间他就会去档案馆的展览厅走走看看。"我今天是来查资料的,我一个老战友以前在青岛当地报纸上发表文章,他现在人在外地想写个自传,于是托我来查。"对于档案馆,老人记忆最深的就是在青岛市档案馆展览厅里抗美援朝板块布展工作中,自己和老战友们一起动员在抗美援朝时立过部队二等功和朝鲜三级国旗勋章的马青生把他所获的锦旗、勋章以及抗美援朝时期的照片捐给青岛市档案馆。如今,安邦老人一有空,就会来这看看自己的"老战友"。

(原载《半岛都市报》2012年4月25日 作者:王龙)

阅读资料之二:

档案展览不应躲进"深宅大院"

前不久,笔者来到某市档案馆参观日常展览,刚走进档案馆大门,便被门口执勤的武警拦住,要求出示相关证件,并询问来意。在通知了档案馆内一位熟识的朋友后,笔者方才进入档案馆参观展览。在参观中笔者发现,该档案馆的日常展厅位于馆内最尽头,且无相关标志标明,展厅内布局相对简陋,据说是由原有办公设施改造而成。在参观过程中,笔者感到诸多不便,也就早早地结束了参观。

全国各级各类档案馆的日常展厅,是汇聚馆藏档案精华之所在,所以也有人说,参观过了档案馆的日常展厅,就能够了解该档案馆的馆藏档案规模和特色。然而,很多档案馆的日常展厅往往门可罗雀,参观者寥寥无几。究其原因,首先,许多档案馆并不注重档案馆日常展厅的建设,展览空间相对狭小,基础设施不健全,展出的档案质量不佳,甚至干脆把展厅与库房合二为一,以为节约了空间,实际上既不能保证展览质量,又威胁到了馆库安全。其次,大多数档案馆将日常展厅设置在档案馆内部,而档案部门作为机关单位和档案资料保管重地,不得随便出入，有的档案馆还在门口设置岗亭，以便加强安全管理，无形中阻碍了百姓进入档案馆参观展览。

近年来，各地各级档案馆相继举办"档案馆日"活动，让普通百姓走进档案馆，了解档案工作和档案文化。举办"档案馆日"活动固然可以吸引百姓来馆参观，但在平日里能否为百姓提供参观的机会则是各档案馆需要重视的问题。据笔者了解，很多百姓只知道档案馆有查阅大厅，却不知还有日常展厅。因此，各级各类档案馆应加大对日常展厅的建设力度，扩充展览空间，提高展览质量，同时加大日常展厅的宣传开放力度，使日常展厅和档案查阅大厅一同成为档案馆面向社会开放的"两个窗口"，吸引百姓来馆参观，充分发挥档案馆作为爱国主义教育基地的社会作用，成为便民利民的服务品牌。

（原载《中国档案报》2012 年 3 月 16 日总第 2280 期第 2 版　作者：石　众）

【思考与分析】

一、讨论。

1. 阅读资料一之后，你对举办档案展览的意义和方法有哪些认识？

2. 阅读资料二之后，你对开放档案工作有哪些新的认识？

二、联系案例内容，简答以下问题。

老王是位 1946 年就参加革命，新中国成立后一直在企业工作的退休干部，后来他得知国家有政策规定，1949 年 10 月 1 日前参加革命工作的同志享有离休干部的待遇。老王便多次向单位反映，希望能落实政策，但由于老王在建国后所有的个人履历表里填写的参加工作时间皆为 1949 年 10 月 1 日（原来老王以及与他一起参加革命的许多同志是为纪念中华人民共和国成立而将自己参加工作的时间定为 1949 年 10 月 1 日的），因而无法落实政策。后来，老王忆起 1947 年秋季，他曾参加过中共某某区委的干部培训班，于是前往档案馆查找利用，档案馆工作人员根据他提供的线索，很快找到了有关的档案材料。不久，老王便享受到了离休干部待遇。

1. 你对档案利用工作的意义有什么新的认识？

2. 档案提供利用的方式主要有几种？案例中的利用方式属何种？

三、判断题（判断是非，并说明理由）。

1. 利用者少，利用率低的档案价值肯定要低一些。

2. 我们应充分利用档案，但同时又要注意保密。

3. 档案馆在制发证明时，为了引起有关方面对档案的重视，特加上"本证明是依据档案编制的，十分可信"的字样。

第八章 档案的编研工作

第一节 档案编研工作概述

一、编研工作的内容

所谓档案编研工作,就是档案馆(室)对所藏档案在研究的基础上,进行汇编和出版,编制参考资料,参加编史修志,撰写文章和著作为各项工作服务。

档案编研工作的具体内容有以下几个方面:

(一)编辑档案史料和现行文件汇编

这项工作也被称为档案文献编纂。该项工作的成果具有原始性、系统性和易读性等特点,工作成果备受读者青睐。

(二)编辑档案文摘汇编

这是对档案原文的缩编,相当于档案二次文献,具有灵活、简便、及时的特点。

(三)编写档案参考资料

它以综合加工编写的作品提供利用。

(四)编史修志

这是以馆藏档案为基础,参加历史研究和编史修志。

二、档案编研工作的意义

档案编研工作对整个档案工作的重要意义主要有以下几个方面:

(一)有利于更好地为社会提供档案利用

档案编研工作中除了专门的历史研究和编史修志外,基本上属于档案提供利用工作的范畴。档案编研工作是主动地、系统地、广泛地提供档案利用的一个有效方式。档案工作人员把具有研究价值和实用价值的档案信息编辑、加工后,推荐、分发给有关人员使用或公开出版,是一种主动服务方式;将特定题目的档案文件或档案信息集中、系统化,可以节省利用者查找档案的时间和精力。作为档案信息转化形式,档案编研成果便于传播,使馆外利用、异地利用成为可能,有利于更加广泛地发挥档案的作用。

（二）有利于提高档案馆（室）的工作水平

档案馆（室）搞好档案的收集、整理等基础工作是开展编研工作的前提,而在档案编研过程中,由于大量调阅档案,又可对档案馆（室）的基础工作起到全面检验的作用。档案编研工作要求档案工作人员具有较高的知识水平,可促进档案干部队伍素质的提高;档案编研工作向社会各界和本机关提供了系统的档案信息服务,有助于扩大档案工作的影响,赢得社会各方面对档案工作的重视和支持。

（三）有利于保护档案原件和流传档案史料

开展档案馆（室）的编研工作,编写参考资料和汇编档案史料,可以因此避免这些资料和史料遭到损坏和流失,有利于档案原件的世代相传。将档案文件汇编出版,相当于为有关档案制作了大量副本,分存于各处。即使原件遭到损毁,档案的内容也可以长久流传,这是我国自古以来档案工作的一条历史经验。

三、编研工作的要求

编研工作是一项严肃认真的工作,需要有高度的政治责任心和实事求是的科学态度。无论是公开出版的档案史料汇编,还是内部发行的档案参考资料,都应观点正确,内容丰富,符合历史本来面目,经得起历史检验,有较高的利用价值和学术价值。其具体要求如下:

（一）政治上的正确性

古往今来,档案编研工作总是带有一定的政治倾向。档案编研不是对档案原件的简单照录,它必须反映编研人员的观点和认识,具有明显的思想性。档案编研成果不同于一般的出版物,它是以档案为基础编辑或编写的,带有一定的权威性,利用者往往会作为依据性材料加以使用。这就要求编研人员要将辩证唯物主义和历史唯物主义的思想方法贯穿在选题、选材乃至加工、编写的每一个环节中,使编研成果反映历史的真实面貌。

（二）史料上的真实性

编研过程中选用的档案史料必须能正确地、客观地反映历史事实,这是检验编研成果质量和其能否经得起历史考验的关键所在。如果对内容不真实的档案材料,不加考证地盲目使用,必然是以讹传讹,所造成的后果将不堪设想。因此,档案编研工作必须要对档案材料进行一番核实考证,做一番去伪存真的分析研究,选用真实可靠的材料,切勿以讹传讹和鱼目混珠。

（三）内容上的充实性

编研成果能否受到社会欢迎和重视,主要取决于它是否有丰富充实的内容。如果一个编研成果内容丰富、材料充实,能完整地反映有关事物的发生、发展、变化和终结的全部过程,利用者使用起来得心应手,也就必然会受到欢迎。反之,如果材料支离破碎或不能反映事物的全貌,利用者就会感到不满足,编研工作也就没有达到预期目的。要使编研成果内容充实,就需要将与题目有关的档案材料收集齐全,尽量选用其中能反映一个事物发生、发展、变化、终结全过程的完整材料。

（四）体例上的系统性

体例上的系统,是指将档案材料按其内在联系组成一个有机整体。在内容上条理系统,上下联系,合乎逻辑;在编排上科学划分章节,结构严谨,自成体系。

第二节 编研工作方法

一、现行档案文件汇编

档案文献汇编的内容可以是新中国成立前形成的历史档案,也可以是新中国成立后形成的各种类型档案,前者通常被称为档案史料汇编,后者则被称为现行档案文件汇编。

现行档案文件汇编的种类很多,普通和常用的有以下几种:

（一）法规文件汇编

法规文件是指党和国家各级权力机关及具有一定权限的部门颁发的以强制力推行的用以规定各种行为规范的文件,如法律、法令、规定、决定等。将这些文件汇编成册,对于利用者查找有关法规内容是十分方便的。

法规文件汇编有综合性汇集和专题性汇集之分,前者是将某一级别政府机关颁布的各种法规文件加以汇集,如《中华人民共和国法规汇编》,后者是将某一专业领域的法规文件加以汇集,如《林业法令汇编》等。

法规文件汇编具有权威性、准确性、资料性等特点,在选材中应严格注重以下两点:

第一,要收录按照法定程序发布的法律、行政法规等规范性文件,非规范文件不应收录其中。

第二,收录的文件应现行有效,对于已经废止的失效文件可将其目录附后供参考,但不需收录原文。

编辑法规文件汇编要有明确的时间断限,为便于查找利用,通常对收入文件按内容分类后按时间排列。如《中华人民共和国档案法规汇编》收录了自建国始至1992年6月所有现行有效的档案法规、规章百余项,按内容分为综合、收集保管、专门档案管理、开放利用、监督检查、档案管理升级、编制职称经费和档案保护技术八大类,每一类中按法规发布时间顺序排列。

（二）重要文件汇编

重要文件通常是指有关方针政策方面的规定性、领导指导性文件,将这些文件汇编成册即为重要文件汇编,如《××局2000年重要文件汇编》。它的收录范围可以是上级机关文件,也可以是本机关形成的文件。汇编编制完成后可以供本机关使用,也可以印发给下属单位,供查阅执行。

编辑重要文件汇编,首先要根据编辑意图和文件情况确定好收录范围,可在综合考虑文件内容的重要性和查阅利用的经常性这两方面因素的基础上,与业务部门共同拟定一个较为具体的选材方案,以避免实际选材中的盲目性。

重要文件汇编的内容大多是综合性的,编辑时须分门别类后按发文时间顺序排列。编辑本机关的重要文件汇编可利用原有的重份文件,汇集成册后提供利用。

（三）发文汇编

发文机关将本机关的发文定期（通常按年度）集中成册,即为发文汇编。一个机关的发文内容不同,保管期限不同,立卷归档后往往分散在不同的案卷之中,发文汇编可将本机关的全部发文集中起来,便于按文号查阅。

编辑发文汇编时应将本机关一定时期的发文收集齐全,可在发文时留出若干份,除一份连同定稿立卷归档外,其他用于编辑发文汇编,汇编内文件按发文号顺序排列。

发文汇编一般仅供本机关内部使用,有些文件在形成汇编时仍具有一定的机密性或不宜公开,因此要加强对发文汇编的管理,可定期对过去的发文汇编内容加以审查鉴定,不带机密性的汇编可公开提供利用。

（四）会议文件汇编

将会议产生的有一定参考利用价值的文件汇集成册即为会议文件汇编。每个机关在工作活动中都要召开各种会议,要选择在社会或机关发展中有重大影响、工作中有重要作用的会议文件编制文件汇编。

会议文件汇编并不需要将一次会议的全部文件收录进来,要选择能够反映会议基本情况的、具有查考价值的文件加以汇编。可考虑收录会议通知、代表名单、会议议程、工作报告、领导人重要讲话、大会重要发言、提案、选举结果、会议通过的决议、纪要、公报以及会议简报等,对于一般的贺信、贺电、小组会议记录以及会务文件可不予收录。学术会议还可将大会宣读的论文或论文摘要收录进去。

会议文件汇编一般由召开会议的机关编制。如果仅作为机关资料在本机关提供利用,可利用重份文件;如果散发给与会者或其他读者查阅参考需另行打印,在选材上也要有所选择。

（五）公报、政报

党和政府的领导机关定期将重要文件汇集起来公开发行,可采用公报、政报等形式,如国务院定期出版《国务院公报》公布有关文件。

公报、政报的选材范围主要是有关方针政策的规定性、领导指导性文件,一般以正式下发的文件为主,选用领导讲话时要确保内容的准确无误。

（六）其他专题文件汇编

除上述汇编形式外,档案馆、档案室还可根据需要编辑其他类型的专题文件汇编。比较常见的有:规章制度汇编,如《财务制度汇编》;工作规范汇编,如《检测标准汇编》;调查研究文件汇编,如《地质调查报告汇编》;学术文件汇编,如《全国第三次档案学术讨论会论文选集》;范例类文件汇编,如《民用建筑图集》;专门业务文件汇编,如《水利工程资料汇编》;成果材料汇编,如《军事医学科学院科研成果汇编》等。

这些专题文件汇编在选材上一要专,不要把其他问题的文件混杂其中;二要精,制度、规范类汇编注意选择正式下发的、现实有效的文件,调研、学术、范例、成果类汇编要注意选择具有较高参考价值、学术价值的文件。专题文件汇编内文件可根据内容特点分类或按时间顺序排列。

二、档案参考资料的编写

广义的参考资料是指人们在工作、研究中用来参考、借鉴的材料。例如图片、报刊、文籍等。而档案参考资料是指根据档案内容综合编写而成的材料,是传递档案情报的一种三次文献,它是输出档案信息,提供利用的一种重要方式。

常见的档案参考资料大致可以分为四种类型,即大事记、组织沿革、统计数字汇集和专题概要。

（一）大事记

大事记是按时间顺序简要地记载一定历史时期发生的重大事件的一种参考资料。对这些重要事件,主要是系统扼要地记载它们的发生、发展的过程及彼此间的关系。

1. 大事记的作用和种类

大事记如同一个地区、机关或某一方面事物的履历表,简洁地勾勒出这一范围发展的历史轨迹,它对于实际工作和历史研究都具有重要的参考价值。它可以帮助各机关领导人和业务人员回顾以往工作,总结经验教训,查核事实经过;它可以为历史研究人员和史志编修人员提供系统的参考素材;它还可以成为对群众进行传统教育的生动材料。

目前我国档案馆(室)所编的大事记,主要有以下几种:

①机关工作大事记。这是一个机关在一定时期内的重要活动的记载。例如《丹徒县人民政府大事记》、《中共南京市委大事记》等。

②专题大事记。这是按专题对国家、地区或某一机关在一定时期内某方面的重大事件的记载。例如《浙江省 1949－1963 年行政区划大事记》、《中华人民共和国教育大事记》等。

③个人生平大事记。这是对某些重要人物的生平的重要活动的记载,也称为年谱。例如《周恩来生平大事记》、《邓小平生平活动》等。

2. 大事记的内容和编写要求

大事记的内容主要包括大事时间和大事记述两部分。另外,还可根据大事记的编写目的、对象、篇幅大小、年限长短等因素,设置前言、材料出处、注释等。这些都有为进一步研究提供检索和参考的作用。

大事时间,一般要求记下准确的日期,力求对每件大事都写明某年、某月、某日,有的还须写明准确的时、分、秒。对某些历史事件除了写明公元年号外,同时标明当时的朝代、年号,并按大事发生的时间先后顺序排列。这样有利于反映事件发生、发展的过程。若遇到档案中没有注明时间或时间反映不准确的事件,应尽力进行考证,写明确切时间,也可注明接近时间或时限。一时搞不清楚的留后待查补充。

大事记述,是大事记的主要组成部分,要求选择能反映事物本质的事件,并考虑到事件间的联系,形成一个有机体系。这样通过许多历史事件的记述,展示历史发展的概貌和规律。所以,写大事记时,应选择确属重大事件的材料,避免事无大小地罗列材料,防止断章取材,片面反映历史。当然,大事和小事的区别是相对的,受一定时间和空间的制约。一般来说,凡是涉及全局性的事件、重要的活动、典型的事件、对工作和历史发展有重要影响的事件等,都应列为大事。而那些局部性的、只有一般意义的事件和活动,都可作为小事。编写机关工作大事记,在具体确定大事时,要把握好时空范围、事件特点及相互关系。这主要表现为:一方面,要重点突出本地区、本系统、本机关的本身活动;属于全国、全省的大事,只有与之密切关系的才记,否则不需记。记的目的是为了衬托和说明本机关大事的背景、来由及后果。另一方面,要依据本机关性质、任务和主要职能活动选择大事。通常情况下,只有反映机关主要职能活动的事件、一定时期的中心工作和重大事件等,才能列入大事的范围。应多方面选择,扩大取材范围。大事记材料的主要来源是档案,必要时,应从报刊、资料、调查访问材料等广泛搜集材料,并加以严格挑选,有条理地记下真正的大事。

编写大事记,要求材料真实、准确、简明扼要。一般一条一事,每件大事涉及的时间、地点、人数、发展过程及因果关系,都应简明地表达出来。一般用条例的文字叙述或用表格形式表达。编写方法有三种:

①按时间顺序(年、月、日)排列大事,先排列接近准确日期的大事,日期不清者附于月末,月份不清者附于年末,年份不清者一般不记。

②先分若干时期、各时期内的大事,综合归纳为几个问题来写。

③先分几个大问题,然后分时期记述。

编写大事记的原则为:大事突出,要事不漏,小事不要,既全面又突出重点。

(二)组织沿革

所谓组织沿革,就是系统记述一个机关、地区或专业系统的体制、组织机构和人员编制变革情况的一种材料。主要内容有:地区概况、机构名称改变、地址迁移、成立和撤销或合并的时间、隶属关系、性质和任务、职权范围、领导人员变动、编制及内部机构设置等变化情况。

编写组织沿革的主要用途:便于人们查找和研究一个地区、机关、系统的机构和人员发展变化情况,也可为研究国家机关史、地方史、专业史、革命史等提供系统材料。此外,对鉴定档案价值、整理档案、帮助利用者了解有关情况,都可能起到参考作用。

组织沿革大致有以下几种类型:

第一,一个机关的组织沿革。它记载一个机关、单位(如政府机关、学校、工厂等)及其内部组织机构和人员的演变情况。例如《中共丹徒县委组织沿革》等。

第二,一个地区的组织沿革。它记载一个区域内(如省、市、县等)所属党政、群众各级组织的设置和变化。例如《苏州地区直属机关机构演变》等。

第三,一个专业系统内的组织沿革。它记载一个专业系统(如工业、文教卫生、商业等)所属组织的设置与变化。

组织沿革的表达方式,可以是文字叙述、图表或图文并用。它的主体结构体制安排,一般有两种:一种是以时期为主线,将材料先按年或阶段分开,再在其下面分别叙述机构设置、职务任务等内容,如此逐年编写下去,属于年度(或阶段)——内容型;另一种是以题目为主线,先按叙述内容将材料分成若干题目,再在每题目下逐年叙述,这属于内容——年度(或阶段)型。为方便从不同途径的查考和不同方面的研究,还常以时期为主线的文字叙述,辅以机构为主线的机构、人员变化图表;也可以题目为主线的文字叙述,辅以时期为主线的历年机构、人员变化图表。

（三）统计数字汇集

统计数字汇集又称为基础数字汇集。即以数字的形式反映一个地区或某一方面的基本情况的参考资料。人们在现实生活中从事各项工作时，常需从不同的角度掌握有关的数字，而这些数字，分散记载在机关的各种统计报表、总结报告、计划等文字中，缺乏系统性，为便于使用，就根据一定的需要和题目将分散的统计数字集中起来，汇集成系统的材料，这就是编写统计数字汇集的目的和任务。

1. 用途

统计数字汇集的用途在于：它能为人们了解情况、研究问题、总结经验提供系统的数据，为制订计划、指导工作提供依据和参考；也可以为宣传教育提供典型材料。把它印装成册，可以作为领导和有关人员指导工作或研究情况时常用的手册。

2. 类型

统计数字汇集的类型，按其基本内容可分为综合性汇集和专题性汇集两种。

综合性汇集是记载和反映有关某一个地区、机关、单位全面情况的数字汇集。它包括的范围广，篇幅也较大。例如《××省基本数字汇集》，包括土地面积、人口、工农业生产、文化教育、卫生设施等。

专题性汇集是记载和反映某一方面基本情况的数字汇集。例如《丹阳市农业基础数字汇编》等。由于"专题性"是相对而言的，它的范围和内容可大可小，在具体编写时，应从各个不同方面，根据不同的需要和目的确定专题范围和内容。

3. 基本要求

编写统计数字汇集的基本要求如下：

（1）科学地确定统计指标

选择统计指标时应对有关专题内容和读者的需要做认真的分析，选择那些能揭示该专题实质的统计指标。

（2）选好采集数据的年代断限

不同专题的统计数字汇集对有关数据的年限有不同的要求，有的要求尽可能时间长远一些，以反映有关方面的历史变迁；有的则要求具有代表性的一段时间的数据，以反映该事物在一定时期中的变化。

（3）数据准确

汇集中选用的数据要力求准确无误，各种数据要以来自权威部门正式公布的数字为准，切忌采用事件之前的估算数据，也不能采用事件中期尚未定论的数据和非正式渠道的数据。

（4）根据主题特点可进行适当的统计分析

统计数字汇集不仅是将现有的数据加以集中，有时对已有数据进行合理的归纳比较，计算出数据间的增减幅度或比率，有助于揭示事物的发展变化情况。

（5）表式清晰

统计数字汇集大多采用表格式。也可采用示意图方式。采用表格式时要设计好表格式样，使条理清晰，一目了然。采用示意图时要注意图形准确、规范，示意性能好。

（四）专题概要

专题概要是用文章叙述的方式，简明地介绍和反映某一方面的工作、生产或其他社会现象和自然现象的产生、发展变化的一种专题资料。它的一般称呼和专题的具体名称很多，例如《畜牧事业专题资料》、《历史工业发展基本情况》、《××县水旱灾冰雹和地震》等。它主要是向利用者集中提供某项工作、生产和其他方面系统的专题历史材料。

专题概要的"专题"，也是相对于馆藏、全宗而言的。例如《海南岛概要》，既有地理气候资料，也有社会经济等资料，一般来说属于综合性概要，但相对于馆藏、全宗就是专题的。

1. 专题概要的编写要求

（1）内容全面，材料翔实

在编写时应力求将有关专题的来龙去脉、前因后果、经验教训叙述清楚，使读者一经通览即可知晓该专题之基本情况。

（2）叙中有议，评价得当

在叙述过程中对某些情况作重点说明，对有关问题的历史意义、成败得失等给予适当评述，对读者具有一定的提示和启发作用。但评价要客观公正，简洁精炼。

（3）叙述准确，文字朴实

由于专题概要的题目十分广泛，编写人员在确定题目后应该学习和了解一点有关领域的基本知识，防止写出外行话或犯常识性错误。文章风格一般朴实简明，用词用语要规范。

（4）文图结合，不拘一格

通常以文字叙述为主，也可以辅以一些表格、图示、公式、照片、附录等。

2. 专题概要的主要步骤与方法

①选题。专题选定的是否切合实际，直接决定概要的利用价值。

②选材。就是从题目涉及的各个全宗中挑选出反映专题本质的档案材料。

要正确掌握选材尺度,恰当地选择最能反映和说明有关专题的档案材料。

③综合编写。专题概要不是材料的罗列和堆积,而是根据一定的目的和要求,对摘选出来的材料进行分析综合,按照一定体例行文撰写。

第三节　编研技能训练

一、档案编研成果的整理

档案编研工作的最终目的,是将编研成果以图书等文献形式在一定范围内发行或向全社会公开发行,使档案快速、准确地与读者见面。

编者送交出版社的档案史料汇编与档案参考资料的书稿,必须达到"齐、清、定"的要求。所谓"齐",即指书稿的内容和有关部门对公布与出版部分档案材料的审批手续齐全。所谓"清",是指稿面字迹清楚,易于辨认,体例格式前后一致,图稿清晰准确,以保证后来的排版、校对、制版、印刷等工作顺利进行。所谓"定",是指送交的书稿无论内容还是规格都已最后确定,不能有遗留问题,避免在核对清样时再大增、大减或者大改。

为了达到"齐、清、定"的要求,编者在发稿前应切实注意做好如下几项工作:

(一)进一步审定书稿的内容

档案编研成果一旦出版,必然要对社会产生影响。如果编研成果在内容上存在这样或那样的错误,对社会将产生各种不良后果。对档案史料汇编内容的审核,还要注意审核档案史料的选材、考订、加工、归类等环节是否符合要求,避免相同内容的档案史料重复,妥善解决存疑待证的问题,统一全书使用的加工符号,克服档案史料归类不准确的现象。尤其是正文没有错字、漏写和模糊之处。

(二)进一步审核编研成果内的辅助材料

为了帮助读者正确理解和利用汇编内的档案文献,编者在编纂档案史料正文时,还应编写各种辅助性材料。档案史料汇编内常见的辅助性材料有三种:评述性材料、查考性材料和检索性材料。

1. 评述性材料

汇编内的评述性材料有注释、按语和序言。注释、按语与序言都是对档案史料所作的评述,其作用在于指导读者阅读、分析和利用汇编内档案史料,但它评述的对象和范围是非常明显的。

(1)注释

注释是针对档案史料中某个特定名目(字、词、语汇等)所作的评述。按其所注对象的性质可分为内容注释和文字注释。内容注释是对档案史料中不易被读者所了解的某些内容所作的揭示性文字。文字注释则是指编者对档案史料的加工和外形处理等情况的文字说明。

编写注释时应客观评述历史上的人物、事件和现象,要详细占有客观材料,做到言之有理,持之有据;注文力求简明、确切;注释对象的选择,注文的详略和深广程度,应根据读者对象的水平和需要、材料内容的难易程度来确定。

(2)按语

按语是编者对一篇或一组档案史料所作的介绍、评述或说明。按语的内容比较广泛,编者应根据汇编与公布的档案史料特点,决定按语的重点。

编写按语时,编者应正确评述档案史料的价值,明确表达编者的思想观点,指出阅读和使用时应注意的问题,做到重点突出,文字简练。

(3)序言

序言又称序、引言、前言等,过去也有称为弁言的,一般置于一书的正文之前。放在一书正文之后的叫作"跋"或"后记"。汇编的序言是编者向读者作的总评述和说明,以帮助读者阅读汇编。

编写序言时,编者要善于把握汇编内的史料内容。把介绍汇编题目与评述档案史料结合起来。要忠于历史本来面貌,内容充实,言之有物,使汇编序言具有一定的学术水平。对于众所周知的题目或方针政策性文件汇编,可以不写序言;编者感到编写序言无把握时,也可用一篇权威人士所写的与汇编题目有关的论文来作为代序。

2. 查考性材料

查考性材料,是编者为了帮助读者查考和利用汇编内的档案史料而编写的辅助性材料,它包括年表、插图、备考和凡例。

(1)年表

年表是依据时间顺序反映一定事物活动的表册,便于读者从纵的方面弄清事物之间的联系,加深对档案史料内容的理解。年表既可以作为查考性辅助材料附在汇编正文之后,也可以作为专门参考材料单独成篇,即成为人们常说的大事记。

(2)插图

插图是编者根据档案史料内容在汇编中附上的各种照片、图片、表格等,能增加读者对档案史料内容的理解和真实感。档案史料汇编中,往往附有各种图例:如汇编内重要文件的复制品,与事件有关的人物、遗址、文物等的照片、图片、历史地图、示意图以及各种形象的统计图表等。它们多附于一书正文之前,也有附于一书正文之后或有针对性地安插于书内相应位置的。

（3）备考

备考是编者针对档案史料的出处，外形特征、可靠与完整程度而编写的说明性文字，它既能起查找作用又能起参考作用。一般来说，备考包括四个方面的内容：第一，写明档案史料的出处，即指明档案史料选自何处，原件保存在何处以及档号；第二，写明档案史料的可靠程度和完整程度；第三，写明档案史料的外形特征；第四，写明档案史料的出版情况。

（4）凡例

凡例，又称编辑说明、编者的话，编辑例言、出版说明等。它是编者向读者介绍汇编内档案史料的状况以及编者进行编辑加工的情况。在编写凡例时，首先，必须使凡例的内容与汇编的实际情况相符，特别是各种加工符号的使用说明，必须与汇编正文中的具体情况完全一致；其次，凡例要简明扼要，条理分明，通俗易懂，能使人读后留下较深刻的印象。

3. 检索性材料

检索性材料，是编者为了使读者能迅速地找到汇编内自己所需要的史料而编制的辅助材料。它包括汇编目录和各种索引。

（1）汇编目录

汇编目录，是按汇编的编排体例和档案史料的排列顺序，列出其标题，并注明其所在汇编中的准确页次。它是任何类型的汇编中不可缺少的部分，读者可以通过它综览汇编内档案史料概况和迅速检索出自己所需要的材料。

汇编目录的种类，有简要和详细两种类型。简要汇编目录，只列出汇编的类、目或章、节名称和所在页次，不具体标列每份文件标题。详细汇编目录，即直接引出汇编内每一份档案史料的标题及其所在页次，这是目前出版全录式汇编的普遍做法。汇编目录，一般置于序言、图例之后，正文之前。

（2）各种索引

索引是将书籍中的内容要项或重要名词逐一摘出，依次排列，标明页数，以便读者检索使用的辅助材料。档案史料汇编内所附的索引，通常是把汇编内档案史料中出现的主题、人名、地名、词语、书名、篇名、事件及其他事物名目，经过分析以后，一一摘出标题，注明其出处或页码，按照一定方式（或按字序、或按分类）进行编排，以便读者随时检索。

编制索引时，应以迅速、准确地查到所需要的材料为出发点，充分考虑汇编目的和读者对象，做到名目设置精练恰当，解释语简明正确，所注页次不误不漏。

（三）统一书写规范

统一书写规范的具体要求包括：

①书稿必须完整。一般要用同样大小、有格、不洇的稿纸誊写清楚。标点符

号写在行内,每一标点符号占一格。因为书籍一般都是横排,书稿也应横写,以便于排校。文字移接至另一页时,应剪裁衔接粘贴牢固,切忌在文稿上批注"上(下)某某页某某行"等字样,不能在稿纸左右另贴小纸条。书稿应按书籍排印的先后次序编列顺序页码,末页写一"完"字。

②不要用圆珠笔和铅笔(包括彩色铅笔)抄稿或勾改。凡修改之处或整段、整面作废不用,应用红墨水或红毛笔涂抹掉。勾改时必须注意清楚整洁,模糊不清或勾改过多者应重新誊清。涂去后再恢复的字句,最好重新写出,不要用连圈或三角符号表示。

③不得利用稿纸的两面写字或剪贴。

④有些容易混淆的形似字,以及简化字、复合字、异体字等,须一一誊写清楚。

总之,书稿要符合出版部门的技术规范,做到"十忌":一忌字迹潦草;二忌标点混乱;三忌规格不一;四忌生造汉字;五忌抄写不校;六忌引文不核;七忌铅笔改稿;八忌画改过乱;九忌符号不明;十忌页次缺倒。

二、装帧设计

档案编研成果的出版工作主要由出版社和印刷厂负责完成,编者在将书稿送交出版部门前,应对其版式的技术设计和封面、扉页、装订形式等事宜提出自己的基本要求。尤其对于公开出版和大量发行的档案编研成果,编者更要关心其出版质量,这就要求编者必须具备一定的出版、印刷业务知识。

(一)档案编研成果装帧设计的原则

装帧设计能使读者从书籍的外表形态感觉到书内大体情况,能直观地对读者进行宣传和教育,从而增加编研成果的感染力和社会效果。在档案编研成果的装帧设计工作中,无论是艺术设计,还是技术设计,都应遵循下列基本原则:

第一,装帧设计要根据档案编研成果的题目和内容要求,坚持实用、经济、美观的原则。

第二,装帧设计要体现出档案编研成果的思想性和科学性,体现出书籍内容在体例结构、层次等方面的系统性和完整性。同时,整个书籍从外部形态到内部安排,必须贯穿统一的整体设计思想,使全书的各个部分组成一个统一的、和谐的整体。

第三,装帧设计在紧密结合编研成果内容的基础上,力求百花齐放,丰富多彩,反对千篇一律,毫无特色。

第四,装帧设计应考虑到当前我国的印刷技术条件。应尽量利用先进的设备和技术,节省人力和财力,缩短出版周期,使编研成果尽快与读者见面。

（二）档案编研成果版式的技术设计

1. 确定开本

档案编研成果版式的技术设计，第一项工作是确定书籍的幅面大小，即通常所说的确定开本。开本大小，是以印刷纸的全张为计算单位，每全张纸切成多少小张，就叫多少开本。

一般来说，出版档案史料汇编和档案参考资料，多用 32 开本，外观大方，使用方便。但出版一些基础数字汇集或具有现行效用的档案文件汇编时，又往往用大 64 开本，因为这种开本的书携带方便。

2. 确定装订形式

书籍的装订，有平装与精装两种形式。用普通封面纸做成的软封面的书为平装；用厚纸版或塑料作封面的书为精装。精装本因裱制在纸版上和作书背用的面料不同，分为皮面、布面、纸面、纸面布背和塑料面等。平装本成本较低，但在保护书籍与外表美观方面不如精装本。在考虑装订形式时，既要考虑书籍的价值和使用频率，又要考虑经济原则。

3. 确定版式

版式是指书籍正文的全部格式，包括正文和标题的字号、字体、版心大小、排法以及所有这些部分的配合等。档案编研成果的版式设计是在已经确定的开本上，把书籍定稿的体例、结构、层次、图表等做一次科学和艺术的处理，使其内部每一页的结构形式，既能与本书的开本、装订、封面等外部形式取得协调，又能使读者感到使用方便。

【拓展阅读】

阅读资料之一：

网络时代档案编研工作的特点

人类社会已经进入计算机网络时代，网络的广泛应用与发展，使人类获取信息的方式发生了深刻的变化。作为档案信息开发与利用的主要方式的档案编研工作在网络环境中也面临着新的机遇与挑战，档案工作者应审时度势，转变传统的档案编研思维方式，努力探索网络时代档案编研出版的新特点、新思路与新方法。

一、充分认识与利用网络带来的新契机开展档案编研工作

网络改变了传统的档案编研模式，拓展了档案编研的空间。随着网络的快速发展和广泛运用，从事档案信息主要开发利用的档案编研工作者，面临着更加严峻的挑战——如何快速预测万变社会所需专题，如何获取专题所需素材以及如何把编撰好的信息及时快速地传递给需要者成为档案编研工作一直需要解决的问题。而网络环境下的编研工作,依托信息网络先进的存贮、检索、传输技术及网络编辑技术支撑,借助于计算机高效率的信息处理功能,使信息采集更方便,加工更快捷,不仅加快了档案信息的利用效率,也使编研选题更灵活。编研人员只要通过在网上键入要查找信息的关键词或者特定的分类号,便可以方便快捷地检索到分散在各地信息中心、各全宗、各案卷中的某一专题的档案资料或相关的主要内容、存址以及保存状况等信息,避免了编研人员亲自到各个档案馆、室辗转搜寻、调卷阅览之苦,而且还能够快速方便地找到自己所需的某个专题的档案资料。随着档案基础工作和各种档案信息网络管理软件的日益完善,档案编研工作将面临着更加广阔的发展前景。

二、网络时代的多媒体编辑技术极大地丰富了档案编研的手段

近几年快速发展起来的计算机多媒体技术,为多领域、多方位、多形式灵活地开展档案编研工作提供了可能。

首先,借助于计算机提供的各种信息处理技术,可以改变传统的手工加工处理档案信息的方法。如传统档案编研的转录加工,主要靠手工抄写,效率低,误差多,劳动强度大。而运用计算机进行文字编辑处理,可一次录入,随意复制,随意编排版面,大大提高了编研工作效率,降低了劳动强度,使编研人员从大量的事务性劳动中解脱出来,更多地转化为诸如选题策划等创造性的劳动,提高了编研质量和层次。

其次,计算机多媒体技术为开拓档案编研工作新领域提供了可能。计算机多媒体技术运用计算机对文字、声音、图像等各种形式的信息统一进行处理、存储,实现了同一事物的多种形式表现。过去在档案馆手工工作过程中,文字、声音、图像都是自成一体,分别存储,分开保管,而且在利用上都只能是分开利用,利用者不能依靠同一个手检工具同时查找到它们并同时利用它们;传统的档案编研工作一般也只能着眼于纸张文字材料,最终形成的编研成果也只能是纸质材料汇编,工作范围比较窄,编研成果的表现方式也比较单一。如果运用计算机多媒体技术则可以避免这些不足,可以将声音、文字、图像等各种信息都存储进计算机一体保管,检索利用时又能同时提供出来。正是由于计算机多媒体技术具有这种特点,因此,可以在档案编研中得到广泛应用。通过对声、像、字、图等各种信息全方位编研,能够将更加丰富多彩的编研形式呈现给读者,极大地拓展了编研工作的领域。

借助网络多媒体的丰富表现力,档案信息的内容和表现形式可望达到高度的统一,这样更加有利于激发编研人员的创作热情,使编研者突破传统的思维空间,让编研材料更具有吸引力,发挥更大的作用。

三、网络提供了全新的传播媒介，更利于档案编研成果发挥其服务作用

长期以来，档案编研信息为用户服务的方式，被定在读者来档案馆借阅和以书籍形式出版发行的基调上，传输渠道很狭窄，即使是很优秀的编研成果，也只能"养在深闺人不知"。档案编研信息作为一种信息源，其传输渠道应是多种多样的，尤其是网络技术的快速发展，使档案编研信息与网络传播有机地结合在一起，从而使档案编研信息的传输效果发生质的飞跃。

网络媒介自身所具有的特性为档案编研出版提供了许多得天独厚的条件。当全新的编研成果在电脑上编辑完毕，只需将其连入网络，就可即时地实现网上发行，从而使编研成果出版变得便捷、容易。网络出版容量巨大，不受篇幅限制。网络媒体几乎无限的信息发布空间，丰富快捷的链接和可以无穷无尽拓展的"栏目""版面"，解决了传统档案编研成果出版由于受纸张载体的限制，出版内容信息量与篇幅有限之间的矛盾。

网络发行，超越时空，即时传播，大大提高了编研成果的时效性。传统编研由于受纸质出版周期长的限制，具有编研成果时效性差，适应市场需求变化功能差，以至超过最佳的公布时间的弊端。而档案编研信息网络出版则使这一问题迎刃而解，网络可以不受传统媒体"出版""发行"周期的限制，解决了传统编研传播方式不能及时准确把用户需要的信息传播出去的困扰。网络载体遍布全球，不受时间、空间、国界的影响，出版内容一旦上网，便可以快速传递到网络的每一个角落，使"出版物"在第一时间向全社会公开，极大地满足了信息时代人们对档案信息准确、快捷、时效的要求。网络信息检索方便，按需阅览，按需印刷，可以满足人们对档案信息要求的个性化服务，大大地方便了读者的阅读利用。

利用网络服务传输档案编研信息，不仅能使用户享受到现代化的数字信息服务，同时也促使具有悠久历史传统的档案编研工作跟上时代的步伐，与现代科学技术同步发展，使其具有不朽的生命力。只有通过互联网络，建立网上阵地，发布更多、更有价值的档案编研成果，让编研成果传送到世界各地，有更多的机会为需要它的人服务，才能真正实现档案信息的资源共享和远程利用。

总之，现代科技手段的逐步深入，将给传统的编研方法带来深刻的影响，它昭示着某些传统的编研观念和方法将在新的历史时代随着网络文化的发展而发生根本的变化。如果我们希望编研工作能担负起丰富和传承文化的责任，就应该积极适应这种转变，改变传统落后的编研方式，学会运用最新科技成果，充分利用网络的即时性、交互性、海量存储传播的特点，使其在档案编研传播中发挥出巨大的优势，使档案编研工作在网络时代得到更大的发展。

（原载《兰台世界》2005 年第 7 期）

阅读资料之二:

广东改革开放 30 年档案编研成果展开幕

本报讯(记者黄丹彤 通讯员钟鸣)为了纪念改革开放 30 年暨广东省档案馆建馆 50 周年,为期两个月的"改革开放 30 年广东省档案编研成果展览"昨天起在广东省档案馆开幕。《改革开放 30 年重要档案文献——广东》、《图说广东改革开放 30 年》、《广东改革开放先行者口述实录》、《解密档案——广东 30 年闯关路》等书首发式同时举行。

出席开幕式暨首发仪式的有广东省副省长雷于蓝,国家档案局副局长杨继波,广东省档案局局长徐大章,老同志张汉青、欧初,广州画院首任院长刘仑,著名雕塑家、广州美术学院终身教授潘鹤等艺术家,以及来自北京、上海、辽宁、新疆、吉林等 28 省市及广东各地市档案部门代表共 500 多人。

(原载《广州日报》2008 年 11 月 17 日)

【思考与分析】

一、案例分析,并回答问题。

1. 传统编研由于受纸质出版周期长的限制,具有编研成果时效性差,适应市场需求变化功能差,以至超过最佳的公布时间的弊端。而档案编研信息网络出版则使这一问题迎刃而解,网络可以不受传统媒体"出版""发行"周期的限制,解决了传统编研传播方式不能及时准确把用户需要的信息传播出去的困扰。网络载体遍布全球,不受时间、空间、国界的影响,出版内容一旦上网,便可以快速传递到网络的每一个角落,使"出版物"在第一时间向全社会公开,极大地满足了信息时代人们对档案信息准确、快捷、时效的要求。网络信息检索方便,按需阅览,按需印刷,可以满足人们对档案信息要求的个性化服务,大大地方便了读者的阅读利用。

根据以上材料,分析档案传统编研发行和网络编研发行的各自特点。

2. 近年来,奉化市档案局在档案开发编研狠下工夫,充分利用馆藏资源,先后编研出版了《奉化在外知名人士录》、《奉化市特色农产品》、《奉化三十年纪事》和《奉化企业家》等书籍,为市领导决策提供了参考资料,并向外界宣传奉化市全面发展的新气象。还积极编制印发了《市民关注文件资料汇编》,内容汇集了与民众最直接、受民众最关注的国家和地方各类政策、规定等文件资料,分发到各社区进行学习宣传。

根据以上材料,说说奉化市档案局编研这些档案资料在利用上有何优势,对增强民众的档案意识又能起到怎样的作用。

二、思考题。

1. 什么是档案编研工作？档案编研工作有什么意义？
2. 编研工作有哪些要求？
3. 现行文件汇编和档案参考资料各有哪些种类？

第九章 专门档案管理

第一节 专门档案概述

一、专门档案的含义与范围

所谓专门档案,是相对普通档案而言的。其基本含义是:在专门事业或专业领域形成的有价值的文件材料。

专门档案的范围主要有两个方面:一是在各专门事业中形成的档案;二是在各专业领域内形成的档案。

在专门事业中形成的档案,主要有:诉讼档案、公证档案、审计档案、工商管理档案、税务档案、专利档案、商标档案、广告档案、教学档案、病例档案、书稿档案、地名档案、文学艺术档案、体育档案、统计档案、环保档案,等等。随着各项专门事业的发展,还会产生相应的档案。

在专业领域内形成的档案,主要有:人事档案、会计档案和科技档案。科技档案的具体门类主要包括:城市基本建设档案、建筑工程档案、工业企业科技档案、农业科技档案、地质档案、水文档案、气象和测绘档案、海洋档案、地震档案,等等。

二、专门档案的管理

随着国家建设事业的发展,在各项专门事业和专业领域产生的专门档案日益增加。虽然普通档案管理的原则和方法对专门档案也是适用的,但是专门档案毕竟有自身的特点和形成规律。因此,加强对专门档案的管理,既是发展专门事业和专业工作的需要,也是发展档案事业的一个重要方面。

从 20 世纪 80 年代开始,国家档案局和中央的一些专业主管机关,在调查研究的基础上,加强了专门档案的业务建设,制定了有关专门档案的管理规章及标准规范。这些规章有:《出版社书稿档案工作暂行规定》(1981 年)、《全国地名档案管理暂行办法》(1983年)、《艺术档案工作暂行办法》(1983年)、《人民法院诉讼档案管理办法》(1984年)、《会计档案管理办法》(1984年)、《关于加强统计部门档案工作的几点意见》(1985年)、《审计档案管理工作的暂行规定》(1986年)、《人民检察院诉讼档案管理办法》(1986年)、《商标档案管理暂行办法》(1986年)、《公证档案管理办法》(1988年)、《土地管理档案工作暂行规定》(1988年)、《环境保护档案管理暂行规定》(1988年)、《照片档案管理规范》(1988年)、《企业法人登记档案管理办法》(1990年)、《科学技术档案工作条例》(1980年)、《科学技术研究档案管理暂行规定》(1987年)、《城市建设档案管理暂行规定》(1987年)、《乡镇企业档案管理暂行规定》(1990年)等。这些专门档案的管理制度和办法,在实际工作中贯彻实施,使专门档案管理工作逐步走上健康发展的轨道。

　　这里应当明确的是,专门档案种类较多,各具特色,本书不可能对各种专门档案及其管理的具体内容一一论述。在实际工作中,无论是国家机关还是企事业单位,人事档案和会计档案则是普遍存在的有关材料,因此在本章内容中,除明确上述关于专门档案及其管理的基本概况外,将对人事档案和会计档案的管理问题进行具体论述。

第二节　人事档案管理

一、人事档案概述

(一)人事档案及其特点

　　人事档案是国家机构、社会组织在人事管理活动中形成的,记述和反映个人经历、思想品德、学识能力、工作业绩的,以个人为单位集中保存起来以备查考的文字、表格及其他各种形式的历史记录材料。

　　人事档案具有现实性、真实性、动态性、机密性的特点。

　　①现实性。人事档案记述和反映的是当事人现实的生活、学习及工作活动情况;组织、人事、劳动部门在现实生活中,为了考察和正确使用员工,要经常查阅人事档案。反映现实与为现实工作服务,是人事档案的一个重要特点。

　　②真实性。人事档案材料,其来源、内容和形式必须真实可靠,即真实地反映当事人各方面的历史与现实的面貌。真实性是人事档案的生命,是其核心的特点。

　　③动态性。历史在发展,社会在前进,每个人的情况也在不断地发生变化——年龄的增长、学历与学识的提高、职务与职称的晋升、工作岗位与单位的

变更、奖励与处分的状况、在岗下岗及离退休等。因此，人事档案应当"与时俱进"、"档随人走"、"人档统一"。

④机密性。人事档案一般都涉及当事人家庭及个人的隐私。有些人员，如担任不同级别的党和国家的领导职务，或者身负外交、国防、安全、公安、司法等特殊任务，其人事档案往往涉及党和国家的机密。因此，人事档案在相当长的时间内及在一定的范围内具有机密性。

（二）人事档案的作用

主要表现在：

第一，人事档案是考察、了解员工的重要手段。组织、人事工作的根本任务是知人善任、选贤举能。而要知人，就要全方位的了解人。了解的方法，除了直接考察该人员的现状外，还必须通过人事档案掌握其全面情况。可以说，人事档案为开发人力资源、量才录用、选贤任能，提供了信息与数据。

第二，人事档案是解决当事人个人问题的凭证。由于种种原因，在现实生活中，有关部门和人员有时会对员工形成错误的认识和做法，甚至造冤假错案或历史遗留问题。作为当事人历史与现实的原始记录，可以为查考、了解和处理这些问题，提供可靠的线索或凭证。

第三，人事档案是编写人物传记和专业史的宝贵史料。人事档案是在组织、人事部门形成的，其中还有当事人自述或填写的有关材料，因此内容真实，情节具体，时间准确，在研究党和国家人事工作、研究党史、军事史、地方史、思想史、专业史以及撰写名人传记等方面，具有很高的史料价值。

（三）人事档案的分类

根据我国《干部档案工作条例》和《企业职工档案管理工作规定》，人事档案有正本和副本两种稿本。正本分为 10 类，副本分为 7 类。

1. 正本材料

人事档案正本材料，分为 10 类：

（1）履历材料

凡是记载和反映员工个人自然情况、经历、家庭和社会关系等基本情况的各种表格材料均归入本类。具体包括：

①各类人员历年的履历表、登记表、简历表；

②个人从事各种事业（职业）及其他活动的简历材料；

③更改姓名的报告及批件；

④以履历为主，带有鉴定的履历表、简历表、登记表；

⑤本人填写的反映个人经历的材料。

（2）自传材料

自传是个人撰写（或由本人口述、经别人记录和整理）的关于自己家世、身世和主要社会关系的自述材料。具体包括：

①本人历次所写自传（包括思想自传、历史自传、反省自传、小史、小传）及带有自传内容的材料；

②有自传内容的入党、入团申请书之类的材料；

③以自传为主，带有自传的履历表、简历表、鉴定表等。

（3）鉴定、考核、考察材料

凡在人事管理活动中，组织、人事部门通过各种途径，对员工的基本情况、学习、工作、才能、业绩、优缺点等方面，进行调查了解及评估而形成的评价性材料归入本类。具体包括：

①历年的鉴定（包括自我鉴定）；

②出国、出境、调动、学生毕业或结业的鉴定；

③以鉴定为主要内容的人员登记表；

④组织上正式出具的鉴定性的员工表现情况的材料；

⑤考核登记表，考察、考核材料，民主评议和组织考核的综合材料；

⑥干部任免、调动依据的正式考察综合材料；

⑦以考核为主要内容的其他材料。

这里应该强调的是，归入本类的材料，必须是经过组织研究认可正式形成的，真正能够反映员工实际情况、具有查考价值的鉴定、考核材料，在手续上必须加盖公章后才能进入人事档案。未经组织认可的一般的考察、考核材料、会议记录、发言记录、谈话记录以及从档案中摘录的员工材料等等，一律不得归入人事档案。

（4）学历、评聘专业技术职务与评定岗位技能的材料

凡是记载和反映员工的学历、学位、学习成绩、培训、评聘专业技术职务、评定岗位技能情况的材料，应归入本类。具体包括：

①报考中专、高等学校学生（学员）登记表、审查表、审批表；

②中专、高等学校或自考、培训结业的学习成绩登记表、记分册、成绩单；

③中专、高等学校学生毕业登记表、毕业生分配登记表、审批表；

④授予学士、硕士、博士学位的决定；

⑤学历证明材料、认定干部文化程度呈报表、审批表；

⑥选拔留学生审查登记表；

⑦评聘专业技术职务（职称）任职资格申报表、专业技术职务考绩材料、聘任、确认专业技术职务（职称）审批表、套改和晋升专业技术职能（职称）审批表、

登记表；

⑧评定工人岗位技能的登记、考核、审批材料；

⑨员工的发明创造、科研成果、技术革新成果的评价材料，著作、译著、有重大影响的论文（获奖、在国家级刊物发表的）等的目录；

⑩反映员工学历才识、专业技术方面的登记表等材料。

(5)政治历史审查材料

凡对员工的政治历史、经历、出身、社会关系、党籍、参加工作时间等问题进行审查形成的材料归入此类。具体包括：

①政治历史问题的审查结论、调查或审查报告、上级的批复、调查证明材料、检举揭发材料，本人对所审查的问题检查交待或说明材料、对结论和决定的意见、主要申诉材料；

②甄别、复查和平反结论、意见、决定、调查报告、批复及结论的主要依据材料；

③审干中形成的审干登记表、肃反审查表、党员审查表与调查表、当事人交待材料；

④入党、入团、参军、提干、出国政审的材料；

⑤家庭成员、社会关系的主要证明材料、平反决定、通知等方面的材料；

⑥更改民族、年龄、家庭出身、本人成分、国籍、入党入团时间、参加工作时间等问题的个人申请、组织审查报告、上级批复，以及所依据的证明材料；

⑦高等学校学生考生政审材料。

(6)入党入团材料

凡参加中国共产党、共青团及民主党派的人员有关入党、入团方面的材料归入本类。具体包括：

①批准转正的中国共产党入党志愿书、入党申请书、转正申请书、党员登记表；

②中国共产党党员重新登记表、党员暂缓登记表、不予登记的决定、组织审批意见及所依据的材料；

③民主评议党员中形成的组织意见，党员登记表，劝退、除名党员的主要事实依据材料，组织审批材料，延长预备党员预备期、取消预备党员资格的处理决定和意见；

④中国共产主义青年团入团志愿书、申请书、团员登记表、退团材料；

⑤加入民主党派的申请书、登记表、批准加入组织通知等有关材料。

(7)奖励材料

凡在学习或工作中有突出成绩的员工获得表彰或奖励所形成的材料归入本

类。具体包括：

①各级机关、组织正式命名授予的劳动模范、英雄、先进生产者、三八红旗手、新长征突击手、先进工作者、优秀党（团）员、优秀学生（员）以及其他荣誉称号的决定、审批表、登记表、先进事迹材料；

②创造发明和各种业务、技术奖励、通报表扬、立功授励和嘉奖材料；

③有突出贡献和拔尖人员审批表；

④从事专业工作 30 年人员登记表、审批表。

奖励材料一般是县（团）级以上单位形成的才能归入本类。而科室、车间、区、乡（镇）、村、部队营、连等单位形成的奖励材料不予归档。

(8)处分材料

凡员工违反党纪、政纪、国法受纪律检查部门、监察部门或其他审理部门，对其所犯错误进行调查处理而形成的材料归入本类。具体包括：

①员工违纪、违法给以党内外处分的决定、记过、查证核实报告（调查报告）、上级批复、通报批评材料；

②甄别、复查、平反的决定、结论、调查、报告、上级批复及本人意见；

③法院的刑事判决书、劳动教养审批材料；

④免于处分的意见、本人检查交待材料、撤销处分材料。

(9)录用、任免、出国（出境）、工资、待遇及各种代表会议代表的材料

凡办理任免、选举、调动、授衔、晋级、录用、聘用、招用、复员退伍、转业、工资、待遇、出国、离退休及退职材料，各种代表会议代表登记表等材料归入本类。具体包括：

①办理工资待遇工作中形成的工资级别登记表，见习期、试用期、转正定级、奖励晋级、提职、调整工资、工资改革、兑现工资、奖励工资、浮动工资、津贴审批表、岗位技术工资变动登记表、解决待遇问题的审批材料，保险福利待遇等方面的材料；

②军队授衔、晋衔、晋级、提高职级待遇的登记表、审批表，军队转业、复员、退伍人员的审批表、登记表、应征入伍登记表等；

③干部调配（转业安置）、任免呈报表及附件；

④录用和聘用审批表、登记表，聘用干部合同书，续聘审批表，解聘与辞退材料，劳动合同材料等；

⑤招工、以工代干人员转干审批表、登记表；

⑥退（离）休、退职审批表，享受部级、司局级、处级待遇审批表；

⑦出国（出境）审批表、登记表；

⑧出席县团级或相当于县团级以上单位的党代表会议、人民代表会议、政协

会议和工、青、妇等群众团体代表会议、民主党派会议等会议形成的代表登记表和委员的简历、政绩等材料。

(10)其他可供组织参考的材料

凡上述9类未包括的、对组织上有参考和保存价值的材料可归入本类。具体材料有：

①有残疾的体检表，确定残疾等级的材料；

②工伤、职业病，可享受劳保待遇或提前退（离）休的依据及体检证明材料；

③民事纠纷判决书、调解书；

④办理丧事的讣告、悼词、生平材料及报纸报道的消息，非正常死亡的调查报告、善后处理材料、遗书等。

2.副本材料

人事档案的副本材料，是由正本中以下类别主要材料的重复件或复制件构成的：

①第一类的近期履历材料；

②第三类的主要鉴定材料、干部考核材料；

③第四类的学历、学位、评聘专业技术职务（职称）的材料；

④第五类的政治历史问题的审查结论（包括甄别、复查结论）材料；

⑤第七类的奖励材料；

⑥第八类的处分决定（包括甄别、复查结论）材料；

⑦第九类的任免呈报表和工资、待遇的审批材料。

其他类别多余的重要材料，也可归入副本。

最后需要说明的是，在人事工作中形成的人事档案，并非每个人的档案材料都有上述10类正本材料和7类副本材料，而是因人而异。当事人在经历的各项活动中形成哪些人事档案材料，就将其归入相应的正副本各类之中。

关于人事档案各类内材料的排列方法，主要有以下三种：

第一，按档案材料形成时间顺序排列。如正本的1、2、3、4、7、10类均按此法排列。其中第7类的奖励材料应将组织的审批材料放在前面。

第二，按材料内容（问题）的主次关系（重要程度）进行排列。如第5、6类排列顺序为：上级批复、结论或处分决定，本人对处分决定和结论的意见，调查报告，证明材料，本人检查、交待材料。第6类材料的排列，应将入团、入党、加入民主党派的材料分别排列。入团志愿书排在入团材料的前面，入党志愿书排在入党材料的前面，然后排列申请书、转正申请书、党（团）员登记表等。多次填写的党（团）员登记表，按时间先后顺序排列。

第三，按内容结合时间顺序排列。如第9类材料内容较多，可按内容先后分成 4 个小类：①工资待遇材料；②调动任免与离退休材料；③出国、出境材料；④其他材料。各小类的材料，再按其形成时间的顺序排列。

二、人事档案的管理

1990 年，中共中央组织部颁发了《干部档案工作条例》；1992 年，劳动部、国家档案局联合发布了《企业职工档案管理工作规定》。这两个文件，是目前我国人事档案工作的重要的指导性文件。文件明确规定了我国人事档案工作的管理体制、机构与人员的设置、基本任务与职责，人事档案的收集、鉴别、保管范围、转递和查阅等具体内容。

（一）人事档案工作的管理体制

我国现行的人事档案的管理体制是：工人档案由所在单位的劳动（劳资）部门管理。学生档案由所在学校的教务或学生工作部门管理。军人档案由各级军事政治部门管理。干部档案则按干部管理权限集中统一管理。各级组织、人事部门，都有明确的管理权限，分管哪一级干部，就管哪一级干部的人事档案。

我国人事档案工作实行分块管理，即干部档案工作的领导与指导，由各级党委的组织部负责；企业职工档案工作由所在企业的劳动职能机构负责，接受劳动主管部门的领导与指导；学生档案工作由所在学校的有关部门负责，接受教育主管部门领导与指导；军人档案工作由各级政治部门负责领导与指导。

（二）人事档案工作机构和人员

按照规定，我国中央各部委、省（自治区、直辖市）、地（市）、县均应建立人事档案管理机构，按照管理 1000 人档案配备一名专职干部的要求，配备人事档案管理人员。不需要建立专门的人事档案工作机构的单位，必须配备专职或以人事档案工作为主的兼职档案工作人员。

中央各部委和省一级的人事档案部门除管好本身的人事档案外，还担负本系统和全省人事档案工作的检查与指导任务，因此应根据实际需要，酌情配备业务指导人员。

（三）人事档案工作的基本任务和人事档案管理部门的职责

人事档案工作是用科学的原则和方法管理人事档案，提供档案信息为组织、人事工作服务。其基本任务是：在我国改革开放的社会主义现代化建设的新时期，根据组织、人事工作的需要，加强人事档案材料的收集归档工作，完善管理体制，搞好队伍建设，做好基础工作，不断改善保管条件，努力提高科学管理水平，保障提供利用，有效地为组织和人事工作服务，为现代化建设事业服务。

人事档案管理部门的职责是：

①保管人事档案，为国家积累档案史料；

②收集、鉴定和整理人事档案材料；

③办理人事档案的查阅、借用和转递；

④登记员工的职务、工资和工作变动情况；

⑤为组织、人事工作提供人才信息，为有关部门提供员工情况；

⑥做好人事档案的安全、保密及保护工作；

⑦调查人事档案工作情况，制定规章制度，搞好人事档案的业务建设和业务指导；

⑧推广、应用人事档案现代化管理技术；

⑨定期向档案馆（室）移交死亡人员的档案；

⑩办理其他有关手续。

（四）人事档案的收集和鉴别

1. 人事档案的收集

人事档案的收集工作，贯穿人事工作与人事档案工作的始终，要经常地、认真细致地做好，为人事档案工作奠定良好的基础。主要应做好以下三方面的工作：

（1）人事档案的归档

包括归档范围和归档要求两个方面。关于归档范围，详见前述人事档案的分类，凡人事档案正本的 10 类材料均属归档范围。这里主要明确归档要求：

①办理完毕的正式文件材料才能归档。

②材料必须完整、齐全、真实、文字清晰，并写明承办单位及时间。

③手续完备。凡规定应由机关、组织盖章的，必须加盖公章；凡须经本人见面或签字的，必须经过见面或签字。

④档案材料须统一使用 16 开或 A4 规格的办公用纸。不得使用圆珠笔、铅笔、红色及纯蓝墨水、复写纸书写。除电传材料外，一般不得用复印件代替原件归档。

（2）人事档案材料的收集渠道

①通过组织、人事、劳动（劳资）及其他人员管理部门收集各有关人事档案材料。

②通过员工所在党、团组织，政府机关、企业、事业单位的有关部门收集各有关党团材料。

③通过纪检、行政监察、保卫和公安、司法、检察等部门收集各有关处分方面的材料。

④通过业务部门、科技部门及学校和培训部门收集学历、学识、才干及奖惩等方面的材料。

⑤通过军队有关部门和地方民政部门收集军人各有关方面的材料。

(3)建立和健全收集制度

①移交制度。各单位、各部门日常工作中形成的,凡属人事档案材料归档范围的,均应移交人事档案部门。

②索要制度。人事档案部门不能完全坐等有关单位或部门主动送材料上门,应当常与有关部门保持密切联系,定期或不定期索要应归档的人事档案材料。做到嘴勤、手勤、腿勤。

③检查核对制度。人事档案部门应定期检查所管档案的状况,将其中不符合归档要求的材料,退回形成单位重新制作或补办手续;发现不属于人事档案范围的材料,予以退回原单位处理;发现缺少的材料,应填写补充材料登记表,以便有计划地进行收集。

④补充制度。组织、人事、劳动(劳资)部门根据工作需要和人事档案材料的缺少情况,统一布置填写有关表格等材料。

2.人事档案的鉴别

人事档案的鉴别工作是按照一定的原则和规定,对收集的档案材料进行审查、甄别其真伪,判定其有无保存价值,确定其是否归入人事档案。鉴别工作的好坏直接决定着人事档案质量的优劣,对能否正确贯彻人事政策也有一定的影响,因此这项工作在人事档案工作中占有特殊的地位。为此,应该明确以下三个问题:

(1)鉴别工作的原则

人事档案的鉴别工作是一项政策性很强的工作,必须遵循"取之有据,舍之有理"的原则。取之有据,是指归入人事档案的材料要有依据,符合上级的有关规定。舍之有理,是指决定剔除的材料,要有足够的理由,尤其是准备销毁的材料,必须慎之又慎,不能草率从事。

(2)鉴别的内容和方法

具体包括:

①判断材料是否属于人事档案。

②判断是否本人的档案材料。

③判断材料是否处理完毕和手续齐全。

④判断材料是否真实、准确、完整。

⑤查对材料是否重复。

(3)剔除材料的处理

①转出。经鉴定确实不属员工本人的材料,或是不应归入人事档案的材料,均应转给有关单位保存或处理。转出时,要写好转递材料通知单。

②退回。凡新近形成的档案材料,手续不够完全,或内容尚需查对核实,应提出具体意见,退还有关单位,待修改补充后再交回。凡应退还本人的材料,经

领导批准后退还本人,并履行登记、接收人清点与签名盖章等手续。

③留存。不属人事档案范围,又有价值的材料,整理后作为业务资料保存。

④销毁。无保存价值、重份的材料,要按有关规定予以销毁。

(五)人事档案的保管范围及转递和查阅

1.人事档案的保管范围

人事档案的保管范围,是依据统一领导、分级管理,管人与管档案相一致的原则确定的。

(1)在职人员人事档案的保管范围

人事档案的正本,由主管该人的组织、人事部门保管。

人事档案的副本,由主管或协管该人的组织、人事部门保管。

非主要协管和监管的单位,不保管人事档案的正、副本,但可根据需要保存近期重份的或摘要的登记表、履历表之类材料。

军队和地方互兼职务的干部,主要职务在军队的,其档案由部队的政治部保管;主要职务在地方的,其档案由地方的组织、人事部门保管。

民主党派和无党派的爱国人士的档案,由各级党委统战部门保管。

(2)离休、退休人员人事档案的保管范围

党中央、国务院管理的干部,是中共党员的,其档案由中央组织部(或人事部)保管;是民主党派和无党派爱国人士的,由中央统战部保管。

其他人员的档案,由该人的管理部门保管。

工人档案由所在单位的劳动(组织、人事)机构保管。

(3)死亡人员档案的保管

党中央、国务院的干部,死亡后其档案由原管理单位保管 5 年后,移交中央档案馆保存。

中央、国家机关各部长,各省、自治区、直辖市管理的厅局职务的干部,全国著名的科学家、艺术家、教授和有特殊贡献的英雄、模范人物、知名人士等,死亡后其档案由原管理单位保管 5 年后,移交本单位档案部门保存,并按规定的限期,移交同级档案馆保存。

上述范围以外的其他干部,死亡后其档案由原管理部门保存 5 年后,移交机关档案部门保存,并按同级档案馆接收范围规定进馆。

军队干部 1949 年 9 月 30 日以前牺牲、病故的排职以上干部的档案材料,交解放军档案馆保管;建国后牺牲、病故和其他原因死亡的正师职以上干部的档案,交总政治部档案馆保管;副师职以下干部的档案,按隶属关系分别交由各相应档案馆保管。

企业职工死亡后,其档案由原管理部门保存 5 年后,移交企业综合档案部门保存;对国家和企业有特殊贡献的英雄、模范人物死亡后,其档案按规定向有关档案馆移交。

(4)辞职、退职、开除公职及受刑事处分人员人事档案的保管范围

在职人员辞职、退职、自动离职、被辞退(解聘)后,未就业的机关、事业单位人员其档案由原管理单位保管;企业人员由户籍所在地劳动保障部门保管。已就业的,其档案转至有关组织、人事、劳资部门保管。不具备保管条件的,转至人事部门所属的人才流动服务中心保管。

2.人事档案的转递

在职人员被开除公职后,其档案保管方法原则上同上述程序。

在职人员受刑事处分或劳动教养期间,其档案由原管理单位保管;刑满释放或解除劳教后,重新安排工作的,其档案由主管该人员的部门保管或人才流动服务中心保管。

人事档案要随着干部任免权限的改变、员工主管单位的变化,及时转至新的主管部门,这就形成了人事档案转递工作。做好这项工作是保持管人与管档案相一致的有效措施,在改革开放、市场经济与人才流动日益频繁的新形势下具有重要的现实意义。

(1)转递工作的要求

①及时。为避免管人与管档案脱节,发生"有人无档"或"有档无人"的现象,必须及时转递人事档案。

②准确。转递人事档案必须以任免文件或调动通知为依据,在确知有关人员新的主管单位后,直接将有关人员的档案转至该单位。

③安全。转递人事档案,应确保档案材料的绝对安全,杜绝失密、泄密和档案丢失现象。

(2)转递人事档案的方式

①零星转递。这是转出的主要的经常的方式,即在日常工作中将需要转递的零星材料及时转给有关单位,一般是通过机要交通渠道。

②成批移交。主要是管档单位之间将数量较多的人事档案按规定进行交接。

(3)转递人事档案的程序和手续

①转出的工作程序和手续。原主管单位对应转出的档案进行认真清理和整理,做到材料齐全、装订整齐。零星转递时,应在转出材料登记簿上登记,并在人事档案底册上注销;要仔细填写《人事档案转递通知单》;将材料以机密件寄出;将收到单位退回的"回执"粘贴在转递存根处。成批移交时,除登记、注销外,还应编制移交文据和移交清册一式两份;交接双方应在移交文据上签字,以示

负责。

②接收单位的工作程序。首先应仔细检查转来的档案是否属本单位所管理的范围；如属本单位的，应查对与转递通知单或移交清册上的记载是否相符；确认无误后，在转递通知单或移交清册上签字，加盖公章；将回执寄给转档单位，对接收的档案登记后入库。

3. 人事档案的查阅

人事档案的查阅，是发挥人事档案作用的直接体现，应按下列要求将这项工作做好。

(1) 查阅的原则和范围

查阅人事档案总的原则是：宽严适度，内外有别，灵活掌握，便于利用。

就利用者而言，组织、人事、劳动部门利用档案应该从宽，其他部门利用档案相对应该严格一些。

就利用范围而言，高、中级干部，有贡献的专家、学者和有影响的知名人士，以及机要人员的人事档案，提供利用时应从严掌握，严格审批手续；对一般干部、工人、学生的人事档案，利用范围可以从宽掌握。

就内外关系而言，凡员工的主管单位，组织、人事、劳动、纪检、监察、保卫、司法、检察等部门，因研究和处理有关问题，可以查阅和借用人事档案。其他单位不得直接查阅，如确因工作需要借用档案，则须办理手续。

(2) 查阅要求

①利用党委组织部门的人事档案必须是中共党员。

②组织、人事、劳动部门查阅人事档案须有手续完备的信件；其他部门应持有本单位领导签字的正式查档介绍信或《查阅人事档案审批表》。

③查档人员不得查阅本人及其亲属的档案。

④未经领导批准，不得查同级人员档案，下级不得查阅上级人员档案。

⑤本单位组织、人事部门一般不得查阅本单位领导人的档案。

⑥只准查阅介绍信或审批表中提到的有关内容。

(3) 查阅的程序和手续

①查阅人事档案，必须持介绍信或审批表，由主管负责人签字并加盖公章，报人事档案部门审批后方可查阅。

②人事档案部门接到介绍信或审批表后，应认真审核其查档理由、范围、手续等，提出处理意见报领导审批。

③提供利用时，将介绍信或审批表留下，办好借阅登记手续后方可阅档。

④人事档案一般不外借，在特殊情况下经过批准，可以短期外借，并严格办理借还手续。

(4)出具证明和复制档案材料的手续

凡是县级和相当于县级以上党委组织、人事、劳动、公安等机关,人事档案管理部门可以根据利用者的需要,出具证明材料,经领导审阅批准后,加盖公章,然后登记发出或直接交给利用者。

档案材料的复制,先由利用者提出申请,说明复制的内容和形式(手抄、复印、摄影)、份数和用途,经人事档案部门审核批准后,方可复制。复制后应注明材料出处、复制日期,必要时加盖公章,以示负责。

第三节　会计档案管理

一、会计档案概述

(一)会计档案及其主要成分

会计档案是机关、企业、事业单位或其他经济组织在经济管理活动中形成的会计凭证、会计账簿和报表等具有保存价值的会计核算专业材料。

从上述会计档案的定义可知,会计档案的主要成分是会计凭证、会计账簿和会计报表。

1. 会计凭证

会计凭证是记录经济业务,明确经济责任的书面证明材料,是登记账簿的重要依据。按其用途和填制程序,可分为原始凭证和记账凭证两种。

(1)原始凭证

原始凭证是完成经济活动的最初书面证明材料,是会计进行核算与监督的唯一合法依据。原始凭证一般具备以下内容:原始凭证的名称、填制凭证的日期,接受凭证的责任者名称,经济活动的主要内容、实物数量和金额,填制凭证单位及有关人员签章等。

(2)记账凭证

会计人员根据原始凭证归类整理的记账依据。记账凭证必须附有原始凭证。记账凭证的内容、摘要和汇总金额必须同所附原始凭证相一致。记账凭证的应填事项必须完整、准确地填制。记账凭证规定的签章人员签章齐全。

2. 会计账簿

在会计核算过程中,以会计凭证为依据,运用账户系统,连续地记录经济活动过程和结果的簿籍。会计账簿又分为日记账和分类账。

日记账是按经济业务发生时间的先后顺序登记的账簿,因此也叫序时账。

一般又分为现金日记账和银行存款日记账。它根据记账凭证逐日逐笔登记,其作用是反映每日现金和银行存款收付和结存情况。

分类账是对经济业务进行分门别类登记的账簿。按照分类反映的内容和范围划分,又分为总分类账(简称总账)和明细分类账(简称明细账)。总账是根据会计科目规定的一级科目设置的账页,明细账是根据会计科目规定的二级以下明细科目设置的账页。明细账是总账的分析说明,总账是明细账的综合反映,两者相互制约。

3. 会计报表

以统一的货币计量单位,通过一系列指标,总括地反映一个单位或一个行业、一个地区在一定时间内的资金及其活动情况的总结性文件。

会计报表按照编制时间,一般分为日报、旬报、月报、季报、年报。另外,还可以按照内容、按照行业编制各种类型的会计报表。

(二)会计档案的特点与作用

1. 会计档案的特点

会计档案有以下几个特点:

(1)广泛性

凡是具备独立会计核算的单位都会产生会计档案。全国能独立核算的单位有几百万个,各级财政税务机关有几万个,全国国有企业和行政事业单位有预算会计人员几百万人。改革开放以来,私营企业、"三资"企业迅速发展,也离不开会计活动。有资料表明,我国每年产生的会计档案材料以千万吨计。所以说,会计档案产生与使用的普遍性,是其一大特点。

(2)严密性

会计工作有严密的法规和规章制度做保障。会计档案是会计核算的产物,从其主要成分和产生程序看,先有会计凭证,再依据会计凭证填写会计账簿,最后根据会计账簿,编制会计报表。会计档案的严密性是会计核算活动严密性的记录和反映。

(3)稳定性

会计系统包括工业会计、农业会计、商业会计、银行会计、行政事业单位会计等,门类很多,遍布生产流通和非生产流通各个领域。但是它的基本成分只有会计凭证、会计账簿和会计报表三种,充分体现了它的稳定性特点。

2. 会计档案的作用

会计档案的主要作用是:

(1)依据作用

对企业、事业单位,可以利用会计档案对经济活动和财务收支情况的各项指标进行基本的数量分析,发现问题,找出差距,提出改进的建议或措施。对国家来说,利用会计档案可以为研究国民经济的综合平衡,反映与考核计划与预算的执行情况,提供数据、资料作为依据。

(2)证据作用

会计档案,尤其是其中的会计凭证,既是登记账簿的依据,又是记录经济业务、明确经济责任的证据。它对查明各项经济业务是否合法,有无损害国家和集体的行为都有证据作用。对查处经济案件、打击经济领域的犯罪活动更是有力的工具。

(3)史料作用

会计档案可为研究经济发展史或一般的编修史志提供原始的经济史料。

二、会计档案的管理

(一)会计档案工作的管理体制

在我国,会计档案工作实行财会部门与档案部门相结合的管理体制。具体如下:

第一,财政部与国家档案局负责全国的会计档案事务。

1984 年 4 月,财政部颁发了《会计人员规则》。在其内容中首次将"管理会计档案"作为会计人员的重要职责之一。

1984 年 6 月,财政部、国家档案局联合制发了《会计档案管理办法》,对会计档案的立卷、归档、保管、调阅与销毁,都作了明确的规定。该文件的颁布与实施是这种体制的集中体现。

1985 年 1 月,全国人大常委会颁布了《中华人民共和国会计法》,对会计档案管理规定了明确的条款,使我国会计档案的管理纳入了法制建设的轨道。

第二,地方财政和档案业务管理机关对会计档案工作实行指导、监督和检查。

第三,基层财务会计部门与档案室具体管理会计档案。

(二)会计档案的收集与保管

《中华人民共和国会计法》规定:"会计凭证、会计账簿、会计报表和其他会计资料,应当按照国家规定建立档案,妥善保管。"

遵循会计档案的形成规律,完整齐全地收集会计文件材料,是建立会计档案的首要环节。而收集工作的具体表现则是会计文件材料的归档。为此,要明确以下三个问题:

第一,明确会计文件材料的归档范围。包括会计文件材料的来源和内容成分两个方面。

　　归档的会计文件材料主要来源于财政机关总预算会计、单位预算会计、建设银行会计、机关经费会计、税务机关的税收会计、企业事业单位会计及建设单位会计等。

　　会计文件材料的归档范围,主要包括会计凭证、会计账簿和会计报表等会计核算专业材料。而财会部门经办的有关财会工作的方针、政策、制度、预算、计划、工作总结、报告以及往来文书等则不属于会计文件材料的归档范围。

　　第二,明确归档与移交制度。《会计档案管理办法》规定:"各单位每年形成的会计档案,都应由财务会计部门按照归档的要求,负责整理立卷或装订成册。当年会计档案,在会计年度终了后,可暂由本单位财务会计部门保管1年。期满之后,原则上应由财务会计部门编造清册,移交本单位的档案部门保管。"

　　第三,明确会计文件材料积累与归档是会计工作人员的职责范围。具体做法是:根据会计文件材料形成的具体情况,可把归档或具体的收集渠道落实到人,以保证会计档案的收集质量。具体如表9-1所示:

表 9-1　会计档案材料的分类与相应负责人

		会 计 凭 证	出纳、会计主管
会计核算	账簿	总　账	主管会计
		现金账	出纳会计员
		银行账	银行会计员
		各种明细分类账	会计员
		会计报表	主管会计或科长
电算会计		电算会计软件文件 电算会计软盘文件	程序设计员
其　他		会计档案鉴定大纲、会计档案销毁清册、会计档案保管期限表	会计档案员

　　为妥善保管会计档案,应当选用适宜的档案装具及合理排放。

　　使用卷盒等装具,既能减少频繁存放与利用的机械磨损,又能有效地防光、防尘及防有害气体对档案的直接危害。随着经济、科技以及档案事业的发展,生产档案设备的企业日益增多,档案部门可以根据需要选购或定做各种档案装具。这里只对卷盒质量提出几点要求:

　　①制作卷盒的材料应坚固耐用,并在制作时添加防虫药剂。

　　②卷盒应存取方便,减少机械磨损。

　　③卷盒表面要光滑,便于除尘。

　　④卷盒尺寸以存放案卷方便为准。

接收的会计档案经登记后,即可入库上架(入柜)固定其存放位置,以便查阅利用。档案应排列整齐、松紧适度、统一编号。

(三)会计档案的整理

会计档案的整理,就是将零散的和需要进一步条理化的会计文件,通过分类、组合、立卷和编目,组成有序体系的过程。

档案分类是档案整理的中心环节。目前,会计档案分类主要有以下几种方法:

第一,会计年度——形式(凭证、账簿、报表)——保管期限分类法。

第二,会计年度——保管期限——组织机构分类法。

第三,会计年度——会计类型——形式——保管期限分类法。

会计档案的立卷,应遵循经济活动和财务收支规律,由财务部门办理终结后,按照现金、银行存款、销售往来等会计科目装订成册。一本凭证作为一个保管单位,一本账簿作为一个保管单位。会计报表是将年报、季报和月报分开立卷,根据数量多少组成保管单位。

会计档案经过分类、组卷、装订、排列、编号,使之有序化固定位置,然后按保管单位登入案卷目录,这就是会计档案的编目。编制目录的方法,通常按会计凭证、会计账簿、会计报表和其他会计资料分别编制。会计档案案卷目录的项目主要有:①案卷顺序号;②案卷号;③原凭证号(或文号);④案卷标题;⑤起止年月日;⑥张数;⑦保管期限;⑧存放位置;⑨备注。

(四)会计档案的鉴定与销毁

会计档案的鉴定与销毁,在原则、方法及程序上同一般档案基本相同,只是在会计档案保管期限的划分方面比较细密,因此有必要作些重点介绍。

会计档案的保管期限,分为定期、永久两种。定期保管分为25年、20年、15年、10年、5年等几个层次;永久保管是指50年以上。

属于永久保管的会计档案有:年度决算表、涉及外事和对私改造的会计凭证、账簿等。

属于定期保管的主要是会计账簿、凭证和月份报表。

在具体工作中,可根据《会计档案管理办法》及其附件的详细规定。

(五)会计档案的提供利用

会计档案的提供利用,除遵循一般档案提供利用的原则、方法、程序外,重点要搞好检索工作和编研工作。

会计档案的检索工具主要有会计档案案卷目录和专题目录。案卷目录最好按保管期限编制。专题目录即将历年案卷目录中有关生产、建设、供销、经费、财务决策及其说明等,按专题编成的目录。

利用会计档案编研,主要形成如下成果:基础数字汇集、重要数据汇集、阶段性资金分析表、企业历年经济效益曲线图等。

【拓展阅读】

阅读资料之一:

毕业生档案管理七大问题　弃档毁档自损利益

2006 年,从云南师范大学商学院毕业的小杨手里拿到了一份自己的学籍档案,现在那份学籍档案原封不动地放在自己的房间里。每次收拾房间时看见这份档案,小杨不免会想:留着有什么用,丢了又会有什么坏处? 与小杨的疑问不同,已经工作了 6 年的小徐一直很纳闷,从昆明理工大学毕业后,大学老师曾经跟她说过,她的档案会"随人走",为什么她"走"了那么多年,却从来没有见到过这份"随人走"的档案? 关于档案的问题,一旦提起就会让人产生疑问……

一问:毕业后,档案哪儿去了?

走在街上,随机询问一位市民:"请问,您知道您毕业后,档案会到哪里?"有的会说在教育厅(局),有的说在人才市场,却没有人能肯定地说清档案的去向。

今年刚从云南民族大学毕业的小黄告诉记者,毕业前老师告诉他们,毕业后的学籍档案会"随人走"。"我们老师说,如果我们毕业后就找到工作,与单位签订就业协议,学籍档案就会被寄到所在单位。"小黄说,如果不是昆明本地的,学生可以选择把自己的档案进行托管或是打回生源地(户口所在地)的人事部门。

答:省人才服务中心的工作人员说,学校里说的档案"随人走",并不是大家所理解的那样,他解释:"学生毕业后,他们的档案会通过机要通道以机要文件传递的方式寄交相关部门,如教育部门或是委托管理的人才服务中心,教育部门和人才服务中心在结束托管后(不续费托管),且没有就业单位前来提档的情况下,学生的学籍档案将被递交到生源地(户口所在地)的人事部门下属的人才服务中心。"

二问:为什么看不见自己的档案?

当记者问及小黄同学是否看见过自己的学籍档案时,小黄摇摇头,他说:"从我上学到现在,都没见过学籍档案长什么样,里面装着什么,有什么用,我听说有的人一毕业,学校就把档案交给个人了。"

答:省人才服务中心的工作人员介绍,小黄同学对学籍档案的困惑是很正常的,由于学籍档案代表着档案人的学籍历史等方面的信息,是属于机密性质的,所以学生本人是不可能也不能查看里面的内容的。在查看小黄的学籍档案时,单位或个人必须出具相关公函,而小黄本人是不能,也不允许查看自己的档案的。

三问：手里有档案为何没人收？

已经工作 4 年的小杨，毕业后找到了一份工作，可是当他把自己的档案交到单位时，单位却告诉他，不能接收他的档案。就这样，小杨的档案一直放在家里，即便他换了几份工作，档案依然不被单位接收。最让小杨郁闷的是，直到今天他也没敢把自己的档案拆开来看一看里面究竟有些什么内容，他生怕一旦拆了，别人就不承认了。

答：昆明市人才服务中心有关人士解释，毕业生的学籍档案（人事档案）记录着学生的个人经历，包括各个时期的学籍卡、成绩单、奖惩证明、党团资料、毕业生登记表、工作经历等，并且都是原件。学校、人事部门或是其他被授权允许管理档案的单位在管理档案时，必须十分严谨、严肃。按照规定，学生的档案一般都有专人保管，无关人员不得查阅。手里拿着档案的小杨同学就业后却无法将自己的档案交到单位，传递过程不规范是原因之一，另一个交不掉的原因则是小杨的工作单位或许并没有得到档案管理的权限。

四问：为什么有些单位不能管理档案？

小杨说："我的有些同学被省外一家大企业录用以后，单位会主动找到他，问他的档案在哪里，并表示要管理他的档案，为什么我的不行？"

答："一般情况下，国有企业、国有控股企业才具有独立人事档案管理权限，其他非国有中小型企业则不被授予独立人事档案管理权限。"昆明市人才服务中心有关领导介绍。目前，部分企业会委托人才服务中心对企业职工的档案进行管理。

五问：弃档或毁档会有什么后果？

手里拿着档案的小杨，想交给单位，单位不收，可是想把档案丢掉甚至撕毁，又怕将来"大有用处"，真是内心纠结，左右为难啊，遇到这样的问题，小杨不禁会想，弃档或毁档会有怎样的后果？

答：昆明市人才服务中心介绍，近年来，毕业生在对待自己的人事档案问题上态度也很放得开，有不少大学毕业生都认为人事档案可有可无，大学毕业生对自己的档案弃之不顾已不是个别现象。

工作人员举例，某大学生毕业后，在社会上工作了几年，但是对自己的档案不闻不问，后来他考上了公务员，在职称评定和核定档案工资时才知道，由于当初没有办理人事代理，他的工龄并没有记录，职称申报也白白耽误几年。其实，像这样遇到麻烦的人越来越多，他们在毕业时都忙于找工作，而忽视了个人档案的问题。等到需要时，才去寻找自己的人事档案，耽误了个人的发展。

由此可见，"弃档"会使个人的一些利益无法得到保证，据介绍，转正定级、人事调动、社保福利、工龄计算、继续深造（如出国、考研）、考公务员等情况时，都离不开档案。大学生毕业后由学校转出的档案属于学生档案,如果自己拿在手里或者放在没有人事代理权限的机构,多少年以后,依然是学生档案,就还是无法办理转正定级、工龄计算、职称评定等手续。若有单位接收或者到新的单位就职,因其档案材料不完整,也会影响到工作的正常调动。

针对认为档案没用直接把档案丢弃销毁的情况,昆明市人才服务中心提醒,这样的"毁档"行为万万不可,因为通过学籍档案可以证实一个人的求学经历等方面的内容,一旦销毁,就等于这个人的学历是空白的,要想补上,需要经过所在学校重新建档等程序,比较复杂。

六问:档案丢了或是已被撕毁怎么办?

读到第五个问题时,也许会有人觉得头皮发麻,后背凉飕飕的,因为他们已经把看似没用的档案丢弃掉甚至是撕毁了,这可如何是好啊?

答:学籍档案丢失或被销毁,可以沿着自己的就学经历找到学校的学籍管理科室,请求重新建档恢复自己的学籍档案,学校同意后,会通过相关部门调取你的升学报考录取等资料进行复制加盖相关部门公章,这样,学籍档案就可以恢复了。

人事档案丢失或被销毁,首先要看单位是否对其档案有所管理,如果没有管理权限且不委托人才服务部门管理的,只能放弃该段时间的"工作记录"。如果有进行档案管理的,需要由职工所在用人单位或职工个人到该职工原始招工部门、市档案馆、用人单位属地档案馆或其他相关部门查找、复印职工的档案要件并加盖存档单位公章。

七问:毕业生如何管理自己的档案?

经历与小杨相同的人并不多,但是作为知道自己档案何去何从的毕业生,又应该做些什么,才能让自己的档案越来越丰富?

答:昆明市人才服务中心建议,不论是持有自己档案的学生还是知道档案流向的学生,都可以到当地的人才服务中心,对自己的档案进行托管。落实了工作单位,并且所落实的单位具有人事管理权的学生,在签约时一定要注意在协议书的"档案转寄详细地址"一栏,要用人单位认真填写,以免出现因档案转寄地址不详或档案接收单位不具备接收资格而导致档案遗失、退回的情况。对于落实了工作单位,但工作单位不具备人事管理权的学生,则可以将人事档案托管到人才中心。

尚未落实工作单位的学生,如果没有申请暂缓就业,学校会将其人事档案转到生源所在地。这一类毕业生应该在规定的时间内到当地人事部门报到,办理人事档案的相关手续,否则就会被认为是"弃档"。想重拾档案的学生,可以先到教育部门重新出具一张就业推介书,然后到生源地的人才服务中心查询自己的档案是否已被传递该单位,情况确实后即可办理托管。

(原载《春城晚报》2010 年 10 月 11 日)

阅读资料之二:

档案帮助台湾红色潜伏者亲属寻回家人

2011 年 7 月的一天,福建省档案馆查阅大厅迎来了一位特殊的客人,她带着《民政部关于批准王正均为革命烈士的通知》告诉工作人员,自己是烈士王正均的唯一亲属——胞妹王正椿的女儿,要求查阅相关档案。工作人员经过仔细查找,帮其找到了王正均于 1943 年 10 月亲笔填写的个人履历表。根据表上信息,王正均尚未婚配,父亲早亡,除母亲王练氏、妹妹王正椿外,再无其他亲人。表上还贴着王正均的照片,英俊帅气、风华正茂。王正椿的女儿很感慨,说自己家里已找不到舅舅的照片了,真没想到能在档案馆里找到,母亲看到了一定会很高兴的。省档案馆的工作人员随即向其提供了王正均履历表及照片的复制件。

2011 年 8 月 10 日,《福州晚报》刊登了题为《王正均:尘封 61 年的台湾红色潜伏者》的文章,原来王正均是红色特工、"密使一号"吴石的副官。这份档案背后还隐藏着一段鲜为人知的往事:

1946 年,任军委会福建新闻检查处事务员的王正均,受党的指派,打入国民党国防部二厅工作,随后便与家人断绝了音讯。1949 年 8 月,王正均随国民党国防部到了台湾,任国防部中将参谋次长吴石的副官。王正均当时的主要工作便是协助吴石为中国共产党收集、传递情报。1950 年,由于蔡孝乾被捕叛变,台湾中共地下党遭受毁灭性打击,吴石、聂曦、陈宝仓、朱枫、王正均等人相继被捕入狱。面对敌人的威逼利诱和严刑拷打,王正均宁死不屈,毅然在绝笔信上写下:"我无言可诉。"于 1950 年 8 月 10 日慷慨就义,牺牲时年仅 26 岁。

档案馆工作人员随后联系了王正椿的女儿,经过仔细询问得知,1950 年底,永安地委编印的小报《永安电讯》刊登了王正均牺牲的消息,王的家人看后才知道王正均的真实身份。王的家人曾找过福州市的领导和相关部门,希望追认王正均为烈士,并出示了其亲戚从台湾带回的王正均绝笔书,但因为没有档案的佐证,当时市政府没有受理。随着海峡两岸越来越多档案的陆续解密,尘封数十年的谜案终于浮出水面。据王正椿女儿说,国家有关部门在吴石"密使一号"身份解密后,曾多次派人到福州寻找王正均的亲人未果,因王正椿早在 20 世纪 60 年代便离开福州到江西定居了。王正椿女儿还说国家有关部门也曾派人于 1999 年到福建省档案馆查阅过王正均的档案。在王正均牺牲 61 年后的今天,英雄的家人领到了民政部颁发的革命烈士证明,终于在档案馆里找到了亲人唯一的照片。

(原载《中国档案报》2011 年 9 月 19 日总第 2208 期第 3 版 作者:陈惠芳)

【思考与分析】

一、判断对错，阐明理由。

1. 每年形成的会计档案都应由财务会计部门按照归档的要求，负责整理立卷、装订成册。

2. 企业对外提供的财务会计报告，总会计师签名并盖章就可以了。

3. 会计档案归档的重点是会计活动中各个阶段形成的不同类型的具有一定保存价值的文件材料。

4. 会计账簿有总账和各种明细账。

5. 销毁会计档案须由档案管理部门提出，会计部门审核，经档案工作组领导同意后，办理正常手续后才能进行销毁。

二、阅读材料，分析伪造档案或者歪曲档案的内容对个人形象、企业形象的影响。

2012 年 5 月 14 日，深陷"学历门"的雅虎 CEO 斯科特·汤普森（Scott Thompson）宣布辞职。尽管公司没有说明汤普森辞职的原因，但外界普遍认为，"涉嫌学历造假"事件是任期只有 4 个多月的汤普森离职的主要原因。5 月初，雅虎公司激进派大股东丹尼尔·勒布称，汤普森先前官方履历中的教育背景与事实不符。据了解，汤普森的履历显示他曾经在波士顿的斯通希尔学院获得计算机科学学士学位，事实上，汤普森的确在斯通希尔学院就读过，不过专业是会计学。随即，汤普森在雅虎内部员工会议上解释说，学历错误最早由一家猎头公司造成，然而该猎头公司否认对汤普森的学历造假。

三、思考题。

1. 什么是人事档案？人事档案有哪些作用？

2. 人事档案有什么特点？

3. 什么是会计档案？其主要成分是什么？

4. 会计档案有什么特点和作用？

第十章　特殊载体档案管理

　　自从中国发明造纸技术之后,纸质文件与档案逐渐取代了以甲骨、金石、简牍、泥版、纸草等为载体的古代文书,几乎处于"一统天下"的地位。然而,随着社会的发展和科学技术的进步,特别是现代高科技的迅速发展,对人类社会生活的各方面产生了巨大影响。就档案领域而言,照片、录音、录像及电子文件等已经大量涌现,打破了纸质档案"一统天下"的局面而成为国家档案的重要组成部分。为此,本章对音像档案和电子档案的管理予以论述。

第一节　音像档案管理

一、音像档案与音像档案工作

（一）音像档案及其特点

　　音像档案是指国家机构、社会组织以及个人从事政治、经济、科学、文化、教育、军事等活动中形成的,对国家和社会有保存价值的,以音响、图像等方式记录信息并辅以文字说明的特殊载体。

　　音像档案的特点主要有:

　　1. 直感性强

　　音像档案主要是以音响和图像的形式记录人们从事各种社会活动的。人们通过音像档案犹如"身临其境",可以闻其声,见其人、事、物。因此音像档案直感性的特点十分明显,也是最主要的特点。

　　2. 形意结合

　　形指形象,即人和其他事物的物理形象和音响形象;意是指文字的表意。音像档案是音像记录与文字说明的组合体,光有音像记录而无文字说明还不是完整意义上的音像档案,只有形意结合才能完整、准确地记录和反映社会活动的历史面貌。

3.易复制性

和纸质档案相比,音像档案如胶片、磁带、磁盘、光盘等,在现代技术条件下,复制越来越容易、越来越逼真。这种特点一方面有利于文件的传递与档案的广泛利用,另一方面也会出现档案的失真甚至"盗版"。因此,认真区分音像档案的原件与复制件,维护档案的原始性是十分必要的。

(二)音像档案工作

自19世纪中叶至20世纪后,摄影及录音技术开始在我国传播,随之也就产生了音像材料。但是将音像制品的管理作为一项事业,还是在中华人民共和国成立之后。

新中国成立初期,在政务院(国务院前身)新闻总署下设立了新闻摄影局,负责收集和保管国家照片档案资料。1952年,新闻摄影局合并到新华通讯社,并成立了新华社新闻摄影部及其所属的照片档案室。1956年,中央办公厅决定:将中南海摄影科保管的中央领导同志1937年前后至建国以来的全部照片档案,移交给新华社新闻摄影部的照片档案室,中南海摄影科也随同合并到新华社新闻摄影部。

1984年10月,中国照片档案馆成立。它是全国性的照片档案中心,是新闻照片和历史照片的总汇,同时也是照片档案的研究机关,由新华社和国家档案局领导。

1989年10月经国家技术监督局批准,1990年7月开始实施的《照片档案管理规范》,对照片档案的收藏、整理和保管等各方面工作的内容和方法,作了全面而系统的规定,使照片档案的管理步入规范化的轨道。

有资料表明,到新中国成立之时,我国灌制唱片总数约3000张。这些唱片是研究我国近代戏剧、曲艺、音乐发展极为重要的音像档案。半个世纪以来,在新中国各项事业中产生了日益增多的音像材料,音像出版事业也在蓬勃发展。

中国唱片总公司是我国录音制品出版、生产发行机构,负责编录出版全国从中央到地方的各种优秀节目的唱片和录音磁带,并向国内外发行,同时积累和保存有价值的音像档案。

1982年12月,国务院批准颁发了《录音录像制品的管理暂行规定》;1989年6月,国家机构编制委员会颁发了《关于录音录像管理分工问题的通知》。这些文件的颁布与实施,促进和规范了音像档案的管理工作。

二、照片档案管理

(一)照片档案的构成和种类

1.照片档案的构成

照片档案是国家机构、社会组织及个人在社会活动中直接形成的,有保存价值的以感光材料为载体的图像资料。

照片档案主要由底片、照片及文字说明三部分构成。

①底片。分为原底片与翻版底片。原底片是照片的最原始材料,也是照片档案中的重要部分。翻版底片,又称复制底片。复制底片的目的,一是保护原底片,二是补充缺损或遗失的底片,并将其作为照片档案保存。

②照片。它是通过底片洗印而成的。一般情况下,归档的每张底片均附有一张照片。在底片损坏或遗失时,还可以根据照片翻制。

③文字说明材料。主要是指照片题名和概括揭示照片所反映的自然与社会历史背景的文字材料。因为照片上的形象或图像反映的人物或事物只是一些片断,作为历史记录虽然直观,但有一定的局限性,尤其缺少照片形成的背景状况,因此需要文字说明加以补充。

2.照片档案的分类

照片档案的种类很多,可以从不同角度进行分类。这里只从照片的体裁角度作如下区分:

①新闻照片档案。指已经选编并办理审批手续,完成新闻报道任务后,对今后具有连续宣传价值和查考利用价值的新闻照片及其文字说明材料。

②科技照片档案。指记录和反映科技活动的照片资料。

③艺术照片档案。指经过对摄影造型艺术照片筛选而成的照片资料。包括人物照片档案、风景照片档案、花卉照片档案、动物照片档案,以及经过加工的历史文物照片档案、工艺美术照片档案等。

(二)照片档案的收集

1.照片档案收集工作的内容

主要包括:

①机关档案室接收本单位各部门需要归档的照片档案。

②档案馆在接收现行机关或撤销机关档案时,一并接收照片档案。

③档案室(馆)对零散的具有保存价值的照片档案予以征集或征购。

2.照片的归档范围

应以反映本单位工作活动为主并具有一定的参考利用价值。具体的照片资料有:

①本单位在工作活动中产生的具有凭证和参考价值的照片。

②领导人物或著名人物参与某单位、某地区重大公务活动的照片。

③反映本地区重大事件、重大事故、自然灾害及异常现象的照片。

④本单位向有关单位提出内容和要求,组织拍摄或征集的照片。

⑤与本单位的其他载体档案有密切联系的照片。

⑥外单位形成但经本单位选用的照片。

⑦其他有保存和利用价值的照片。

3. 照片档案的收集方法

根据档案部门收集照片档案的实践经验,总结了七个"结合"的方法:

①档案业务管理部门与有关行政部门工作相结合,调动有关部门的积极性。

②档案室(馆)收集照片与清理积存照片相结合,明确收集的重点单位。

③向机关、组织征集与向个人征集相结合,取得单位与个人的积极支持。

④档案部门自己收集与争取兄弟单位协助收集相结合,拓宽收集工作的渠道。

⑤全面收集与重点收集相结合,以重点带动一般。

⑥无偿收集与有偿征集相结合,区别情况,分别对待。

⑦收集历史照片与现实照片相结合,多渠道、多层次进行收集。

(三)照片档案的整理

1. 照片档案的分类

底片与照片应采用不同的分类方法。

①底片的分类。按制成材料分类,分为软质底片、硬质底片;按内容分类,即按底片所反映的问题、剧目、工程、项目、产品类型等进行分类;另外,还有按底片尺寸大小分类和按年度分类。对于底片数量少的单位,底片也可以不分类,而按其形成或收到的先后次序流水编号即可。

②照片的分类。一般按照片所反映的内容或专题进行分类。具体做法是在全宗内按年度——内容分类。照片档案数量较多的单位,也可以从摄影的目的、记载的内容和表现形式,划分记录性照片和艺术性照片两大类。

2. 照片文字说明的编写

照片的文字说明包括事由、时间、地点、人物、背景、摄影者等六个要素。编写时应综合运用这六个要素,概括地揭示照片反映的内容信息。单张照片的说明在照片正下方书写,也可以在左、右侧书写。大型照片的文字说明可另纸书写,与照片一同保存。

3. 照片档案的立卷与编目

一般情况下,一项内容的照片立为一卷,内容相近的也可组成一卷,每卷不宜超过 30 个芯页。因照片数量少,一个单位一年的照片也可组成一卷。卷内照片的排列一般按重要程度或时间顺序进行。

照片的编号,应先编每卷的卷号,再编写卷的页号,再编卷内照片的序号。照片的分类号、底片号、参见号应在文字说明栏中写清。最好在每张照片的背面也写上述各种号码,以便查找利用。

立卷之后应填写卷内目录、卷内备考表以及案卷目录。

底片较多的单位,应将底片编号登入目录登记簿。一张底片或一组密不可分的底片为一个保管单位,编一个底片号。它是按收到(或发出)的先后次序编写的。底片目录登记簿的项目有:分类号、底片号、简要内容、拍摄者、拍摄地点、拍摄时间、底片数量、技术状况、底片来源、收到或发出日期、备考等。

对于接收或移交来的像册,不要轻易拆开,而应经过简单登记入册与整理加工,注明形成单位、时间、数量、作者和相对应的底片号。

（四）照片档案的考证与价值鉴定

照片档案,一般在拍摄、冲洗及印、放过程中就已经过选择。因此,对保存下来的照片档案的保管期限,一般应划为长期或永久保存为宜。

对于照片档案价值的判定,除了使用档案鉴定的一般标准外,可重点考虑以下几个因素:照片形成的年代;照片反映的内容;照片的制成材料;照片的技术质量等。

对于年代久远、难以准确判定的照片档案,可通过如下方法进行考证:通过文字档案与史料鉴别;通过调查询问鉴别;实地考察鉴别;对照比较鉴别等。

（五）照片档案的保护

1. 库房要求

照片档案,尤其是底片档案,对库房的要求比较严格。除有条件的单位应建造符合《照片档案管理规范》要求的专用档案库房外,一般单位也应选择专用房间,使用专门的箱柜存放照片档案。对于存放底片的房间,应控制室内昼夜温度变化在±3℃,湿度变化在±5%。其他还有防火、防尘、防光、防污染等要求。

2. 装具要求

底片和照片不应装入同一纸袋内,以免底片受潮时与照片粘合。保管底片可采用活页本装袋办法,每本若干页,正反两面都可装底片。彩色底片与黑白底片装入不同纸袋收藏,另行编号,顺序排列。

照片档案的装具,由于过去没有统一的要求,各地各单位做法不一,有使用普通像册的,有自制像册的,有仿照文书档案规模自行设计像册的。现在应按《照片档案管理规范》要求自制或直接从厂家选购符合国家标准的《照片档案册》和《照片底片册》。

（六）照片档案的提供利用

照片档案具有形象直观、审美性与易传播性的特点和优点,因此被人们广泛地利用。档案部门提供利用照片档案的具体方式主要有:借阅与复制、举办展览、咨询和宣传,编辑出版照片画册等。

三、录音、录像档案的管理

录音、录像档案,主要有唱片、磁带录音与磁带录像等。

（一）唱片档案及其管理

传统的唱片是一种用机械录音方法记录声音的塑制片。片上刻有按声音振动规律而相应弯曲的螺旋形槽纹,即声槽。唱片放在留声机或电唱机上旋转时,沿着槽纹滑动的唱针尖端发生机构振动,通过唱头还原为声音或转换为电信号。随着科学技术的发展,现在又产生新一代的激光电视唱片。这里讲的唱片是指传统的唱片。

唱片档案主要产生于文化、艺术、教育和科研部门。其构成包括:录音片(蜡片或胶片)、金属模版、文字材料。基本按制成材料分为金属模版与唱片两大类,分别整理保管。金属模版可按版次分别入库,也可按生产时的片号、版号分类排列保管;唱片可按片种(粗纹、密纹、立体声)、规格(尺寸、胶版、薄膜)、内容分类。唱片档案应附有文字记录材料,报告要有原文,音乐、戏曲应有唱词、乐谱等。

唱片模版与唱片各有其特性,因此应采用不同的维护方法。

唱片模版是由金属电铸而成,其维护主要是防止金属的腐蚀。方法有:①使用缓蚀剂,延缓唱片模版被腐蚀的过程;②用去氧包装,将唱片模版密封存放;③使用防腐剂,提高唱片模版的储存质量。

唱片的维护方法主要有:

第一,清洗。唱片要保持清洁,如果发现唱片表面积有尘土,可用刷子或绒布轻轻擦拭。如有条件,再用蒸馏水冲洗,水干后唱片装入封套。

第二,防尘。使用过的唱片要用透明塑料袋装起来,再装封套,封套内保持清洁。唱词等文字说明材料,不要和唱片紧贴在一起,可放在封套与塑料袋之间。

第三,防潮。唱片遇冷变硬,受潮易发霉。因此应将唱片放在干燥通风处,室内湿度保持在 $45\%\sim65\%$ 之间。如果唱片出现轻度发霉,可用含有工业酒精 50% 和蒸馏水 50% 的溶剂洗涤。

第四,防热。唱片遇热会变软,严重受热时甚至会使声槽变平,失去性能。因此唱片宜存置在阴凉处,室内温度在 $15℃\sim25℃$ 之间为宜。

第五,竖放。唱片要竖放在架上,并适当夹紧,防止因松散倾斜而变形。

（二）磁带录音、录像档案及其管理

磁带录音、录像档案是利用磁记录技术形成的音像档案,是磁记录档案的重要类别。其他的磁带档案还有:

仪用磁带档案。多被工业部门作为记录和重放的工具,如记录物体的温度、电磁场、振动、波动和辐射线等。

数字磁带档案。即用来记录由存储信号转换而成的二进位数形式的磁带。主要用于电子计算机、数字计算和传输，在通讯技术中占有重要地位。

另外，还有不同磁带记录的磁记录档案，如磁盘、记忆磁芯、磁泡、磁卡与磁鼓等。作为磁记录档案保存的磁盘，是可以从硬件设备上分离下来的，那些不能从磁头磁盘组合件内分离出来的某些硬盘不能成为档案。

磁性材料在记录和保存信息上比纸张材料有许多优点，但磁记录材料对机械震动、温度、电磁场及灰尘等环境因素十分敏感，不适宜的保存环境、不正确的使用和处理方法都有可能损坏磁性材料而使信息被抹掉。因此，必须对磁记录档案加强维护。这里仅针对磁带录音、录像档案提出一些管理的基本原则与方法：

1. 归档

电台、电视台等新闻媒体、文化、艺术、体育、教育、出版等单位，产生录音、录像材料较多。因此，记者、编辑及有关人员应将采访或工作中录制的各种素材，经过编辑加工，同有关登记单、审查表一并送交有关领导审定。送审表上应注明节目来源、节目内容、录制地点、原录日期、复制日期、音像效果、机速、时间以及过去消磁情况等。经审批的音像材料及相关文字说明才能归档。

在录音、录像档案不多的单位，档案部门还要通过各种方式开展经常性的收集音像材料的工作，注意本单位重要的社会活动，及时收集应归档的音像材料，防止在未经审查与批准的情况下，把反映本单位基本活动面貌的磁带予以消磁，造成不可弥补的损失。

2. 验收

在接收音像磁带时，首先应检查登记表中的各项内容是否填写清楚，手续是否完备；随后是根据登记表上各项内容视听，核对内容和技术状况。

3. 分类

在产生录音、录像磁带较多的单位，可以按其内容进行分类。通常按政治、经济、文学艺术、科学、教育等分为若干类别。如果数量多，有必要再分属类。分类应将永久性保留的与临时性的分开，将机密的与一般的分开。

4. 编目

档案馆（室）对验收并须分类入库的音像磁带，应登记入册。登记项目有：编号、收到日期、录制日期、内容、责任者、录制单位、录制地点、放送时间、技术状况、数量、备注等。

5. 鉴定

在录音、录像档案形成较少的单位，主要把好消磁关。如认为确有必要消磁,须征求业务部门意见,并送领导审批,在登记目录中注销。

在音像档案较多的单位,对那些具有长久保存价值的磁带,最好将其复制成唱片模版,以便长久保存;有些磁带内容重要,可以复制保存;有些已失去保存价值的,经过审查批准,可以消磁。所有磁带,在保管一段时间后,都要进行复查。

6. 保护

主要应采用如下措施与方法:

①保持适宜的温湿度。库内温度应保持在 15℃～25℃,相对湿度保持在45%～60%为宜。为此,库房内应安装空调和温湿度测量仪器,以便随时记录数据,及时调整室内温湿度。

②磁带应卷绕平整,不能有折皱、弯曲,防止带体损坏。

③磁带应定期复制与转绕。为使磁带上的信息保存,必须定期转录。可以根据磁带保存情况 5～10 年转录一次。

长期保存的磁带 6～12 个月重绕一次,其目的是为了释放磁带内部压力,并定期检查,发现问题,及时解决。

④磁带要竖放。磁带应竖直放在专用的磁带架上,可使其受力均匀,避免磁带卷边或变形,让磁带的重心落在带盘芯上,可以避免因卷绕松弛造成磁带横向损伤。

⑤保存与使用磁带的处所应避免靠近磁场,以防磁带退磁或磁化,造成信号失落。

另外,存放磁带处应避免强日光照射,以免有损磁层稳定性,造成信号衰减。

第二节　电子档案管理

随着电子计算机技术及相关的信息技术的迅速发展和广泛利用,机关、团体、企业、事业单位在其社会活动中形成了日益增多的电子文件。因此,电子文件的处理及电子档案的管理已经成为文书、档案工作者不容忽视的一项新的任务。我们既要看到电子文件与电子档案有文件与档案的"遗传",因而传统的文件与档案管理的原则与方法对它们还有适用的方面。当然更应该看到电子文件与电子档案是文件与档案在新技术条件下的"变异",因而在管理的技术方法上又与传统的档案管理有不同之处。

一、电子文件与电子档案

(一)定义

电子文件是以代码形式记录于磁带、磁盘、光盘等载体,依赖计算机系统存取并可在网络上传输的文件。

电子档案是具有保存价值的、已归档的电子文件以及相应的支持软件、参数和其他相关数据。

从上述定义可知，作为电子文件与电子档案应该具备三个基本要素：一是用计算机生成和读取；二是用数字代码记录信息；三是符合"文件"与"档案"的要求。

目前电子文件与档案所采用的存储介质主要有磁盘（硬磁盘、软磁盘）、磁带和光盘。

（二）种类

根据电子文件的信息存在形式和用途，大致可分为四种类型：

1. 文本文件

文本文件是在计算机上使用文字处理软件在磁介质上生成的文件。文本文件是通过特定的编辑软件生成的，存储内容由 ASCII 标准代码（即美国标准信息交换码，也是目前国际上最通用的字符编码）和 GB2312－80 标准汉字代码构成。

2. 命令文件

命令文件是指为处理各种事务用计算机语言编写的程序，通常称为"计算机软件"。软件是计算机的灵魂，如果没有计算机软件，计算机什么都干不了。软件不像硬件那样看得见，摸得着，它是无形的东西（实际也有承载的有形载体），是指挥和控制计算机工作的程序和程序运行所需的数据，还包括有关的文档，即各种软件的说明资料。计算机软件包括系统软件和应用软件两种。系统软件是由计算机生产厂家提供的为管理和控制计算机各种资源，使之正常运行的一些基础软件。主要包括：操作系统、文字处理程序、计算机语言处理程序、数据库管理程序及一些工具软件。应用软件是用户或厂商根据自己的业务需要而使用系统软件开发出来的各种软件，它是为解决各种实际问题而编制的计算机程序，具有很强的实用性。

3. 图像文件

图像文件包括计算机辅助设计（CAD）中产生的设计模型、图纸和使用扫描器录用的照片、图像等。图像文件是通过专用的程序录制、存储的，用不同的图像处理程序生成的照片、图画类图像文件，由于格式不同而不能交换使用，须使用格式转换软件进行转换后才可以显示。彩色图像文件一般是用表示图像像素的代码形式存储的，是否能复现原色彩还与显示器的性能有关。

4. 数据文件

数据文件一般是以数据库的形式存在的。一个数据库由若干记录组成，一个记录由若干字段（数据项）组成。数据库因管理程序不同而具有不同的格式，一般来说不同的数据库之间需要通过转换程序才能进行信息交换。数据库的生成一般有两种方式：一是人工输入数据，利用相应的数据库应用程序形成数据库；一是使用条形码扫描器、A/D变换器等传感设备自动采集数据。此外，使用已有的数据借助某些软件包也可自动生成新的数据库。在实际工作中，机关、企业、事业单位形成的各类信息都要建成数据库，如中共中央文件数据库、政策法规数据库等。

电子档案是由电子文件转化而来的，因此电子档案的类型主要也是上述的四种。

（三）特点

电子文件与电子档案的主要特点有：

1. 信息的非人工识读性

与可人工识读的纸质等载体档案不同，电子文件与档案使用磁介质与光介质，其数字式代码是人工不可识读的，只有借助计算机解码，才能转换成人可识读的记录。

2. 信息存储的高密度性

磁盘、磁带，特别是光盘，其存储密度都大大高于以往的各种信息介质。例如一张5寸光盘的存储量，从理论上讲可存储数十亿个汉字，以图像方式存储信息时，大约可存储A4幅面的文稿30万—40万页。应用信息压缩技术，光盘存储图像文件的能力可增加10倍之多。

3. 信息与载体之间的可分离性

纸质等载体的文件（档案），信息被固定在某一载体上，而电子文件（档案）中的信息不一定具有固定的物理位置，可以以非实体形态进行加工和管理。这种特点造成电子文件（档案）信息易于更改且不留痕迹；易于复制且分不出原件与复制件；易于传输，通过网络实现异地调阅或形成文件。

4. 多种信息媒体的集成性

已往的文字档案、照片档案、录音档案、录像档案等，一般只能记录一种或两种信息媒体。使用多媒体计算机，可把文字、图像、动画、音响等不同媒体形式的信息记录在同一份文件上，使其音像并茂，给人身临其境的感觉。

5. 系统依赖性

纸质等载体的档案基本靠人工管理，而电子文件与电子档案的管理则必须借助于计算机的硬件系统和软件系统，而硬件与软件的性能对文件处理、档案管理的质量和效率具有直接的影响。

二、电子档案的收集

（一）电子档案的收集方式

1. 归档与接收

机关档案室将各部门具有查考利用价值的电子文件收集起来统一保存是为归档。档案馆将各机关形成的具有长久保存价值的又应进入该馆的电子文件接收进馆统一保存是为接收。另外，在档案馆的征集工作中也会获得捐赠的或购买的电子档案材料。

2. 磁盘归档与网络归档

电子文件的传递有介质传递和网络传递两种，因而使电子文件的归档从技术上分为磁盘归档和网络归档两种方式。在机关单位，各部门将自己形成的电子文件存储在软磁盘、磁带或光盘移交档案室保存即是磁盘归档；在各部门与档案室联网的机关单位，各部门通过网络传输到档案室，或按照要求加工后进入网络规定的地址，供本机关各部门查阅。档案馆的接收也有磁盘接收与网络接收两种方式。

（二）归档范围和时间

首先应执行国家档案局关于《机关文件材料归档和不归档的范围》的规定和其他有关科技文件、专门文件归档范围的规定，其次应根据电子文件的特点确定其归档范围。

①在行使本机关职能以及行政管理、业务活动中形成的各种文本文件。重要文件如需保留草稿，在修改时应保留原文，加版本号后积累，将草稿和定稿一并归档。

②利用计算机辅助设计（CAD）、辅助制造（CAM）、检测、仿真实验等技术形成的具有查考利用价值的数据文件、图形文件和模型文件。

③本机关制作的各种数据文件，如数据库、图形库、方法库等。

④与本机关制作的文本文件、图形文件、模型文件、数据文件有关的命令文件，如计算程序、控制程序、管理程序等。

⑤设备运行所需要的操作系统工程。

⑥与电子文件有关的各种纸质文件，主要有两类：一类是产生电子文件所使用的计算机硬件说明性文件，如计算机技术说明书、图纸、使用说明书、操作手册等；另一类是在电子文件形成过程中产生的纸质文件，如系统设计任务书、说明、程序框图、测试分析报告、技术鉴定材料等。

电子文件的归档时间可与纸质文件相同。管理性文件在次年初归档，技术文件在项目完成后归档。

（三）归档要求

具体包括：

①完整齐全。凡是归档范围内的文件均应及时归档，不得分散保存。如果档案室使用一次写入式光盘作业存储器时，因一次写入后无法改写，若归档文件有遗漏则无法插写，只能另存于其他光盘中，待复制时再作调整。所以应力求当年归档齐全，减少漏归现象。

②真实有效。凡归档的电子文件，文本文件应是最后定稿；图形文件如经更改，须将与当时产品的技术状态一致的版本归档保存；各种文件的草稿、原稿根据需要决定是否归档。有条件的机关应采用与电子文件的签署技术，以保证电子文件的有效性。

③整理、编辑、划分保管期限。整理工作由文件形成部门负责，根据本部门电子文件的种类、数量或档案室的要求确定整理方案。

④统一规定载体形式、质量要求。机关档案室应对归档电子文件的载体质量、规格、格式等作出统一规定，各部门按照规定将电子文件一式两份向档案室移交。

⑤防病毒。归档的软盘必须是不可引导的非系统盘，盘中无程序，以防止带入病毒。

⑥编制说明。电子文件形成部门应编制归档说明，简要说明磁带、软磁盘、光盘存储文件的内容，运行的软、硬件环境，版本号，文件的完整性和准确性等。归档说明可兼作移交清单，一式两份，移交部门和档案室双方责任人签字后各自保存一份备查。

⑦电子文件与纸质文件双套归档。目前，电子文件的证据性、管理制度、管理技术与方法、管理设备、通讯设备等方面还存在这样那样的问题。为了确保档案的原始记录性及凭证作用，将电子文件转换成纸质文件并与电子文件同时归档。这种双套制或双轨制将在相当长的时间存在。

（四）电子档案的接收

档案馆对电子档案的接收工作比起电子文件的归档要复杂，主要是因为档案馆接收进馆的各机关单位计算机的软硬件系统差异较大，因而产生不同格式的电子档案。为此，档案馆需要配置专门的电子文件格式转换设备，以及电子介质的检测设备，以解决不同格式的电子档案的识读问题和检测其载体质量状况。

三、电子档案的整理

电子档案的整理是指在计算机中对文件分门别类，形成一个逻辑系统的过程。通过这个逻辑系统，电子档案以"逻辑目录树"的分类结构显示在人机界面上。

（一）电子档案的整理原则

具体包括：

①有机联系原则。这是档案整理的根本性原则，无论对纸质档案还是电子档案都是适用的。对于电子文件也需要保留它在形成和处理过程中的原始结构和固有联系，以便使后人能够从中认识历史事实的本来面貌。

②简单性原则。电子档案在整理过程中不必像纸质档案那样顾及便于保管方面的因素，如案卷的厚度、排架的难易等，电子档案整理的主要目的是建立一个分门别类的文件系统。因此，电子档案的整理应力求简便易行，一般可按文件形成组织划分类别，并由各部门对自身形成的档案进行下位类分类和文件归类。这种做法类似于纸质文件的文书部门立卷制度。

（二）机关电子文件的分类

具体步骤如下：

首先，将电子文件分为一般文件、科技文件、数据文件和命令文件四部分。所谓一般文件，大体相当于已往的文书档案，基本上是文本文件，应分门别类加以管理；科技文件仍根据成套性原则按项目整理；数据文件可根据相关性整理；命令性文件也可按成套性整理。

其次，为上述各部门文件编制分类方案。科技文件、数据文件和命令文件可根据自身特点编制分类方案。对于一般文件，实际在各种计算机的操作系统中已为文件管理安排了目录系统。通常采用"树"结构，依目录层次逐级展开，其中最上位的目录称为"根目录"，以下各级目录均称为"子目录"，每一个目录都有一个"文件夹"。各机关应根据本机关电子文件形成机构的实际情况建立文件分类体系。这种计算机目录系统类似于纸质文件的立卷类目，在内部机构或文件内容发生变化时，可根据具体情况增设目录或另建目录系统。将电子文件放入各类目的"文件夹"，类似于平时归卷，应在文件形成阶段随时进行。

再次，为目录和文件命名。在计算机操作系统中，目录和电子文件名的长度一般是有限度的。如 MS-DOS 操作系统允许定义文件名长度不超过 8 个英文字符或 4 个汉字。因此，计算机操作系统的文件名一般不能表达完整的文件题名，而只能是文件题名的简称或代称。为目录和文件命名，可选用文件题名中若干字的汉语拼音字头（如《2000 年工作总结》用"GZZJ"）表示，或者在机构名称代码后加文件顺序号（如纪检处第一份文件用"JJ001"）表示等。无论使用什么方法都应尽量减少重名，尤其在同一级目录、同一个"文件夹"内不可重复，以减小误检率。

最后，编写文件目录系统说明。由于使用汉语拼音或外文命名的目录让人不易理解它的准确含义，因此有必要编制文件目录系统说明，按目录结构层次将每一个目录在计算机中的名称与实际名称相对应，使人一目了然。

（三）电子档案的保管单位

根据档案室（馆）接收归档或移交电子档案的方式不同，可以形成实体形态的保管单位和逻辑形态的保管单位。

若采用磁盘归档或移交方式，其保管单位可以是实体形态的。其中软磁盘和光盘以"盘"为保管单位，磁带以"卷"为保管单位。在软磁盘中不同保管期限的文件可分别储存，以便定期对到期档案进行再鉴定。在磁带和光盘中可将文件注明保管期限统一保存，待复制时对到期档案进行再鉴定。

档案室（馆）将归档或移交的磁盘文件转录到大容量存储器，或采用网络归档及接收，电子档案将以文件库中一个文件集合的逻辑形态存在。这种保管单位不再具有文件信息的承载和保护作用，而只是原始文档结构的一部分。

（四）电子档案文件清单和保管单位清单的编制

电子档案文件清单类似于纸质文件的卷内文件目录，通常以盘、带为单位编制。将清单录于盘、带中，同时打印一份置于盘盒中、带盒中。清单的格式如下：

电子档案文件清单

盘带号		保管单位名称	
序　　号	文件名	题　　名	档　　号

清单上各项内容填写要求：

①盘带号。以盘、带为单位编制顺序号。

②保管单位名称。简要表示该盘、带的内容。如××部门××年文件。

③序号。盘、带内文件的顺序号，主要用于核查每一盘带中文件的数量。

④文件名。填写电子文件全名，即系统文件名加扩展名。

⑤题名。盘带中每一份文件的题名。

⑥档号。双套归档时相应的纸质档案的档号。

电子档案保管单位清单类似于纸质文件的案卷目录，是机关档案室（馆）全部电子档案的总账，该清单应单独保存。其格式如下：

电子档案保管单位清单

盘带号	保管单位名称

四、电子档案的鉴定

（一）内容鉴定

电子档案的内容鉴定，在原则、标准、方法上与纸质档案大体相同。在没有专门的电子档案保管期限表作为鉴定依据的情况下，目前可参照现行档案保管期限表并结合电子文件实际情况进行判断。

（二）技术鉴定

主要应从以下几方面进行：

第一，可读性鉴定。①检查与文件相关的软件、操作系统和其他文字说明材料是否齐全；②核实归档时填写的文件运行的软硬件环境、版本号是否正确，"目录系统说明"是否与盘、带中目录结构一致；③将文件在计算机上读一遍，以确认其可读性；④对数据库要确认数据与栏目是否吻合，结构是否正确。

第二，介质状况鉴定。将磁盘、磁带在设备上检测，确认其清洁、光滑、无折皱、无划伤，能正常运转。

第三，无病毒鉴定。可用病毒检测软件进行检测。

电子档案的鉴定应将上述内容鉴定和技术鉴定的结果结合起来，综合判定其保存价值。

（三）鉴定程序

第一步：确定电子文件的归档范围，并划分其保管期限。

第二步：档案室将归档的电子档案进行一次包括内容鉴定和技术鉴定的全面鉴定。

第三步：对电子档案进行再鉴定。档案室将保管期满确无保存价值的文件删除销毁；存储在磁带和光盘上的文件一般在定期复制时进行再鉴定；永久类档案由档案馆接收时再鉴定。

电子档案的销毁也应建立严格的审批制度，销毁方法是在计算机上删除该文件，为防止差错，应建立备份，待审查无误后，再将备份删除。

五、电子档案的保管

电子档案的保管首先应该遵守一般的档案保管原则和方法，其次需要根据光、磁介质的要求采用有别于纸质档案的保管方法，如高质量的存储介质要求以及库房和装具、温湿度控制、防磁场干扰等。这些内容大体与音像档案的保管方法相同（可参考本章第一节有关内容）。这里重点说明电子档案日常管理的基本要求：

①实行电子档案与纸质档案统一归档，分库保管。

②归档的一式两份电子档案应分别存放，一套封存，一套供用。

③按保管单位顺序号排放，每一盘、带应贴上盘、带号及保管单位名称的标签，以便存取。

④用于档案管理的计算机应禁止使用来历不明的非法软件，以防病毒传染。

⑤建立电子档案的库房管理制度，坚持观测并控制好温湿度，定期除尘及检查电线、插头、开关等，杜绝火灾隐患。

⑥日常管理中要注意操作方法，维持介质的安全。比如，取放时应带非棉制手套，不要用手直接摸光、磁介质；不要使磁盘、磁带接触不清洁的地面、桌面等；不要弯折软磁盘，不用橡皮筋、曲别针固定软磁盘纸套；不要用圆珠笔等硬笔在标签上书写，以免划伤磁盘等。

⑦使用磁盘、磁带的场所的温、湿度与库房的温、湿度相差范围应分别为±3℃、±5％，或者在使用前将磁带磁盘放置在使用环境中平衡 3 天以上。

⑧保持磁带机、软盘驱动器及清洗机的清洁，定期清洗磁带。

⑨对磁带定期倒带，可防止其几何变形及避免霉变。

⑩定期进行磁带（软磁盘）外观检查、计算磁带漏码/误差检查，对受损磁带（软磁盘）要及时修复。

⑪对正常保存的磁性载体档案，可每 10 年复制一次，特别重要的档案复制周期可视具体情况适当缩短。

⑫可建立电子档案的检测及保养卡。

六、电子档案的检索

（一）电子档案著录标引的规划

子档案著录标引的规划与纸质档案相同，但在著录项目中须增加电子文件名全称、路径名和盘带号，同时须将著录结果输入预先编好的数据库供检索之用

电子档案的著录标引工作应由电子文件的形成部门来做，并与电子文件同时归档；档案室最好将需要著录的项目按顺序编成简明的表格软件，供各部门用于电子文件的著录标引。

（二）纸质档案与电子档案对应查找

具体做法是：制作电子文件时在最后一页右下角录入该文件在电子计算机系统中的电子文件名，打印在纸质文件上，并在案卷目录的备注中注明，这样即可对应纸质文件在计算机上查到电子文件。对于电子文件可利用《电子档案文件清单》查找相应纸质文件的档号，或在计算机上使用检索数据库查找。

七、电子档案的提供利用

（一）特点

同纸质档案相比，电子档案的利用有其明显的特点和优点。

①复用性好。电子档案可在计算机上多次识读阅览或打印成纸质复制件，而原件仍完好无损。

②服务形式多样化。利用计算机，不仅可以提供原件阅览，而且可以根据利用者的需要对档案信息进行分类、统计、汇总、打印、复制等。

③便于传输。通过计算机网络可将电子档案信息进行远距离传输，使异地查用档案成为可能，因而大大提高档案资源的利用率。

④依赖性强。电子档案人工不可识读而必须依靠计算机及相关技术设备。尤其计算机识读不相兼容应用系统生成的电子档案时必须借助转换程序。

（二）注意事项

由于上述电子档案在利用方面的特点，因此在提供利用时除遵守一般档案的利用要求外，还要注意以下事项：

①提高电子档案信息安全意识。由于电子档案在利用过程中比纸质材料难以控制，因此档案人员必须提高信息安全意识，对提供电子档案持较谨慎态度，在无确定把握时可限制利用方式，以防造成失密、泄密、病毒入侵等不良现象发生。

②制定电子档案的利用制度。在档案利用一般制度的基础上，根据电子档案及其利用的特点，制定专门的制度，包括利用资格审查、阅览操作、软磁盘外借、复制等方面的内容。

③学习和利用新的科技知识，不断提高电子档案的管理和利用水平。当今科学技术的发展突飞猛进，高科技产品日新月异。档案工作应当密切关注电子计算机技术及相关的信息处理技术的新成果，并引用适合档案管理的可行性技术，努力开发档案利用方面的系统功能，充分发挥电子档案的作用，为利用者提供便捷的服务。

【拓展阅读】

阅读资料之一：

也谈电视声像资料的管理

电视声像资料是电视台重要的信息资源，具有重复利用的现实价值，可以成为新节目的素材源和新亮点，能够提高制作效率，节约节目成本。但是，目前不少电视台都未能认识到电视声像资料的重要性，存在声像资料管理归档不完整、保管条件差、管理混乱等问题，尤其是原始素材带的管理更是杂乱无序，这些需要我们重视并采取有效措施加以规范。

一、落实保障措施，实行分级管理

目前，不少电视台虽已认识到声像资料的价值，加强了对声像资料库的硬件配置，但仍缺乏必要的制度约束，一些节目素材带保存在部门或个人手中，未能及时归档，直接影响了档案资料的完整齐全。因此，建立完善的管理制度、落实具体保障措施非常重要。可结合实际情况，根据声像资料的重要程度和性质，建立分级管理制度，明确摄制人员、栏目组、部门和台里的不同职责，并抓好落实。栏目组是声像资料产生的重要源头，要防止资料流失就得从源头抓起。设立栏目组的档案管理员，可以由栏目组工作人员兼职，其职责是鉴别、收集本栏目生产制作的有保存价值的声像资料，定期上交资料库，整理、编目仍由专门的资料库管理人员来完成，以保证档案的系统性和完整性。

二、明确收集范围，确保资料完整

一般说来，电视台都比较重视对播出带的管理，设有专门的磁带库进行管理，但对原始素材带的管理却很随意，致使许多有价值的素材带散存在个人手中或节目制作部门，一旦遇到人员流动，就会造成资料流失。如雷峰塔重建后，当地电视台拍摄了大量珍贵的素材，制作了涉及多方面内容的高质量节目。由于管理的问题，其中完整记录雷峰塔开光仪式（佛教界的一件盛事）的素材带至今未能找到，留下了难以弥补的遗憾。另外，素材带的反复使用也是声像资料无法得到有效保存的原因之一。面对上述种种问题，电视台要明确声像资料的收集范围、时间和要求，并落实专人负责收集，疏通收集渠道，保证声像资料的完整和安全。在收集时特别要注意素材带需与文字说明一起归档。要区别正在制作、现实使用、暂时保存和永久保存等各阶段素材带不同的价值和作用，确定其相对应的保管方式。

三、建立声像资料库，加强管理和利用

电视台要建立专门的声像资料库，集中管理各部门移交的声像资料。从硬件设施的配置到空气温湿度的调控等方面都要符合声像资料的保管要求。资料库管理人员要增强责任意识，把好移交声像资料的质量关，要注意检查这些资料是否履行了签发手续，是否符合审批权限，标题是否准确，落款是否清楚，有无日期，摄录技术是否规范等等。在管理上，要按照照片、底片、影片、唱片、光盘、录音带、录像带等声像资料的不同载体进行分门别类的管理，建立规范统一的管理标准和规格。要根据这些载体的不同特性加强管理，特别是对已到技术保存期的珍贵声像资料要及时翻录保存。在声像资料的查阅上，一方面要建立查阅制度，严格遵章办事，并定期（或每年一次）对台资料库、各部门、栏目组和个人的资料使用情况统一摸底、登记查验，另一方面，应运用现代技术手段，建立目录库，实行计算机检索，方便各部门的利用，最大限度地发挥声像资料的使用价值。

（原载《浙江档案》2012年第4期　作者：孙颖）

阅读资料之二：

群众一声招呼　民警轻点鼠标

——"电子档案"服务群众效率高

"真没想到，我只打了一个电话，十分钟就办好了户口证明，家乡派出所的办事效率这么高！"北京林业大学硕士研究生李允锋从北京再次打电话给石台县公安局七都派出所，其感激之情溢于言表。

2009年6月11日9时许，北京林业大学硕士研究生李允锋从北京打电话到七都派出所，称其身份证姓名与学籍姓名不一致（身份证姓名为"李允峰"，而学籍姓名为"李允锋"），请求帮助解决。接到求助电话后，民警当即通过电子档案目录索引点击查找到"李允锋"。李允锋户口于2001年9月6日因升学安徽农业大学迁至合肥市，迁移证存根姓名为"李允锋"，但电子档案目录索引里的另两个"李允峰"引起了民警的注意，经核对，身份证号码与李允锋的号码相同，通过查阅档案，发现李允锋户口于2006年5月因毕业分配迁回原籍，迁移证姓名变成了"李允峰"，通过分析，推定是其2001年户口迁至合肥落户时电脑录入操作失误所致。2006年8月，李允锋户口又因升学北京林业大学迁至北京市。现在毕业分配至浙江省杭州市，因学历姓名与户籍姓名不符，给其带来了诸多不便，特请求派出所出具证明材料。该所民警根据查阅的档案资料，出具了相关证明，整个过程只花了十分钟。

当李允锋再次从北京打来感谢电话后，派出所民警也发出感叹，想不到几个月的辛苦，会有这么大的成效。要是在过去，起码要花上半天时间，还把人查得头昏眼花。

原来自去年底以来，石台县公安局在七都派出所试点开展了档案规范化建设，经过全所民警近三个月的日夜奋战，将历年来的各类档案重新进行了整理，并建立起"电子档案"。自4月份以来，该所通过电子档案系统查询，为群众提供服务40余人次，受到人民群众普遍称赞。

据了解，该局在试点成功的基础上，在七都派出所召开了全县公安派出所档案规范化建设现场会，准备再用半年时间在所有派出所实现档案电子化，以全面提升服务群众效率，力促进警民关系更加和谐。

（http://hi.baidu.com/cnqidu/blog/item/b4e7edd833dcb13c32fa1cbd.html）

【思考与练习】

一、单项选择题。

1. 磁带的存放方法是（　　）。

　　A. 平放　　　　　B. 卷放　　　　　C. 竖放　　　　　D. 叠放

2. 录音、录像档案以音乐、语言和形象传播文化和知识,使利用者有"身临其境"之感,这体现了它的（　　）特点?

　　A. 存贮性　　　　B. 真实性　　　　C. 直感性　　　　D. 动态性

3. 录音、录像档案如果接近超过（　　）奥斯特的磁场,信息就有可能丢失。

　　A. 50　　　　　　B. 60　　　　　　C. 70　　　　　　D. 80

4. 磁带应每隔（　　）月就要重绕一次。

　　A. 4～10　　　　B. 6～12　　　　C. 8～12　　　　D. 10～12

5. 照片档案由底片、照片和（　　）构成。

　　A. 底片袋　　　　B. 照片簿册　　　C. 文字说明

6. 照片档案的收集除了接收、征集以外,对某些个人手中珍贵的照片还可以（　　）。

　　A. 复印　　　　　B. 仿制　　　　　C. 翻拍

7. 文字说明编写的六个要素包括事由、时间、地点、人物、背景和（　　）。

　　A. 摄影者　　　　B. 拍摄过程　　　C. 拍摄对象

8. 下面哪一种做法是正确的?

　　A. 多张照片用盒子或袋子装在一起

　　B. 发霉变

　　C. 卷片压摞叠放

二、判断对错,阐明理由。

1. 新闻照片属于归档范围。

2. 声像档案包括录音带、录像带、光盘。

3. 实物档案是每个实物必须编一个号码。

4. 声像档案要使用规范材质。

主要参考书目

1. 吴宝康主编. 档案学概论. 北京:中国人民大学出版社,1988.

2. 邓绍兴,和宝荣主编. 档案管理学. 北京:中国人民大学出版社,1989.

3. 邓绍兴,陈智为编著. 档案管理学. 北京:首都师范大学出版社,2000.

4. 刘国能等. 档案利用学. 北京:中国档案出版社,1996.

5. 冯惠玲主编. 档案管理学. 北京:中国人民大学出版社,1999.

6. 曹喜琛主编. 档案文献编纂学. 北京:中国人民大学出版社,1989.

7. 郭莉珠等编著. 档案保护与复制技术学(上、下册). 北京:档案出版社,1987.

8. [美]T. R. 谢伦伯格. 现代档案——原则与技术. 北京:档案出版社,1983.

9. 裴桐主编. 当代中国的档案事业. 北京:中国社会科学出版社,1988.